新编秘书学教材系列

秘书学概论

（第三版）

陆瑜芳　编著

復旦大學出版社

内 容 提 要

本书为“新编秘书学教材系列”之一，共分两大部分：第1－5章为秘书学的基础知识和基本理论，内容包括秘书、秘书工作、秘书学的概念、历史发展、秘书组织机构、秘书人员的素养、智能、心理、性格、性别特征、培训、鉴定、秘书的社会活动、角色意识、人际关系等；第6－13章为秘书实务与基本技能，内容包括信息与调查研究、应用写作、文档管理、会议组织、信访工作、沟通与协调，以及办公室管理、通讯、督查、保密、接待、值班、日程安排等。

本书综合目前秘书学界的最新研究成果，形成了自己的理论体系和框架结构，归纳总结了众多新老秘书工作者的工作实践。对当前秘书学研究的一些薄弱点和秘书工作的新动向新技术，进行了切实的分析和有益的探索，尤其对秘书修养，秘书心理，秘书的性格性别特点，秘书处理各种人际关系，秘书进行政策协调、地区协调、工作协调、人际关系协调等方面，有独到的见解。

本书作为大专院校秘书学专业的教材，使用多年，深受广大师生欢迎，还被指定为相关资格认证考试的主干教材。现经作者修订，增补了秘书工作中以电子信息技术为主的最新相关内容，除更贴近、切合教学实际需要之外，对业内相关人员的培训提高及资格认定等，也都具有权威性的指导作用。

第三版增订说明

当前现代科学技术和互联网的迅猛发展深刻地改变了人们的工作和生活状态。我国社会的发展也日新月异，法治建设深入人心，构成了政治文明建设的重要一环。职场竞争、生活压力使人们越来越关注心理调适和心理健康。秘书作为领导身边工作的辅助管理人员，必须适应这些变化，与时俱进。

近年，我国陆续出台或修订了和秘书工作有关的法律法规，比如，2010年4月29日修订通过了《中华人民共和国保守国家秘密法》、2012年4月16日修订通过了《党政机关公文处理工作条例》、2014年4月发布了《关于进一步规范信访事项受理办理程序引导来访人依法逐级走访的办法》等。第三版根据以上文件精神对有关内容进行了改写，以使秘书人员能够遵照最新的法律法规，正确、有效地开展工作。

党政机关的秘书是国家政策推行和实施的重要力量，党和国家领导人历来对秘书工作非常重视。针对近年出现的秘书腐败问题，第三版增加了国家领导人邓小平、习近平等对秘书工作的要求和期望。寄希望广大秘书工作者能够树立坚定的理想信念和正确的政治方向，注重自身修养，提高综合素质。

对初入职场的企事业秘书人员而言，如何适应和处理职场人际关系是重要的人生功课。第三版增加了有关自我认知、认识他人以及如何调节情绪等内容，以帮助秘书人员准确了解自己、理解他人，并掌握适度交往、自我暴露、换位思考等具体的处理人际关系的策略。此外，还新增了电子邮件和现代通讯事务的有关内容，并对原有章节的某些内容进行了删减或调整。

《秘书学概论》自出版以来，作为大专院校秘书学、行政管理专业的专用教材深受好评，还被作为相关资格认证考试的主干教材。在此次第三版的修订过程中,除了参照有关法律规则外,还参考了许多专家学者的观点见解,在此表示衷心的感谢。如有不妥,敬请批评指正。

作　者

2015 年 8 月

目　　录

第一章　绪　　论

秘书，在我国是政府机关、企事业单位普遍设置的一种行政职位；在世界范围乃是最广泛的社会职业之一，对社会发展起着不可缺少的作用。研究秘书工作的规律，研究秘书人员的任职要求，已成为一门新的学科——秘书学。秘书学，已成为高等和中等专科院校设置的专业之一，也是普遍开设的一门重要基础课程。每一个已经在秘书这个工作岗位和准备踏上这个工作岗位的人，都必须学习与研究这门学问，以提高自己从事秘书工作的自觉性和科学性。本章将对秘书、秘书工作、秘书机构、秘书学四个最基本的概念作概要的阐述。

第一节　秘书的涵义和职业特征

一、秘书的涵义

秘书的涵义，众说不一。社会上有从字面上解释的：秘密文书工作者；也有用比喻说明的：领导的参谋与助手。都有一定的正确性，但又不够科学和确切。这里介绍学术界较普遍的四种说法。

1. 宫中秘藏之书

在我国古代，秘书是指皇宫里秘密珍藏的图书资料。东汉初期（公元1世纪前后）古籍中多次出现的"秘书"一词都是这个意思。《汉书·叙传》记载："（班）斿（东汉著名史学家班固之祖先）博学有俊材，……与刘向校'秘书'，每奏事，斿以选受诏进读群书。上器其能，赐以'秘书'之副。"《晋书·荀勖传》："及得汲郡冢中古文竹书，诏勖撰之，以为中经，列在'秘书'。"这里的'秘书'都是指书而不是指人。

东汉后期,桓帝设置了管理这些秘藏图书的官府,名之为“秘书监”。主管官员称“秘书令”或也称“秘书监”(地位相当于“卿”,职务相当于皇家图书馆长),副职为“秘书丞”,分管官员名为“秘书郎”。后历朝沿袭直至清代。唐代名臣魏征,在当宰相前就任过秘书监这个职位。此时的秘书,已发展为不仅指物,也指机构、指人了。但和近代秘书的意义还是不同的。

中国古代几千年的历史上有许多相当于现代秘书的职位,但它们都不叫秘书,而被称为“史官”、“御史”、“尚书”、“掌书记”或“中书舍人”、“翰林学士”等等。真是叫秘书的不是秘书,不叫秘书的却是秘书。秘书概念的名实相符,是在清代末年,或者说是在辛亥革命前后。

2. 辅臣

秘书的英文名词是 Secretary,法文相同,拉丁文为 Secretarius,俄文为 Секремарь,读音和英文相近,词义也相同。Secretary 有两种中文译义:S 大写的为“辅臣”,s 小写的则为“帮助上司处理文书和事务的人员”。通常有“大秘书”和“小秘书”的说法。前者原指在英国国王身边参与机要政务、掌管机密文件和印玺、掌管宫廷内务的文职大臣。后来沿用为世界许多国家主管政府事务的部长或常务副部长。如欧美国家有“国务秘书”(The Secretary of State)又可译为“国务大臣”。沙特阿拉伯的“石油秘书”即为石油部长,印度、巴基斯坦有“外交秘书”,实为外交部常务副部长。日本有一个实权很大的职位名为“内阁官房长官”,英文译名是“Chief Cabinet Secretary”,中文也可译为“内阁首席秘书”。

3. 行政职位

在现代中国,秘书一直被当作一种行政职位,秘书人员被看作行政人员的一部分,而且是核心的一部分。辛亥革命之后,国民政府自中央到省县机关都设秘书长及秘书,1923 年中国共产党在广州召开第三次全国代表大会,决定中央设秘书(第一任政治秘书即为毛泽东)。此后建立的苏维埃政权机关也都设秘书。1949 年中华人民共和国成立以后,各级政府机关都设秘书长和秘书,大中型国营企业和事业单位则设办公室主任和秘书。秘书已成为管理和处理日常行政事务的重要人员,成为行政首长的得力助手。

在许多国家,政府机关秘书属文官范畴。我国也已规定:政府秘书均属国家公务员,秘书长属政务类公务员,一般秘书则属事务类公务员。

4. 社会职业

就世界范围而言,秘书又是广泛的社会职业之一。它属于第三产业(服务性行业)。对第三产业或服务性行业,我们不能仅仅狭隘地理解为商业和生活服务业,它也包括各种智力服务。比如教师、医生、律师等等。秘书则是以其处理文书、事务的知识与能力以及管理能力为社会服务。秘书不仅服务于政府机关、社会团体和企事业单位,也服务于私人。欧美许多国家企业和私人秘书的人数比政府机关秘书多出几倍甚至几十倍。科学家、作家、教授、医生、律师、著名演员和运动员、经济富裕的退休人员多有雇佣私人秘书作为自己工作或生活助手的。

二、秘书的类别和层次

秘书作为一个职业大类,如同教师、医生一样,横向上有类别、纵向上有层次之分。

1. 秘书的类别

秘书人员由其所服务的单位性质不同而有大体的分类。如服务于政府机关的统称为"机关秘书",服务于工矿企业的统称为"企业秘书",服务于私人的则统称为"私人秘书",此外,还有"商业秘书"、"涉外秘书"等等。

同在政府机关和某种企事业单位的秘书,则又因其工作的内容或专业不同而有更细的划分。如在政府机关中主要从事日常行政工作的被称为"行政秘书",主要管理机密文件的被称为"机要秘书",主要从事撰文拟稿的被称为"文字秘书",高等院校的院、系则有"教学秘书"、"科研秘书"和"行政秘书"之分。

美国对秘书人员的分类和工作职责规定比较明确,主要有:

行政秘书。他们在机关或企事业单位内处理函件,收集资料,管理档案,接待来访,办理会务,编制工作程序表;管理办公室设备、器材、用品和小额现金,购置办公物品;办理上司交办事项,安排上司的会晤、差旅事宜等等。

公司秘书。又称"董事会秘书"、"执行秘书"。他们执行董事会决议或董事会指示,监督并管理公司财务、人事、对外联络事务;与公司总经理及各部门经理保持公务联系,做好协调工作;组织董事会,向董事会汇报公司财务、人事等情况,答复董事质询等。

通讯秘书。他们普遍服务于政府机关、社会团体和大中型企业。其职责是负责办公室电话、电报、电传、信件等通讯事务;文件的起草、打字、誊印、编排、校对;记录上司口述或会议情况,整理录音,传递上司口头指示和书面指令等等。

技术秘书。这类秘书人员服务于政府技术部门或工程技术公司。他们从事记录、编写技术资料、文件、科技合同,绘制图表,编制技术项目预算;保管技术性文稿、图纸、表格等。

医学秘书。这类秘书人员服务于医院或私人诊疗所。他们负责与病人约定诊疗时间、挂号、收费,办理住院手续;打印病史资料和医疗护理记录;帮助配药、送药;负责订购药品、医疗器材和办公用品等。

法律秘书。这是指服务于法院、企业及社团律师或私人律师事务所的秘书人员。他们负责接待或随同律师访问当事人,记录、整理当事人口述,起草、打印法律文件;安排法律事务处理程序;保管法律文件或证明材料;执行律师交办的其他事务等。

2. 秘书的层次

秘书人员因其所服务机关、单位的层级、规模不同,因其工作的职务、性质、作用以及学历、能力、资历不同,在纵向上有层次之分。

我国政府机关的秘书,因其职务、职责而有相应的行政级别。如中央的秘书可达正部级,省、部的秘书可达厅局级,地、市、厅、局的秘书可达处级,县、团、处的秘书可达科级。其中,有的有职务名称反映其级别,如各级政府机关秘书长、办公厅(室)主任、秘书处长、秘书科长等;更多的虽统称“秘书”,但有一定的级别。过去,我国大中型国营企业都有相应的行政级别,其秘书人员的级别、地位与同级政府机关人员相当。

通常把省、厅两级的秘书人员称为“高级秘书”,把处、科两级的秘书人员称为“中级秘书”,科员级以下的秘书人员则被称为“初级秘书”。高层机关和大型企业可以有高、中级秘书,也可以有初级秘书,可是基层机关和绝大多数小型企业由于级别和资金限制,无法任用高、中级秘书。三资企业则例外。

北京秘书界有一种通俗的说法:高级秘书是动脑子出点子的,中级秘书是动手摇笔杆子的,初级秘书是跑腿办事的。这形象地反映了人们对秘书人员工作性质和所起作用的层次划分。

1998 年 3 月,劳动和社会保障部开始对北京、天津、上海、重庆、河北、河南、湖北、四川、广东、广西等 10 个省市进行企业秘书职业鉴定,就划分为“初级秘书、中级秘书、高级秘书”三个层级。对其知识和技能要求都不同。

西方国家政府机关的秘书人员均属文官系统，有明确的层级划分，对职责、学历、资历各有要求。如英国就分为四个等级：

(1) 行政级。他们是政府首脑和各省、部长的主要助手和顾问。其职务和地位相当于秘书长或办公厅主任，甚至可受首长委派担任临时代理或副职。其职责为参与政要，草拟政策方案，协调内部事务，组织掌管财务及人员考核等。多数出身于名牌大学并受过专业培训，而且被规定不得参与政党活动。

(2) 执行级。他们管理较小范围内的事务，直接指导、处理日常行政、文书、事务工作，相当于办公室主任、秘书处长或科长。一般毕业于文官学院或行政学院。

(3) 文书级。他们按照法规记录、撰写、制订文件，统计资料，处理日常行政及事务工作。一般为大专毕业生。

(4) 助理文书级。他们为打字、速记、缮印、接待等工作人员。青年女性居多。一般为高中毕业生经过短期职业培训者。

其中，前两级与后两级之间有着明显的学历、资历鸿沟。

企业与私人秘书在地位和待遇上也有明显的差距，这是由学历和资历、能力决定的，名称上也有不同。

如美国、日本、澳大利亚等国对秘书学历和资历只分两级，即A级和B级证书。持B级证书者只能担任初级秘书，许多国家称为“文员”；只有取得A级证书者，才能担任正式秘书，从中级起点，以后凭经验、能力、资历升为高级秘书。

英联邦(包括41个国家和地区)有个国际性组织“特许秘书与行政人员公会”，英文全称为The Institute of Chartered Secretaries and Administrators(简称ICSA)，专门负责政府机关以外的秘书人员培训。每年在全球举行两次统一考试。凡参加17门课程考试全部及格、又有5年以上秘书工龄者，可取得秘书证书，工资可立即提高40%以上。

三、秘书的职业特征

秘书既是行政人员的一部分，又是一种社会职业，与其他职业相比，有它自己的特征。

1. 服务的直接性

秘书的服务性有两种情况:一种是群体为群体服务,譬如整个办公厅或办公室人员为整个机关或领导层服务。但是,更多的秘书人员是单独为某个领导人、上司或雇主服务的,是“一对一”的服务形式。而且,无论领导或上司的身份、地位多高,哪怕是总统、部长或是大公司的总裁、董事长,其秘书都是他们“直接的”甚至可说是“贴身的”工作助手。即使级别、地位的差别再悬殊也不存在中间层次。

秘书服务的直接性体现在:一是秘书工作的内容与领导工作是一致的,即领导做什么秘书也做什么;二是秘书做工作几乎都是领导亲自指派、直接安排的,秘书也是直接向领导请示、汇报的;三是秘书做工作是直接对领导负责的,其结果、成败与领导直接有关。

2. 服务的稳定性

很多职业的服务都有其“业缘性”和“偶然性”。比如营业员与顾客之间,一次商品交易完成了,其关系就结束。医生给病人治疗,病人治愈或不治身亡,其关系也就随之断绝。而秘书与其服务对象之间却有相对的固定性。可能是几天几个月,也可能长达几年甚至几十年,要到秘书自己辞职或被解聘才告结束。秘书这种服务的稳定性,再加上秘书与其上司全面合作,朝夕相处,就使得秘书与其服务对象在“业缘关系”之外,还往往有更深一层的“人情关系”。

3. 知识化

秘书以处理书面信息为主要工作内容,以办公室或称“写字间”为主要工作地点,以笔墨、打印机、复印机、电话、电脑等现代工具、设备为主要工作手段。秘书必须具有中等以上文化和专业知识为基础。秘书属于知识分子,属于办公人员,属于文官范畴,属于“白领”阶层。中、高级秘书还被称为“参谋”、“顾问”、“外脑”,属于“智囊型”人物。

4. 年轻化

从世界范围来看,秘书队伍比较年轻。发达国家的秘书人员平均年龄为 26 岁左右,一般为 20 岁至 35 岁。从主观上说,很多的大专院校毕业生把秘书当作理想职业(日本抽样调查表明,高中女生 20%以秘书为理想职业),但不当作终身职业。他们普遍认为当秘书待遇较高,工作环境、条件好,接触人多,工作内容复杂,是锻炼、培养能力的好职业,又把秘书岗位看作是由操作层通向管理层的最好阶梯。在秘书岗位上工作三五年或七八年就能升到主管位置或独立工作。他们留下的秘书职位又会被更年轻的大专毕业生接替。从客观上讲，秘书工作繁忙，对脑力、体力要求都较高，尤其是记忆力、灵敏度、准确性等，这些都是年轻人的优势。因此，秘书的职业年龄比较短，"新陈代谢"也较快。但少数高级秘书、秘书官员或私人秘书不在此列。

5. 女性化

我国就历史状况来说，男性秘书仍占大多数。近二十年来，女性秘书有明显增加的趋势。可是，从世界范围来看，女性秘书在人数上占绝对优势。这是由女性的心理素质决定的。许多心理学家研究表明：大多数女性温柔、体贴，善于管理，善于形象思维，乐于做程序性、重复性工作，适于做体力较轻而技术要求规范、单纯的工作。而秘书尤其是中、初级秘书的工作正是这种性质。所以西方国家的中、初级秘书女性达到90%。而高级秘书侧重于调查研究、出谋划策，侧重于逻辑思维和高科技，工作富于变动和挑战性，因此男性较多。欧美国家大多数女性秘书是初级秘书，是"文员"，被称为"office girl"。

第二节　秘书工作的内容、特点和作用

秘书人员究竟应做哪些工作？或者说，秘书工作究竟包括哪些内容？主要有两个依据：一是权威机关的规定；二是由现实状况加以概括。

一、秘书工作的内容和特点

1. 秘书工作的内容

美国把秘书工作用"文书、事务、一般管理"三个词来概括。这在世界范围内是有一定代表性的。当然，这三个词也是代表三个大类，可以分解为一、二十个小类。许多西方公司在录用新秘书之后，人事部门会给秘书一份"职位说明表"，逐一列出秘书应做的工作。有的公司从大至"文件拟稿、会议安排"，小至"给客人送咖啡、购买文具"，不下20项。

结合我国的实际情况（尤其是近几十年来秘书工作有所发展，与国际上越来越接近的现实状况），我国政府机关与企事业单位的秘书工作大致有以

下 15 项:

(1) 文书撰写(上司口述或会议记录、整理,文件起草、修改、润色等);

(2) 文书制作(打字、复印、编排、装订等);

(3) 文书处理(收发、传递、办理、保管、立卷等);

(4) 档案管理(归档、鉴定、管理、提供等);

(5) 会议组织(准备、记录、文件、善后等);

(6) 调查研究(计划、实施、分析、研究等);

(7) 信息资料工作(收集、整理、提供、储存等);

(8) 信访工作(群众来信来访或顾客投诉处理等);

(9) 接待工作(日常来访与计划来访接待、安排、服务等);

(10) 协调工作(政策、工作、地区、部门、人际关系等);

(11) 督查工作(政策推行或决议实施的督促、检查等);

(12) 日程安排(为上司安排工作日程、会晤及差旅事宜等);

(13) 日常事务(通讯、联络、值班、生活、管理等);

(14) 办公室管理(环境、设备、经费等);

(15) 其他临时交办事项。

以上 15 项,有些工作本书将专章介绍,也有些分散在其他章节说明。这 15 项秘书工作是就秘书整体而言,当然不是说每一个秘书人员都要做这 15 项工作。一般来说,机关、单位层次高,规模大,秘书人员多,分工也就细一些。每位秘书担任的工作项目少一些,但单项技术要求要高一些。反之,基层单位秘书工作项目多,任务也就更重。

2. 秘书工作的性质与特点

无论是政府机关、企事业单位或是私人秘书,也无论秘书人员的类别或层次,其工作性质与特征是大体相同的,具有某些共性,或可以说是职业特点。

(1) 辅助性。“辅助”是相对于“主导”而言的。辅助,既非主导的,又是与主导密切相关,相对于主导而存在的。辅助,是指在主导的领导、指挥、控制之下,又是从旁帮助主导完成共同的目标。秘书人员就是处于助手的地位,它的工作就是帮助上司或雇主完成其规定的任务,实现其预定的目标。地位再高的秘书官员也终究是比他更高一级的领导的助手。即使是联合国秘书长,他是为执行联合国决议、推行联合国工作而存在的,可以说也是联合国所有首脑的工作助手。各级各类秘书人员都必须认清自己的助手地位，认清自己工作的辅助性质。

(2) 综合性。所谓综合，就是指不同类型、不同性质的事物聚合在一起。秘书工作就明显地具有综合的性质。秘书既有日常的、程序性较强的例行性工作，又有临时的、突发的非例行性工作；既有机要性工作，又有非机要性工作；既有操作简易的工作，又有操作复杂的工作。它们类众多、内容复杂，既要使用脑力，又要花费体力，需要广泛的知识和多种技能才能胜任。

(3) 机密性。秘书，最初是“秘藏图书”和“秘密文书”，是指物，后来发展为指人，即“秘密文书工作者”。到了近代，秘书才有了更为丰富、更为确切的涵义。但至今仍有人戏言：秘书秘书，姓“秘”名“书”，一离不开秘密，二离不开文书，仍有一定的道理。不管是机关、企业、私人的秘书，其工作内容都或多或少地涉及机要和秘密，或者是个人的隐私。所以，善于保守秘密就成为秘书人员的首要职业道德。

(4) 服务性。秘书职业属于第三产业，具有明显的服务性，但又有其自己的特点。除了前文中已讲的“服务的直接性”和“服务的稳定性”以外，秘书服务还具有“广泛性”。一般公务员都只提一个服务，即“全心全意为人民服务”。可是1985年的全国秘书长会议上，中央却提出了秘书工作要做到“三个服务”：

为本机关领导和上级机关服务；

为本机关其他平级的职能部门服务；

为下级机关和人民群众服务。

通俗地说，秘书工作应对“上、中、下”三个层面服务。当然首要的是为领导、为上司、为雇主服务，但也不能忽视另外两个服务。

认清秘书工作的四个性质，或称职业的四个特点，秘书人员才能摆正自己在机关、单位中的位置，摆正自己在社会上的角色地位，才能具有正确的角色意识和角色行为，才能自觉地做好各项工作。

二、秘书工作的要求

20世纪80年代以来，我国的政治、经济形势和社会面貌发生了巨大的变革，秘书工作也随之有了明显的发展与变化。党和政府又极其重视秘书工作，及时地对秘书工作进行了总结与指导，提出了一系列新的要求。它们主要可概括为“四个转变”和“六个强调”。

1. 秘书工作的“四个转变”

秘书工作的“四个转变”是由中央秘书工作负责人在1985年1月全国秘书长会议上提出来的,具体是:

(1) 由单纯地办文办事转变为既办文办事又出谋献策;

(2) 由单纯地传递信息转变为综合处理信息;

(3) 由被动服务转变为主动服务;

(4) 由凭老经验办事转变为科学化管理。

“四个转变”的提出,表明秘书工作的参谋作用得到了充分的肯定。秘书工作人员已不仅是办事员,是工作助手,而且是参谋人员。同时也对秘书工作、秘书人员提出了三方面的更高要求,即:综合处理信息、主动服务与科学化管理。而这三方面又正是经济发达国家秘书工作的特点。

2. 秘书工作的“六个强调”。

1986年以后,中央几乎每年都召开全国性或部分省市的秘书工作会议。每次会议都对秘书工作提出新的要求,概括起来有以下六个方面:

(1) 强调调查研究工作;

(2) 强调信息工作;

(3) 强调信访工作;

(4) 强调协调工作;

(5) 强调督查工作;

(6) 强调党务、政务服务工作。

此外,国务院还多次对文书工作以及文书处理下达过指示与条例性文件,对全国文书工作提出了新的要求与规范。本书在以后章节中将作具体阐述。

三、秘书工作的作用

总的来说,秘书工作具有以下五个方面的作用:

1. 助手作用

秘书作为上司的直接工作助手,起着无可置疑的助手作用。这种助手作用还包括在某些方面秘书应为上司把关,譬如上司会见来访者的把关,接听电话的把关,发出文件、信函的把关,接待、会议以及办公室费用开支的把关等等。董事会或公司总裁的秘书,作为高级助手,对公司和下属人员还有着“监理”作用。

2. 参谋作用

中高级秘书具有参谋作用。他们为上司调查研究、收集和提供信息、提供咨询,他们辅助上司决策,为上司草拟计划或实施方案,或组织专家论证、选定最佳方案。高级秘书还能充当领导人的“顾问”和“智囊”,解决领导的疑难问题,为领导主动出谋献策。

3. 协调作用

秘书的协调作用是由秘书的工作任务、工作地位和工作方式决定的。秘书常常代表上司、传达上司的指令或收集上司所需要的情况,与其他部门、人员有着广泛的接触,也容易产生矛盾,需要及时协商、沟通、调解。

秘书的地位往往是在“一人之下,众人之上”,又处于工作网络的“结点”,上下左右的工作与人际关系都要求秘书去调处,力争达到平衡和统一。

一般秘书手中无权,既无行政权,也无经济权,更无法律权。现代管理学家们公认:管理有“计划、组织、指挥、协调、控制”五大职能。秘书可以也应该帮助上司进行计划和组织,可是无权指挥与控制,剩下就只有“协调”了。

4. 信息枢纽作用

前文说过,秘书离不开文书。所谓文书,就是书面信息。以往的秘书最主要的工作就是处理书面信息,现代秘书则又从接待、联络、调研、电话等工作中接触大量的口头信息。秘书的办公室可以说是机关、公司的信息集散地。秘书为上司和整个机关、公司起着信息的提供、反馈、传递等枢纽作用。

5. 公共关系作用

秘书工作中有“对外联络、内部协调”等内容,理应起着“内求团结,外求发展”的公共关系作用。尤其是不设置独立的公关部门、没有专门公关人员的机关或单位,办公室和秘书人员应该更自觉地认识到这方面的责任,做好相应的工作。

企业秘书人员应帮助上司密切和融洽与股东、职工、顾客、社区公众、新闻媒介乃至政府部门等内外各方面的关系,树立并维护单位和上司的良好形象,力求提高并扩大知名度和美誉度。

四、秘书长、办公厅(室)主任的任务

我国政府机关的秘书工作有明文规定。1951 年颁布的《政务院关于各

级政府机关秘书长和不设秘书长的办公厅主任的工作任务和秘书工作机构的决定》中,规定了秘书长和办公厅主任有七项任务:

(1) 协助首长综合情况,研究政策,推行工作;

(2) 协助首长密切各方面的工作联系;

(3) 协助首长掌管机关内部统一战线工作;

(4) 协助首长掌管保密工作;

(5) 掌管机要工作;

(6) 主持日常行政事务(包括公文处理、会议组织、检查与督促政府决议的执行等事项);

(7) 掌管机关事务工作(包括机关财务、生活管理、学习、文化娱乐活动等事项)。

这里需要作些解释说明:

第一条可以说是总任务,如果加以分解或分析,其中包括相当多的内容。“综合情况”,用现代概念表达即为“综合信息”。

第二条中“各方面的工作联系”,可指本机关与上下左右机关的联系,也可指本地区和外地区、甚至外国政府机关的联系。

第三条中“内部统一战线工作”,这是当时的表达方式,是指机关内部各部门、成员之间的协调工作。后来,“统一战线”扩而用于共产党对民主党派、党内对党外人士,甚至海外人士。

第四、五条,“保密”的概念广、范围大,所以是首长负责,秘书长协助;“机要”的概念、范围小而具体,如机要部门、机要人员、机密文件等,由秘书长掌管。

第六、七条,“日常行政事务”与“机关事务”是两个不同的概念,不能混淆。行政是“政务”,就是执行政策,就是“办文”、“办会”和“督查”工作;而机关事务则是“总务”,或称“庶务”、“后勤”工作。

秘书长的七大任务,也就是秘书长属下的全体秘书人员的工作任务,当然,落实到个人,具体分工和层次不同。几十年来,我国各级政府机关和国营企事业单位的秘书工作就是依据这些任务来规定的。

文件中还把秘书长的七大任务概括成为两句话:“既要参与政务,又要掌管事务。”对一般秘书人员来讲,则可以说成是“既要执行政务,又要处理事务”。

五、国家领导人对秘书工作的要求和期望

党和国家领导人历来对秘书工作非常重视。毛泽东在建党初期曾三次出任秘书。建国后,他倡导起草公文要领导亲自动手,不要秘书代劳。指出秘书工作要反对党八股,注重调查研究;秘书人员要讲纪律,讲正气,不骄、不躁、谦逊、谨慎;要树立埋头苦干的作风等等。其他国家领导人也对秘书(办公室)工作和秘书人员做出过重要指示,并提出了殷切的期望。

1. 邓小平对秘书工作的要求

邓小平在其73年的革命实践活动中,有15年是在中国共产党中央机关从事秘书工作,先后五次担任秘书长职务,期间积累了丰富的秘书工作经验。据统计,从1924年至1992年的68年间,邓小平撰写发表的重要文章、公务文书和讲话稿共计200多篇。邓小平对秘书工作与领导工作的关系、秘书工作要求及秘书人员的素质修养等方面提出过很多独到观点和看法。主要为:

(1) 秘书工作要与领导工作相结合。邓小平在从事秘书工作和领导工作时,总是把秘书工作与领导工作相结合。在做领导工作时,他能从秘书工作角度体察、考虑如何发挥秘书人员的参谋助手作用,而在做秘书工作时,他又善于从领导的角度认识和领会如何优质、高效地为领导服务。

(2) 秘书工作要有群众观点和大局意识。他认为:"秘书人员要有群众观点,只有密切联系群众,才能做好秘书工作,成为领导和群众之间沟通的桥梁和联系的纽带。""全局和局部、中央和地方、集中统一和因地制宜,以什么为主导呢?""一定要以中央、全局、集中统一作为主导。"

(3) 秘书工作要做到服务忠诚、态度认真、效率高效。他指出:"要忠诚地为党的中心工作服务,为领导服务,防止'官僚化'和'秘书专政'。"同时,对秘书怎样才能做到忠诚服务又提出了具体要求,即:"反对腐败——要有艰苦的精神;反对官僚化——要有认真办事的精神;反对机械化——要有政治生活的修养:反对简单化——要有虚心学习的精神;反对浪漫化——要有日常生活的纪律。"

他强调秘书人员要积极努力,紧张勤奋,一心一意地工作;做事要兢兢业业,工作要踏踏实实,不能有一点疏忽大意;向上报告情况要准确,写出的材料要真实,重要文件不能有一个字的差错;起草文件时,内容要符合客观

实际,掌握分寸,恰如其分,办得到的就写,办不到的就不写;要少说空话大话,多干实事,不搞形式主义,不做表面文章,不摆花架子。

(4) 对具体的秘书事务,提出了精短文件、减少会议、协调有序、督办速效和守纪保密等要求。邓小平认为,公文写作要抓住根本、逻辑严密、篇幅短小、语言简短、实用性强。他在1992年的谈话中说:“周总理四届人大报告,毛主席指定我起草,要求不得超过5000字,我完成了任务。5000字,不是也很管用吗?”还指出:“开会要开小会,开短会,不开无准备的会,会上讲短话,话不离题。议这个问题,你就对这个问题发表意见,赞成或反对,讲理由,扼要一点;没有话就把嘴巴一闭。不开空话连篇的会,不发离题万里的议论。即使开短会,集体办公,如果一件事老是议过去议过来,那也不得了。总之,开会讲话都要解决问题。”

邓小平对协调工作的具体要求是:要树立全局意识,把协调的每件事放到全局的高度去审视;协调工作要谦虚谨慎,摆正位置,商量办事,落实意图;要善于捕捉时机,把握火候,要做到严谨细致,不能抓大忘小,主动不盲动;要对每天做的事情进行分类排队,视轻重缓急,有秩序地进行处理。

“督办速效”是邓小平对信息和督办工作提出的要求。信息工作必须如实、全面地反映真实情况,既不能粉饰太平,也不能虚张声势,要有喜报喜,有忧报忧,要抓住敏感性、倾向性和苗头性的信息及时准确地反馈;督办工作要做到速效,提倡通过调研发现问题,跟踪督办,有效地推动工作落实,以保证党的决策的民主性、科学性和实效性。

秘书在办文办事办会过程中,接触机密比较多。邓小平谆谆告诫:“要在遵守政治纪律、组织纪律、保密纪律、生活纪律方面起模范带头作用;要增强保密意识,要时刻保持清醒的头脑,做到不该看的不看,不该问的不问,对经办的秘密事项要守口如瓶。”

(5) 在秘书人员的素质修养方面,邓小平提出了秘书人员要学习党的方针政策,提高理论、政策水平;要学习业务,熟悉情况,能写会算,大事小事都能办,并不断改进工作方法,提高业务素养。

2. 习近平对办公室(秘书)工作的要求

习近平在1990年曾撰文《秘书工作的风范——与地县办公室干部谈心》,文中提到办公室(秘书)工作的几个特点,并对办公室工作和秘书人员提出了殷切的期望。

(1) 办公室(秘书)工作的特点。习近平认为办公室工作,一是“重”。

决策的参谋、智囊;对上对下的服务;机要、保密工作,这几项办公室任务都很重要。二是“苦”。办公室人员经常需要加班加点,甚至通宵工作,非常辛苦;三是“杂”。办公室工作,巨至国家大事、重要决策,细至室内卫生、干部生活;上至接待首长领导,下至联系平民百姓;内至核心机密,外至社俗民情,事务繁杂。四是“难”。办公室工作是全方位、开放型的。既要处理好上下左右、方方面面的关系,又要适应领导的工作风格和方法,搞好领导班子的服务工作。要把握好轻重缓急,做到不遗漏、不误事,难度很高。

(2) 对办公室(秘书)工作的要求。习近平认为办公室(秘书)工作必须要达到四个方面的要求。

一要有高度的责任感。办公室工作牵动全局,这就要求办公室人员要具备强烈的事业心、严肃认真的工作态度和一丝不苟的工作作风。办公室工作中有些事情涉及政治、经济情报,要有高度的责任心,养成保持沉默的习惯,不得乱传乱说。起草的文件,并不要求文字要多优美,但一定要严谨。

办公室是一个单位的首脑机关,秘书经常传达领导意图并代表领导处理一些事情。因此,在待人接物、清洁卫生、机关面貌方面要起表率作用。作为领导的秘书,只是工作的需要,并没有政治上的特权。领导干部要关心秘书人员的政治、工作表现,表现不好的要批评教育。办公室人员应该静有其位,动有其规,各司其职,各负其责,做到反应灵敏、运转迅速,适应各方面需求。

二要高效率开展工作。办公室工作繁重,需要办公室人员不断提高工作效率,要学会运用辩证法,发挥整体效能,权衡大事小事、急事缓事,抓大事不放,抓急事先办;沟通上下左右,做到上情下达、内外有别,使各项工作有条不紊地进行。

办公室人员还要发挥参谋作用,针对经济建设和社会工作上的难点、热点问题,能够经常提出一些重大的决策建议,有针对性地提出分析问题以及解决问题的方法措施,为领导决策提供参考。

三要提供高水平服务。首先,要增强超前服务和事后服务意识;其次,服务要及时周到,能够为领导分忧解围;第三,要高度负责,一丝不苟。例如办公室实行 24 小时值班,这是严格的制度,每分钟都不能离开,否则出现了紧急情况或重大突发性事件就会酿成责任事故;第四,服务不仅要勤、要诚,而且要灵活。例如接待工作,可由专人负责汇报情况,陪同参观;伙食按规定标准,突出地方特色,对宾客生活服务要周到热情,努力做到设身处地,急人所急,解人所难。

2014 年底在北京召开的全国党委秘书长会议上,习近平做了重要讲话:“崇尚实干、狠抓落实是我反复强调的。如果不沉下心来抓落实,再好的目标,再好的蓝图,也只是镜中花、水中月。”这进一步强调了秘书人员的责任和使命。

(3) 秘书人员应当加强修养。习近平认为秘书的工作性质是辅助性、铺垫性,是领导的助手。秘书的活动面比舞台上的配角更窄,它没有台词,没有亮相机会。这些决定了秘书要正确对待名利荣辱,树立无私奉献的精神,不断加强和深化自身的修养。他指出领导秘书的最基本要求是“清”(公正廉洁,两袖清风)、“慎”(周密考虑;谨言慎行)、“勤”(勤奋好学,刻苦上进),这三个要求都要建立在从政治、思想上同党中央保持一致的前提下。秘书要加强学习,学习马列主义、毛泽东思想,学习党的路线、方针、政策,学习时事,不断提高自己的理论素养和政治水平。

他认为,秘书人员要经常检查自己的思想、工作“到位”的情况,不能“离位”,更不能“越位”。在处理与领导的关系中,力求做到“参与而不干预、协助而不越权、服从而不盲从”。要把握好这个“度”,才能成为一个合格的称职的秘书。秘书在加强自身修养中,要培养良好的工作作风,注意生活小节,努力做到“五不”:

一不自恃。不能认为“机关牌子大、领导靠山硬”而有所依仗、有恃无恐,更不允许滥用领导和办公室的名义谋取个人私利。

二不自负。要克服优越感,坚决防止对基层干部群众盛气凌人、态度傲慢、颐指气使、发号施令的现象。

三不自诩。防止过分自我表露、吹嘘炫耀,特别是涉及领导个人的工作和生活,不能随意张扬,妄加评论;对于党的内部机密,更应当守口如瓶。

四不自卑。克服自轻自贱、自惭形秽的心理,防止唯唯诺诺,没有个人主见的行为。

五不自以为是。不能想当然,随意删节、更改或补充领导的指示,防止粗心大意、敷衍塞责、玩忽职守的现象。

纵观领导们对秘书的要求,需要秘书人员在工作中做到像 2014 年习近平在中央办公厅考察调研时提出的:“坚持绝对忠诚的政治品格、坚持高度自觉的大局意识、坚持极端负责的工作作风、坚持无怨无悔的奉献精神、坚持廉洁自律的道德操守”。

第三节　秘书学的涵义、研究对象和研究方法

在明确了秘书、秘书工作这两个基本概念之后，我们就可以了解什么是秘书学。

一、秘书学的涵义和研究对象

1. 秘书学的涵义

关于秘书学的涵义与性质，众说不一。有的学者认为它是写作学和管理学的边缘学科：“秘书学是一门新兴的边缘学科”，“是从写作学和管理科学的边缘中产生的”。“就秘书学的整体而言，既不属于写作学，又不属于管理科学，而是这两门科学的知识圈交叉重叠的产物。”①

有的研究者则认为它是管理学的一个分支：“秘书学从科学体系上讲，属于人文科学的范畴。……从今天这一学科的具体分支来说，现代秘书学又属于人文科学中行政管理学的分支。”②

也有人说它是一门综合性科学：“秘书学是最近几年来才在我国形成的一门新兴的综合性应用科学”，“秘书学是研究秘书工作和秘书活动规律的科学，是一门综合性的应用科学。”③

“秘书学是一门综合性、实践性很强的新兴学科”。“秘书学的综合性强，表现在它与管理学、领导科学、文书学、档案学、写作学、信息学、公共关系学等学科有着密切的关系”，“秘书学的实践性强，是由它的应用科学（也叫实用科学）性质决定的。”④

---

① 王千弓等：《秘书学与秘书工作》，第 12 页，光明日报出版社 1984 年。

② 张金安、常崇宜：《秘书学概论》，第 1 页，云南人民出版社 1984 年。

③ 袁维国：《秘书学》，第 5 页，广东高教出版社 1987 年。

④ 陈合宜：《秘书学》，第 7 页、第 9 页，暨南大学出版社 1994 年。

我们认为:秘书学是研究秘书工作规律和秘书人员任职要求的科学,是一门综合性、应用性的科学。通俗地说,秘书学就是研究秘书人员如何做好秘书工作的科学。

秘书学的研究对象应该包括两大方面:一方面是秘书工作,如内容、规律、要求、机构、职能、程序、方法等;另一方面是秘书人员,如他(她)们的知识、技能、素质、职业道德等,以及这两方面怎么有机地结合。

秘书工作的多样性和具体性,秘书职业的广泛性和社会性,决定了秘书学不是单纯的理论科学,而只能是综合性的应用科学。秘书学是吸收了多种社会科学和某些自然科学的理论知识和技术方法而形成的一门新兴学科。它吸收和包容了管理学、行政学、文书学、档案学、应用写作学、心理学、社会学、传播学、公共关系学、信息科学、计算机科学的部分内容以及书法、写作、速记、电脑操作、管理、社交等能力而自成体系。

2. 秘书学的研究内容

秘书学研究的内容可概括为以下几个方面:

(1) 研究我国秘书工作的现状,了解其内容、性质与作用,掌握其规律、程序与方法;

(2) 研究中央秘书机关对秘书工作的指示、规范与要求;

(3) 研究我国古代秘书工作和外国秘书工作经验,批判地继承古代秘书工作遗产,借鉴与吸收外国秘书工作的有益成分;

(4) 研究秘书人员应有的知识、能力、修养、素质及职业道德,了解秘书的任职资格与要求;

(5) 研究秘书学与相关学科的关系,以促使秘书学的丰富与发展。

二、秘书学研究的兴起

我国有着几千年的秘书工作历史,但过去只对文书档案和公文、应用文写作有所研究。而把秘书学作为一个独立的整体加以研究,并建立起科学体系,还是最近20年的事。

在1979年召开的中央宣传工作会议上,一位中央主要领导人指出:不仅在自然科学方面、在社会科学方面我国也落后于西方。为适应改革开放和建设有中国特色的社会主义中国的需要,他建议教育部门查一下高等教育的社会科学学科有哪些缺门,尽快补上。随后,教育部即向各大学发出通知，要求有条件的院校试办某些新专业。

1980年，上海大学文学院、武汉的江汉大学、天津的南开大学分校、成都大学等院校率先开设了秘书学专业，招收新生。对秘书学的研究也应运而生了。

1983年，上海大学首先创办了《秘书》杂志。此后的两三年间又出现了中共中央办公厅秘书局主办的《秘书工作》、兰州大学的《秘书之友》、沈阳大学的《文秘》、广东省政府办公厅的《秘书工作》、四川的《秘书界》、湖北的《企业秘书》、广西的《领导与秘书》等期刊。为全国秘书学研究成果的发表，也为秘书界学术交流，提供了广阔的天地。

1984年，在上海召开了“全国高等院校秘书教学经验交流会”，来自23个省市67所院校的120名代表参加了会议，宣读了论文，交流了经验和看法。会后即成立了“中国高等院校秘书学学会”(1996年8月并入“中国高教秘书学会”)。上海、天津、重庆、湖北、四川、河南、云南、广东、广西、黑龙江、大庆、江苏盐城、四川广元等地也纷纷成立了省市级的地方性秘书学会，有力地推动了秘书学研究工作的进一步发展。

1984至1985年间，第一批秘书学专著问世，它们是高校教学与研究人员和富有实践经验的老秘书工作者们研究成果和工作心得相结合的产物。其中有代表性的为：北京李欣的《秘书工作》、上海翁世荣等的《秘书学概论》、武汉王千弓等的《秘书学与秘书工作》、四川张金安、常崇宜合著的《秘书学概论》。它们为中国秘书学的创立奠定了基础。

此后，又出现了湖北瞿谦的《企业办公室工作的理论与实践》、武汉朱佳林的《企业秘书学》、上海袁维国的《秘书学》、安徽董继超的《公务秘书学》、吉林周励的《女性秘书学》、西安王守福的《军事秘书学》、浙江詹银才的《涉外秘书学》、上海杨剑宇的《中国秘书史》、江苏周恩珍等人的《秘书心理学》等。美国、前苏联、欧洲、日本和港台秘书学著作也被翻译、介绍进来。这些著作加深了秘书学内涵的研究，也扩大了秘书学的研究领域，促使秘书学趋向成熟，形成独立的完整的学科体系。

吉林郑崇田主编的《中国当代100位秘书学者学术观点集锦》(延边大学出版社，1998年)和河南聂中东主编的《中国秘书史》(中州古籍出版社，2000年6月)则从横向、纵向两个不同的角度对秘书学理论和秘书史料作了有益的研究和整理。

三、秘书学研究的发展方向

20多年来的秘书学研究是随着高等院校秘书专业教学和现行秘书工作改革展开的，其发展方向可概括为三个方面：

1. 秘书学教学理论

它主要研究秘书专业的培养目标，即秘书应该是怎样的人才。其认识大致经过三个阶段。

20世纪80年代初是传统的看法，视秘书为“秀才”。高校的秘书专业大多是在中文系设置的，认为学好了中文，能写好文章，就能当秘书。课程设置是在汉语言文学的基础上再加上秘书学概论、文书学、公文写作等少数几门专业课。也有些地区认为秘书是“文员”，他们在档案系开设秘书专业，重点课程也在于文书与档案学。毕业生绝大多数分配在党政机关工作。

经过三五年的实践，人们开始认识到秘书应有较宽的知识面，不仅要通晓中文、政治、写作、文书，而且要懂得经济、法律、社会、心理学，甚至会计、统计、科技常识等。秘书应该是“通才”，秘书所具有的知识应用性又特别强。研究者不再把秘书学看作是纯中文、文书或纯文科知识，而看作是文理交融的应用性、综合性学科。高校毕业生分配也扩大到大中型企业。这是秘书学研究的第二阶段。

20世纪90年代以来，进入第三阶段。研究者注意到秘书不仅在行政工作、文字工作、事务工作中起作用，而且在经济工作和其他领域也日益显示其重要性。秘书不仅是“秀才”加“文员”，也不只是“通才”，更主要的应该是“管理人才”，是综合性、辅助性管理人才。秘书的知识结构中还应补充行政管理、企业管理、领导科学、公共关系学、市场营销学、外语等；秘书的能力除了写作、书法、速记、打字、处理事务之外，还应具有演讲、使用电脑、处理人际关系等等。而且，社会需要不同层次、不同业务侧重的秘书人才。秘书教学出现了中专、大专、本科等不同层次，也出现了行政秘书、商业秘书、涉外秘书等不同的专门化培养方向。秘书学硕士研究生和双学位制也在酝酿、准备之中。

2. 秘书工作理论

它主要研究秘书工作的特点、性质、作用、方法、程序和改革方向、措施等等。如有的研究者提出:秘书工作的特点是“被动性与主动性、事务性与思想性、机要性与群众性、突出性与经常性、综合性与专业性”五组对立统一的矛盾。有的提出秘书工作具有“五性”:政策性、保密性、执行性、全面性、辅助性。有人把秘书工作的作用概括为:枢纽作用、参谋作用、助手作用、协调作用、咨询作用与反馈作用。

还有的研究秘书工作的局部经验与理论,如怎样“移文山”,把文件写得简短精练,怎样“填会海”,精简会议,节省会议开支,改善会议风气;有的研究信访工作的政策性和重要性,提出提高效率的办法;有的介绍新的调查研究经验;也有的研究办公自动化,引进新的办公设备、办公技术等等。

3. 秘书学相关学科研究

这些最初是研究秘书学所部分包容的学科,如文书学、档案学、应用写作学等,以后扩展到更多的领域。研究者们开始研究管理学、领导科学,以深入理解和阐述秘书辅助管理、辅助领导决策所起的作用;研究社会学、公共关系学以探讨秘书在工作和社会活动中如何更好地处理各种人际关系;研究心理学以探讨秘书如何培养和塑造健全、良好的性格来适应新形势的需要;研究机关生态学以探索如何改善和创造优美、适宜的工作环境并提高工作效率等等。

总的说来,虽然我国秘书学研究工作起步不久,还处在科学的幼年时期,但已取得了明显的成果。经验性总结和表象性理论已经出现,有待于进一步完善与深化。

四、秘书学研究的方法与方式

1. 从实际出发,由经验上升为理论的方法

由于秘书学是一门新兴学科,最初的理论只能来自于实践。研究者都是眼睛向下,从大量的秘书工作实践中概括、提炼经验性的理论与规律。有的理论与教学工作者还亲自到秘书部门去从事较长时间的实习与考察,以取得第一手资料和感性认识,用以检验理论的准确性与科学性。有些研究者本身就是具有多年经验的老秘书。他们或是自己著书立说,或是被请上大学讲台,其讲稿成为教材的蓝本。改革开放、经济发展和高校秘书专业的开设向他们提出了迫切要求,秘书杂志的创办又为他们的理论总结和研究

成果提供了发表的园地。

中央秘书机关有关秘书工作的指示和条例是研究人员注重的另一头。而这些条例和指示正是中央秘书机关从全国党政机关、企事业单位的秘书工作实践中提炼出来的基本规律与具体做法，又反过来用以指导和规范秘书工作。

2. 运用其他学科的先进方法研究秘书学

他山之石，可以攻玉。运用其他学科的科学原理与先进方法进行秘书学的研究可以少走弯路，也容易取得成果。如有人以控制论原理来解释秘书工作在行政管理中的作用；以管理学中的“五大职能”来阐述秘书的计划、组织与协调职能；以系统论的原理来探讨办公处理程序；以“计划评审法”来研究秘书如何有效地组织会议；以传播学的原理来阐明秘书信息工作如何提高效率等等。

3. 有经验的秘书人员与理论研究人员相结合

现有的秘书学研究成果中很大一部分是这种结合的产物。许多中老秘书工作者富有经验，但缺少时间或理论概括能力，而一些专业教学和理论研究人员又缺乏实际经验，两者结合便可取长补短，不少地方政府机关和大中型企事业单位邀请高校教师去讲课，培训在职中青年秘书；同时教师们的理论知识又得到受培训秘书人员的补充并使之完善。而在理论研究人员的帮助下，众多秘书工作者也开始有了研究秘书学的兴趣和能力。全国高等院校秘书学会的每次年会都有中央和省市秘书部门负责人参加研讨和指导；而地方性秘书协会中高校教师和研究人员也往往起着重要作用。

总之，秘书学研究中实际工作者和理论工作者的密切结合，较之其他学科尤为明显，这使我国秘书学的研究具有更强的科学性和可操作性。

第四节　我国秘书工作的发展趋势

进入新世纪，我国加入世界贸易组织以后，政治、经济形势又一次发生了深刻的变化，私营经济、外资企业的蓬勃发展，国际规则的大力进入，政府职能和工作方式的明显转变，科技教育的飞速进步，迫使秘书工作不得不随之发生多方面的变革。不仅促使了秘书工作职能的转变，也必然推动秘书服务对象、服务形式和工作方式的转变。要求秘书人员遵循国际规则，提高办事效率。这些转变表现为以下几个方面。

一、我国秘书工作职能的转变

1. 支持决策，由提供信息转变为既提供信息，又拟制方案

中国入世后，市场愈加开放，交流日益广泛。政府机关、企事业单位的秘书人员，不仅要掌握本单位的行政管理和企业管理业务流程，抓住政务活动和生产过程中的薄弱环节，把在实践中发生的问题随时汇报给领导、上司，还要有自己的独立看法。把自身思维和行动置于日新月异的国内外市场中，置于复杂多变的社会大环境中，随时参与对外政治、经济活动，及时更新思维方式和处事方法，把握社会动向、市场行情。秘书还有更多的机会跟随领导、上司，深入基层，深入实地调查研究，主动接受大量信息和鲜活经验，经常处于市场前沿、社会热点地区，促使思维活跃、观念常新。领导、上司对中高级秘书的要求已不仅仅是收集、筛选、整理、提供信息，还要求秘书能分析、研究信息，准确把握社会动态、市场形势，提出和拟制多种方案，帮助上司选择目标，确定任务，制订出达到目标、完成任务的具体步骤、方法、措施、时间；以及人力、物力、财力、信息、技术的投入与分配；还应预测成果及下一步如何发展，预测可能产生的风险及防范措施等等。在上司决策过程中，秘书应运用逆向性思维、发散性思维来补充领导、上司的不足，从多方面考虑决策方案的经济效益和社会效益。总之，中高级秘书的参谋作用更加突出了。

2. 辅助管理，由重在组织、指挥、实施、督查转变为重在服务、协调、控制

“计划、组织、指挥、协调、控制”是法国管理学家法约尔在 1916 年提出的“管理五职能论”。经后人补充、修正，到了 20 世纪 40 年代可以说已是举世公认了。美国的西蒙又提出了“决策论”，马斯洛提出了“需要五层次论”，等等。20 世纪 80 年代初，这些理论传入我国，成为我国管理学者和社会心理学者研究、介绍的重点，并运用在实践中。但传统的计划经济模式习惯地侧重于前三项，即“计划、组织、指挥”，通用的方式是，从中央到地方层层“开会、发文件、传达，再开会、发文件……”似乎当领导、搞管理的职能就是“开会、发文件”，而很少做其他。这就导致了秘书工作就是“办会、办文”，再加上“服务”就是为领导“办事”了。

市场经济时代,尤其是入世后我国进入了全球经济的大环境中,自上而下的垂直领导、指挥仍不可少,但只限于政府的“公共管理”职能,而不适用于拥有充分自主权的企事业单位。政府对企业只能是以信息、政策进行宏观指导,加强横向的协调、平衡,做好各项具体的服务工作,为企业提供扶持和方便,以法规、条例实施最低限度的控制,即侧重于管理职能的后者。作为领导的助手,秘书辅助管理的重心也必然随之转变。秘书应多了解、研究下情,多跑基层,多协商、沟通、建议、调解、调节,多做为企业、为消费者、为公众、为社会服务的具体工作。

3. 处理信息,由单向发布、传达信息转变为双向沟通信息

秘书部门一向被认为是组织的信息枢纽,起着连接上下、沟通左右、联络内外的作用。很长一段时间以来,秘书部门的这种作用更多地体现在单向地传达上级的指示、命令,被动接受外在信息,而不习惯主动收集和寻求反馈信息。尤其是政府机关的秘书,承担了发布重要政策、传达政府管理信息的重任,在历次发布的《国家行政机关公文处理办法》中,也都以指令、指示等文种形式来强调政府的权威性以及调控经济活动的必要性。

伴随着我国改革开放的不断深入,尤其是入世后,经济领域中的重大变化莫过于政府部门职能的转变。改变“政企”不分、“政社”不分现象,促使政府的经济、社会管理职能与国有资产所有者的职能完全分离。政府与国有企业的联结方式不再是行政隶属关系,应转变为资本纽带关系,管理手段上是股权控制和政策指导,改变了行政命令和行政指挥,更多地通过加强法治、整治市场环境,为企业提供信息来调控经济。这一点在2000年8月国务院颁布的《国家行政机关公文处理办法》中得到了印证:取消了“指示”文种,而代之以平等协商(虽仍带有指导作用)的“意见”。

秘书部门同样承担着强化政府的宏观管理职能、弱化政府微观管理职能、分化部分政府职能、转化政府社会管理职能的重任。这需要秘书部门加强新枢纽作用,发挥预警系统的功能,更好地履行收集信息、监测环境、双向沟通的职责。运用各种调查研究方法,听取意见,监视环境,反馈舆论,预测趋势,评估效果,以此帮助领导部门和上司面对复杂多变的社会经济环境。一方面,秘书人员应运用和完善双向信息沟通手段,如来信来访、民意测验、基层访问调查等,主动收集反馈信息;另一方面,政府机关应更好地履行政务活动公开原则,提高行政的透明度;建立和完善政府发言人制度、政府新闻发布制度;进一步拓宽社会沟通渠道,吸引公众参政议政。

4. 计划工作，由重在层层传达计划转变为重在独立企划

领导层作出决策后，由管理层将决策转化为明确的、具体的、可供操作的计划，然后交给操作层去实施。计划工作，往往由管理层指示秘书去做。传统的秘书总是传达、理解，秉承领导和管理者的意旨去制订计划，写成书面文字。如果连管理层都很少有创造、发挥的余地，更不用说秘书了。在很多机关和企业，秘书和文员混为一谈，难以区分，原因之一也在于此。

入世后，政府对企业不再管手管脚，企业真正有了自主权。企业的经营主要关注两方面；一方面是市场的需要、需求；另一方面是政府的法律、法规。在此之间，存在着广大的空间。也就是说，任何一个企业只要不超越市场需要，不突破法律界限，就有生存之地。如果企业能够在满足市场前提下创造条件、抓住机遇，做到经济效益和社会效益并重，就能赢得广大消费者的青睐，走上持续发展、良性循环的道路；反之，则可能一时辉煌，自食"短期行为"之恶果。

管理层秘书（不是文员）的首要职能就是根据决策目标辅助上司制订计划。这种计划不仅仅是把上一级的计划作简单的演绎或细化，而必须是让企业占有尽可能大的空间，在此前提下充分施展自己的才华，作出有独特个性的计划。秘书必须具备独立企划和创造能力。过去我们常说秘书做计划，写文章要"吃透两头"，上头是方针、政策，下头是基层情况。现在我们提出要控制在两条线之间。上线已成倍地充实、丰富；下线更是成十倍地扩大、复杂，秘书已不能只是读几份文件，看几份基层报告，就可动手做计划，而是要主动地、广泛地去收集信息，尤其是研究信息，有自己的分析，有自己的独立见解，然后提供给上司，经采纳后写成计划。因此，中高级秘书要起到的是助理甚至代理的作用。

二、我国秘书工作方式的转变

1. 服务对象、服务形式，由"三个服务"，转变为既为上司服务，又为社会服务

改革开放以来，秘书工作一直致力于为上级、同级、下级和人民群众提供"三个服务"，其中主要是为上司、领导和机关服务。加入 WTO 后，服务贸易市场逐渐开放，也迫使国内的服务贸易市场迅速建立、发展和成熟起

来。从而,为社会和个人提供各种服务的企业秘书、涉外秘书、私人秘书、钟点秘书的比例逐渐增大。

秘书服务形式开始出现移动(手机)通讯秘书服务、BP机寻呼秘书服务以及电子邮件方式的网络秘书服务。如2000年初中国移动就开展了附加业务(其中包括秘书台业务),此后全国各地的移动通信相继开通了全球通秘书服务。沿海和经济发达地区还出现了更专业化、规模化的秘书服务公司。如北京、上海、广州等地的专业秘书服务公司,依托酒店的会员资源和高级商务会员资源,开展商务秘书服务,为这个行业带来了新的热点,并有迅速扩大之势。

秘书服务业的兴起有其背景和必然的因素。首先是专业化分工越来越细与日常事务的复杂化程度越来越高的矛盾,促使了秘书服务公司的诞生。人们必须把自己最擅长的、最核心的事务限时、保质保量完成,而把不擅长的非核心的工作委托他人来做。秘书服务业的兴起,正是这种专业化分工的结果。

其次,现代生活的节奏越来越快,人们被迫在最短时间内完成大量综合性的工作,在以速度取胜的局势下,许多商品生产者只能完成最核心的业务,而在同一时间把其他业务(包括秘书业务)外包给专业化公司和人员。

第三,现代科技的发展、通讯以及互联网的广泛应用,秘书服务工作日趋现代化、专业化、规模化和虚拟化,使秘书服务行业的发展有了物质基础,并逐步实现传统和现代时尚的有机结合。

第四,其他专业化公司的增加,也对秘书服务市场起到了促进作用。秘书服务公司在为客户提供服务的同时,也连接着其他专业性公司。如秘书写好的文件需要由速递公司来传送,速递行业与秘书服务业的联系会变得越来越密切。

第五,秘书职业化的不断加强,拥有秘书职业资格证书的专业人才队伍日益壮大。现代专业人才市场的迅猛发展,也使许多有专业技能的人才脱离了过去那种严密组织的束缚,成为某个松散组织的成员,或成为自由职业者,利用网络便可以很方便地组织自由秘书工作者一起来为某项业务出力。这些为秘书服务行业提供了人力资源上的保证。

2. 办公形式,由封闭式、窗口式办公转变为开放式、透明式办公

很长一段时间内,我国政府机关和秘书部门过于强调保密的范围和程

度，有些地方利用“内部掌握”的文件进行“黑箱”操作，剥夺了广大公众的知情权，甚至变相实行行业垄断和市场封锁等。许多来中国投资的外商都以看不到、看不透政策而深感苦恼。这些做法都是违背“公开透明”的世贸协定规则的。按照世贸组织协定的公开透明原则，要求政府及部门做到：没有公开的文件不得执行，必须执行的则要公开；而且在公布和实行某个政策措施之间，必须有时间上的间隔，不能像过去那样一公布就执行，否则极易引发市场冲突和国际贸易争端，使我国政府的形象受损。我国各级政府在制订和修改地方性法规、规章、措施的过程中，已注意到发扬民主，广泛征求各方面包括被规范对象的意见，召开听证会，文件公开刊登等。

对秘书部门而言，应贯彻上级领导的指示，不断扩大网上办公的范围和深度，逐步向“电子政府”的方向发展。大力推行政务公开、厂务公开、校务公开的做法，包括公开办事制度、公开办事程序、公开办事结果、公开办事人员（挂牌办公）。要求秘书人员严格遵循岗位责任制，尽快熟悉和适应快节奏的工作程序，提高办事能力和效率。并充分利用信息载体和传播媒介的作用，通过指示牌、宣传手册、咨询服务热线、网上办公公示等公开化手段，提高政务活动流转的公开化和透明化，减少“踢皮球”、“公文旅行”等扯皮推诿现象，遏止各种行政摩擦和矛盾纠纷，增强广大群众对政府部门和企事业单位的信任和支持。

秘书的办公形式不仅体现在由封闭式、窗口式向开放式、透明式转化，随着现代通讯技术和网络技术的日益完善，多元化的新的办公形式层出不穷，如远程办公、SOHO(small office home office)办公。这些新型办公形式已经带给秘书人员全新的观念、全新的办公程序、全新的办公手法。需要秘书人员全面掌握电脑操作、网络运作、远程通讯的技巧，更需要秘书改变传统的信息沟通、联络协调的意识，主动、积极、全面地协助上司筹划企业运作方案，用电话、电脑、网络联系每个雇员，加强上司与雇员的沟通，帮助解决问题、协调矛盾。秘书的独立操作意识和主动服务能力也应大大加强。

3. 会务工作，由单纯组织会议转变为既办会议，又办会展

办文办会一向是秘书重要的工作内容。会议具有传达信息、部署工作、作出决定、收集创意等诸多功能。秘书遵循一定的规则，按照一定的程序组织会议。从定议题、发通知，安排会场，到提供会议服务，作会议记录，每一项环节无不需要秘书细致周到的工作。

进入新世纪以后，无论是政府机关、企事业单位，还是社会团体，对秘书搞好会务工作提出了更高的要求。改革开放后，涉外机构日益增加，对外交往频繁，促使我们只有尽快了解与办会有关的国际规则，才能适应环境，迎接挑战。在沿海地区，有不少企业已经参照国际规则组织会议。譬如：每次举行会议时，在会场醒目处张贴“会议成本计算表”，把本次会议耗费的显性成本与隐性成本分别列出，提醒与会者注意会议效率、效果，考虑会议的投入产出效应。在作本次会议记录时，程序中要求宣读上一次的会议记录，经批准通过或修改后才能正式生效。这样既保证了两次会议内容的连续性，也发挥了会议记录的凭证作用。电视、电话会议也日渐被电脑会议所取代，因为后者能够把与会者声音、图像完整记录下来，在会后可以进行仔细分析，并能迅速整理成文。

如果说秘书组织会议更多是被动地按照领导、上司的指示办事，则新的会议形式——会展，就需要秘书发挥主动精神，运用创新思维和多种才艺。

目前全球每年举办大型展会4000多个，直接经济效益达2800亿美元。我国的会展业也已成为刺激经济的新的亮点，成为第三产业的重要方面，以年均20%的速度递增，并日益向国际化、专业化、规模化和品牌化方向迈进。随着上海申办世博会的成功，我国的会展业渗透到了各个经济领域，从机械、电子、汽车、建筑，到纺织、花卉、食品、家具，遍及国内外的各个地区。

会展，顾名思义为开会和办展览，过去秘书组织会议，重点在“议”；而办会展，重点在“展”。会展是一项系统工程，对会展主办单位而言，从筹办到招展、展出；对参展单位，则从搭建展台，选题策划，使用光、声、色、形，采取包括多媒体在内多种形式展示产品、理念或观点，突出自己的独特个性和鲜明形象，一直到和客户联系、提供咨询、接受订单等都需要付出心血和努力。

秘书在会展中起着辅助有时甚至是独立的组织、策划作用。这要求秘书补充市场和管理知识，懂营销、会策划，有艺术灵感。能够协助提供周密的预算方案、按照预算计划组织，布置展台。根据会展的主题、内容联系广告公司、策划公司、礼仪公司等，做到编排操作有条不紊，富有宣传性、艺术性，使展示的产品和企业形象独树一帜，给人留下深刻印象，为企业带来经济效益和社会效益。

会展同样也是收集信息的重要来源。秘书在展场上应能深入了解并及时掌握从销售一线反馈回来的市场信息，并且善于把被动的展示功能转换成主动的引导功能，加强展会的互动作用，吸引参会人员共同加入到企业的活动中来。会展需要秘书，主要表现在三个方面。

(1) 会展的联络、协调和组织工作

大中型会展筹办时间通常都在一年以上。会展头绪繁多，环节复杂，涉及面又广，需要大量的周密的联络、协调和组织工作。首先是项目的选定，需要做大量的市场调查，收集目标客户的信息、合作单位的信息，该项目的行业、产业的信息；联络该会展所属行业的主办单位、主管部门；建立与全国及海外的合作伙伴、招展组团代理的关系、与各专业媒体和公众媒体的关系等。接着是寻求支持单位、合作单位，建立营销网络。然后是招展工作，收集和建立潜在客户名单，发送参展说明书，进行招展宣传；选择参展商，签订参展合同。最后是招展组团管理，人员的确定和分工，制订工作方案等等。这一系列工作都离不开秘书。

(2) 会展的会议组织工作

会展的重点是"展"，可是必然要召开一系列的会议。譬如：展出之前有筹备会、检查会、动员会；展出期间有开幕式、报告会、新产品发布会、技术交流会、研讨会、贸易洽谈会、记者招待会；展出以后又有评估会、总结会、新闻发布会等等。这些会议的组织安排、服务工作都需要秘书去做。

(3) 会展的文书工作

会展除了展品、展台、操作、演示之外，还会产生大量的多样的文书、资料。譬如市场调查报告、企业参展情况分析、会展说明书、新闻宣传资料、产品的文字介绍、广告文案、工作方案、邀请书、参展合同、会展日程表、参观须知、会议记录、会议纪要、客户及潜在客户名单、档案、评估报告、总结报告等等。这些文件、资料的撰写、制作，秘书更是责无旁贷。

4. 操作方式，由手工操作转变为电子操作

我国经济日益融入世界经济的大潮中，面对发达国家先进的网络技术和数字经济局面，我国正在奋起直追，改变传统观念和做法，加紧电子政府建设，利用电脑网络来了解社情民意，处理行政事务。以上海两级政府形象统一对外的"中国上海"政府门户网站已经于 2002 年 1 月正式运行。这座"政情民意立交桥"使 100 多个政府部门宣传了自己，切实地把为民服务、网上办事作为重点。这充分说明了政府的信息化建设成为了社会信息化基础，也标志着上海政务公开走入了全新的发展空间。其中包括了"市民办

事”、“企业办事”、“投资上海”、“透视政府”、“公众监督”核心模块，许多诸如递送统计报表、年检、项目审批、招标等工作，不必再像过去那样专门到各职能部门去索取表格、填写、盖章、上交来回跑，可以随时根据需要到政府网站的政务平台上下载或上传各种报表。群众也可以根据网站的导航，了解政策、措施，了解办事程序和办事进度，再通过表格下载，在线办理、咨询等不同形式接受政府部门的各种服务。

企事业单位也加强了信息化和电子商务建设，利用电脑进行设计、创新、生产；通过互联网进行原料采购和市场营销。消费者可以直接通过网络告诉厂商：我需要什么样的产品，请你们根据我的要求设计出来。厂商为消费者量身定做并迅速提供产品和服务，通过网络发现并创造消费者的需求。随着网络技术的应用，招聘、培训、考核、薪酬福利、与员工沟通、人力资源信息统计等等，企业管理的全部工作几乎都可以在电子信息系统中得以体现。

秘书部门的信息枢纽中心也日益适应网络时代要求，正在迅速改变其办公方式和操作方式。电话、电脑、传真机、复印机、投影仪、打印机、数码摄影机等办公自动化设备得到了广泛的运用。秘书通过内部局域网，接受上司命令和指示；通过网络向下级和职能部门发布上司指令；通过网络搜集信息、调查研究、制订方案；通过电脑和网络撰拟文稿、写作信函；通过电脑排版布局、修改打印；通过网络收发电子邮件、制定日程计划和订购办公用品；通过网络进行社交活动；通过网络进修培训更新知识……

电脑和网络几乎改变了办公室的一切，不仅提高了办公效率，也把秘书从繁重的手工劳动中解放了出来。秘书应熟练使用各种办公机器，尤其是电脑和网络，逐渐摸索出电子化办公的一般规律，尽可能避免电脑和网络的负面影响，如电脑病毒导致的数据丢失、文件失踪甚至系统瘫痪；更要预防黑客攻击所造成的业务受损、组织形象被破坏。

电子操作要求秘书人员必须跟上日新月异的电脑和网络技术，不断提高自己的操作和应用能力，学会修理电脑软、硬件和维护系统的本领，这样才不至于面对电脑罢工而手足无措，影响工作。

秘书工作的这些变化冲击着秘书人员的从业理念，也为秘书人员的个性发展和潜力发挥提供了契机。秘书行业越来越向着专业化、职业化和社会化方向迈进，秘书人员应不断更新知识、完善自身，与时俱进。

思考题

1. 什么是秘书？现代秘书的确切涵义是怎样的？
2. 秘书工作主要包括哪些内容？特点是什么？
3. 什么是秘书学？秘书学主要研究哪些内容？
4. 怎样才能学好秘书学？
5. 秘书怎样才能适应现代社会的变革？

第二章　秘书工作的起源和发展

我国的秘书工作已有几千年的历史。直至中国共产党建立之前，中国历史上的秘书工作都是为历代统治阶级服务的，与现代秘书工作有着根本的不同。但如同政治、经济、文化的发展一样，秘书工作既有变革的一面，也有它继承的一面。了解秘书工作的起源和发展，批判地继承和借鉴秘书工作的历史经验，对于今天的秘书人员来说，仍很有必要。

第一节　我国秘书工作的起源和早期发展

一、秘书与秘书工作的起源

我国秘书工作可谓源远流长。但由于古代的秘书工作名与实不符，我们不能顾名思义地去按图索骥，而只能从现代秘书的基本职能去考察。如果从“辅助管理、处理文书”角度出发，秘书的起源可以追溯到黄帝时代。

《汉书·古今人表》记载：传说中创造文字的仓颉，是黄帝的“史官”，帮助黄帝记载国家大事。《尚书·尧典》中又有记载：“帝曰：龙，朕疾谗说殄行，震惊朕师。命汝作纳言，夙夜出纳朕命，惟允!”这里的帝是指虞舜。大意是舜说他痛恨说假话和阳奉阴违的行为，任命一位叫“龙”的人做“纳言”官，早晚发布他的命令，一定要忠实。上古时代的“史官”和“纳言”可以看作是最早的秘书官。

从秘书工作的主要内容文书工作来说，它是随着文字的出现、国家的产生而产生的。国家进行管理需要有内容、有条理、有一定形式的文书。这些文书必须有人去制作、处理和保管，这就形成了最初的文书工作。

在夏朝，已经出现了公务文书——典志。朝廷也设置了管理典志的官职——“太史令”。《吕氏春秋》中记载，夏朝的末代君主桀荒淫无道，太史令终古捧着国家的典志去哭谏，桀置之不理。终古绝望之下，便带着这些典志去投奔了商汤。

现存我国最早的政治文件汇编是《尚书》，其内容大部分是帝王对臣民的训令、文告和出征前的誓词。如《汤誓》就是商汤讨伐夏王桀时的军前誓词，《盘庚》则是商王盘庚动员臣民迁都的文告。《尚书》的内容上起唐虞，下迄商周，为这一时期的文书工作提供了实证。

信访工作此时也有了起端。《汉书・文帝本纪》：“古代之治天下，朝有进善之旌，诽谤之木，所以通治道而来谏者也。”意思是，尧在位时，曾于朝廷前树一大旗（旌），名为“进善旌”，百姓可以站在旗下向他提出对政事的意见或建议。舜继位后，在朝廷前设立木牌，名“诽谤木”，让百姓把批评意见写在木牌上。因舜名重华，“诽谤木”又称“华表”，发展到后代，成为宫殿门前的装饰物。后来又在宫门外设置大鼓，名为“敢谏之鼓”。百姓要当面陈言，可击此鼓，舜即出宫接见、听取。后代官府衙门前都设置大鼓，百姓击鼓告状即源于此。

二、奴隶社会时期的秘书工作

夏商周三代，史官是主要的秘书官员。他们为国君记录言行、起草和保管文件；有的还了解民情，提出建议，协助国君制定政策法令。

商末周初，政事日繁，出现了秘书机构——太史寮，相当于目前的中央秘书处。由太史（又称大史）掌管，下有左、右、内、外四史为副手，各有分工。左史专记国君政事活动，右史专记国君政事言论，有“左史记事，右史记言”之说。内史职掌拟制简册，宣示国君诰命；外史则专管四方之志及诸侯世系家谱（相当于人事档案）。史官之下，还设有做一般文书抄写、保管工作的“椽史”，专管印信符节的“掌节”等。总之，随着社会政务活动的复杂、发展，秘书官员有所增加，分工也日益明细了。

西周至春秋时期，逐渐形成了一些秘书工作制度，如：

保密制度：西周将全国土地、户口登记造册，藏于首都宫内。史称“天府之藏”。

文书制度：王命文书都要有正副本，正本宣读后交付受命的诸侯大夫，副本则藏于王宫，以备日后查考。

用印制度：春秋后期，周王、诸侯传递文书(多为竹木简)都用泥封加印。即简牍用绳捆扎，打结处用湿泥捏裹，泥上加印，烘干后送递，泥印不得破碎，以此防止篡改、泄密。

战国时七国争雄，各自为政，秘书官职名称也不统一。齐、魏、秦称"尚书"。尚者，"掌"也，意为执掌文书的官员。赵国则称"御史"，既承古代秘书官之名，又有国君亲密随员之意。诸侯间重要的外交活动，均有尚书或御史随同参加并记录现场情况。《史记·廉颇蔺相如列传》记有：秦王邀赵王于渑池相会。席间秦王"请"赵王鼓瑟。一曲终了，秦王尚书即大声朗读记录：某年某月某日，秦王与赵王会于渑池。秦王"令"赵王鼓瑟。以此羞辱赵王。蔺相如挺剑而出，威逼秦王击缶(瓦盆)，并令赵国御史记下：某年某月某日，赵王与秦王会于渑池，秦王"为"赵王击缶，为赵王争回了体面。

伟大诗人屈原曾任楚国"左徒"，地位仅次于"令尹"(丞相)。《史记·屈原列传》说他"入则与王图议国事，以出号令；出则接遇宾客，应对诸侯"。可谓既管内政，又办外交，实际上充当楚王的秘书长。

战国时代还兴"养士"之风。著名的四公子：齐国孟尝君、赵国平原君、魏国信陵君、楚国春申君，都供养着一大群"门客"。其中虽有被后人如王安石等讥为"鸡鸣狗盗之徒"的，但也有或出谋献策，不愧智囊人物；或承办事务，显然是得力助手的。向平原君自荐的毛遂即其中之一。毛遂脱颖而出，说动楚王发兵救赵，解了秦军之围。另一著名人物是冯煖。他为孟尝君到薛城收债，"焚卷市义"；出使魏国，使魏王"虚位以待"；震惊了齐王，又派太傅请孟尝君回齐都为相。冯煖又力主建齐国宗庙于薛城，筑成"狡兔三窟"，使孟尝君高枕无忧(事见《战国策·齐策》)。太史公司马迁称赞他："孟尝君为齐相二十余年，无纤芥之祸者，冯煖之功也。"这些只辅助主人却不做朝廷命官的"客士"，可以说是最早的私人秘书。其沿流可至晚清时代的"绍兴师爷"。

三、封建社会时期的秘书工作

1. 秘书机构、人员和职责

秦始皇统一中国后，建立了封建中央集权国家，也开始确立比较完整的秘书工作体制。从中央(皇帝、丞相)到地方(郡、县)形成了一支多层次的庞大的秘书队伍，主要有：

御史大夫。众御史之首，为皇帝收发重要文书，并督察百官，相当于中央的秘书长兼最高检察长。下设监察御史（督察中下级官吏）、侍御史（为皇帝办事的）各数名。

尚书。主管文书起草、呈阅、拟办，是皇帝身边的文字秘书。

博士。掌管史书典籍，供咨询，相当于皇帝的顾问和专业秘书。

谒者令。专为皇帝引见百官、传达旨意的秘书。

主玺令史。专管皇帝印章（玉玺）的秘书。

长史。丞相府及汉代诸侯王的秘书长。

主簿。郡守、县令的文字秘书。

记室令史。郡县地方官的文书人员。

西汉时，御史大夫与丞相（掌管行政）、太尉（掌管军事）同为中央的最高官员，称之“三公”。其职责既为丞相之副，又掌管行政督察。秘书工作主要由尚书担任。尚书职权日益重要，人员也逐渐增加。

西汉成帝设置了专门机构“尚书台”（后改称“尚书省”，相当于目前的中央政府办公厅）。主管官员称“尚书令”，下设左右两名“尚书仆射”，再下设四名“尚书郎”，分管图书、文件、奏章、宣示等事宜。

东汉桓帝新设“秘书监”，却是专管宫内秘藏图书的，并非名副其实的秘书机构，前文已经述及。

三国时，曹操晋封魏王之后，曾设“秘书令”一职，代替尚书令，既掌文书，又参与机要政务，是名副其实的中央秘书长角色，但设置时间不长。

魏文帝曹丕继位后，新建中央秘书机构——中书省。改秘书令为“中书令”，下设“中书侍郎”、“中书舍人”，为皇帝拟制诏书，记录朝议大事，充当顾问。曹丕又将宫廷侍从文官集中起来，成立了皇帝近身侍从机构——门下省。主管官员称“侍中”，次为“黄门侍郎”、“散骑常侍”，多由皇帝亲信名士担任。在皇帝左右议论大政，传达王命，听候差遣，具有皇帝私人顾问和机要秘书的性质。

隋唐以后，尚书省已转化为行政执行机构（当时设吏、兵、刑、户、礼、工六部，各部尚书即为部长，侍郎为副部长。此制度延至清代末）。中央的秘书工作主要由中书、门下两省担任。唐玄宗时，又设立“学士院”（亦称“翰林院”），考选文人才子（选上者即为“进士”），拔尖者担任“翰林学士”，由皇帝直接管辖。翰林学士品级高于一般秘书官，经常跟随皇帝左右，应对诗文，提供咨询，起草任免将相、册立后妃、王子等重要诏令，是皇帝最宠信的顾问和秘书官,甚至有“内相”之称,大诗人李白就曾任此职。

唐朝集军政财大权于一身的封疆大吏是“节度使”。节度使府有“掌书记”一职,为专职秘书,掌管朝见、慰问、祈祝的文书并公布升任令状,地位重要,多由名士充任。边塞派诗人岑参、高适和南宋豪放派词人辛弃疾都曾担任过此职。节度使下属衙门的秘书称“孔目”,文书人员称“录事”。

宋代中央行政系统的秘书工作仍属中书、门下两省,军事系统的文书工作属新设的“枢密院”。省院之下设置了更细的秘书部门如“通进司、进奏院、开拆房、主事房、催驱房”等,负责文书的收发、登记、呈阅和催办等工作。

元朝疆域辽阔,崇尚武功,但也重视文书。为加强行政与秘书工作,取消了门下省与尚书省,以中书省独揽行政大权,而在各大区设立“行中书省”和“行枢密院”(中央派出机构)。中书省和行中书省下设“检校所、照磨所、承发司、架阁库”等部门,负责文书的检查、校对、发送、立卷和档案的保管工作。又在全国各地设立“急传铺”,有紧急文书,派专使快马日夜兼程传递。

明朝朱元璋新设置了中央的文书总收发和总接待机构,名为“通政使司”。朱元璋亲自说明建立这个机构的目的,他说,政事好像水流,要经常畅通。通政使司的主要职责是审核朝廷的命令以匡正百官,彰明幽暗隐蔽的情况以沟通政事。他要求通政使司的官员:该报告的事不必顾虑;该纠正的错误不可苟同;该申诉的冤屈不可隐瞒;该引见的人员不得留难。

清朝中央的秘书机构仍承继明朝制度。雍正时代,新建“军机处”,原为专管西北军务的临时性参谋机构,后成为常设性机要部门。军机处设军机大臣三至六名,每日晋见皇帝,参议国政,起草谕旨;又有军机章京十数人,协助军机大臣专事机要文书工作。军机处人员精干,中间层次环节少,办事效率高。戊戌变法时,就因光绪皇帝授予康有为以专折奏事的权力,又把谭嗣同等人安排在军机处,所以即使只在百日之内,也得以拟制和颁布了一些改良经济、交通,创办实业、教育的法令。

清朝后期,官场极其腐败,子袭父职和卖官鬻爵相当普遍。不少官员既无德才,又无能力,上任后不得不聘请幕僚帮办文书及事务。幕僚中浙江绍兴文人甚多,俗称“绍兴师爷”,也属于私人秘书性质。当时情形是:有财有势、无德无才的贵族豪门子弟当官,无财无势却有才能的秀才举人当秘书。

2. 秘书工作制度

我国长期封建社会中,秘书工作逐渐形成了各种制度,主要有:

保密制度。西周、春秋时代已经确立保密制度,并为以后历代所重视与加强。如唐朝法律对中书舍人有四禁：一曰漏泄，二曰稽缓，三曰违失，四曰误忘。凡泄密者轻则杖责，重则绞刑。宋朝规定：枢密院专管机要文书的官员不准私出访问，也不准接见客人。

行文制度。秦朝规定：地方官的上行文书一律先送交丞相府，由丞相府送尚书再呈皇帝；皇帝批示后，由尚书拟办，再交丞相府分发各部各地执行。人事察举性诏书由尚书先交御史大夫阅办，再交丞相府颁布下达。

三省制。三省制在魏晋开始形成，唐代确定。即：中书、门下、尚书三省共同负责朝廷的秘书工作，“中书出令，门下审议，尚书执行”，既互相分工、配合，又互相监督、牵制。

一文一事制。宋朝规定：朝廷百官和地方官员的奏章必须一文一事，非一宗事者不得同为一文，以便行文归口和由主管部门及时批复、处理。

文书立卷制。元朝规定：处理完毕的文书经监察官“照刷”（检查）之后予以编号立卷。同一类事立为一卷，年终交案，归档保管。

限期承办制。唐代法律规定：公文必须如期完成，误期一日办理人笞十下，三日加一等。明代法律规定：承办事务者，小事五日、中事十日、大事二十日，限期完成，误期则罚。清朝规定：办理文书超限一月者，罚三个月官俸。

贴黄、引黄制。魏晋以后，公文多用黄纸书写。唐代规定：公文如有个别文字更改，可另写小块纸补贴，称为“贴黄”。此后，又将文书内容要点另写于黄纸，贴于封面或正文之前，称为“引黄”，也就是“公文摘要”的由来。

条旨制。明朝规定：百官奏章先由内阁大学士用小纸条写上初步处理意见，贴在文书上供皇帝参考，又称“票拟”。

催办制度。宋代中书省、尚书省下设“催驱房”，专事催办。元代特设急传铺，遍布全国，加快了公文传递速度，同时也实行限期催办。公文下达后，根据公文行移路程的远近，规定：五百里内十五日一催，一千里内三十日一催，三千里内七十日一催，如三催不报，主管官员则解京问罪。

文书制度。秦汉时，对公文的名称、用途即有严格规定。唐代开始，对公文的用纸、折叠、誊写、收发、登记、移交又有明确的细则。元朝又规定了公文的署押、照刷（检查有无稽迟、失错、遗漏、违枉、埋没等）、磨勘（检查卷宗是否改正、齐全等）、注销等制度。清朝则进一步实行全国统一的奏本格式，限定题奏本章及贴黄的字数，还制定了严格的书写规则。

以上这些秘书工作制度，有的至今仍在沿用，有的虽已废止或有较大的改革，但仍有一定的参考价值。

3. 官府文书和应用文

我国漫长的历史上形成的官府文书及应用文名目繁多,其中绝大部分已废止不用,但有些内容对理解现行文书仍有参考价值,现简要说明如下:

典。上古帝王颁布政令、法典的文书。《尚书》中有“尧典”、“舜典”。

命、诰、谕、诏、旨。黄帝、尧舜时代,下达文武百官的文书称“命”,其本义为制约之意。夏商周三代还用“诰”和“谕”。诰是君王对臣下的命令,谕是对臣下的训示。秦统一后,把颁布法令、训示百官的文书统称为“制书”。汉初又分为四种:册封或罢免三公王侯的称“策书”,施行赦命的称“制书”,告谕百官的称“诏书”,训诫地方官的称“敕书”。宋代皇帝颁布军政命令称“御札”,戒励百官或晓谕军民的称“敕榜”,封赠官员贵族的称“诰命”。元代的诏命性文书称“圣旨”。清代皇帝主动下行百官的文书称“上谕”,答复奏请而下行的文书称“旨”。

章、表、奏、议、疏。这一类是百官向帝王或朝廷的上行文书。最早称“章、表”,战国时称“上书”,如秦国李斯有《谏逐客书》,或称“上疏”,后代沿用此名。秦统一后改称为“奏”,是进言的意思。汉代又分四种:用以谢恩的叫“章”,弹劾别官的称“奏”,陈述情况的称“表”,如李密的《陈情表》,表示不同意见的称“议”。如是回答皇帝提问,“应诏而陈政”的就叫“对”或“对策”。如是机密文书,则加封并置皂囊内进呈,称之为“封事”。清代康熙、雍正时期,百官有机密文书进呈皇帝,以长条纸折成小本,藏于袖内,临时出班进呈,称“奏折”。

令、教。战国时诸侯下行的军政文书称“令”。唐代皇太子和诸侯王下行文书也称“令”。三国开始,王侯将相训示属下官吏的文书称“教”。如诸葛亮曾颁布过《劝将士勤攻己阙教》要求部下敢于对自己提出批评。

移。春秋时官吏间来往平行文书称“移书”或“移文”。三国和唐代用作正式平行公文。至清代,官府向不相隶属的下级行文也用移文。

檄。战国始用以征召或声讨性的文书,后多用于征伐前鼓舞士气,震慑敌人,争取中间力量。檄文又称“露布”,有可以公开张贴布告、露板不封之意。

关。其意是通达,由此达彼叫做关。用作文书名称,相当于通知、通报。唐代中央部司之间互通消息用“关”。宋至明清一直沿用。古代出国人员持有的护照即称“关牒”。

咨。宋代学士院始用的平行文书。自元至清,地位相等的官府间查问文书都用“咨”。民国以后用得更广。至今西方国家总统仍向议会提出“国情咨文”。

咨呈。明清两代下级官府送上级官府的请示性文书，民国时仍沿用。

照会。明代开始，文武官府不相隶属者往来文书用“照会”。清初沿用，晚清始用于外事。民国以后专用作国际外交文书之用。

告示。明代晓告百姓的文书称“告示”。民国仍沿用，起初以口头宣告，后来公开张贴。其内容或通告官府决定，或解释政令，或说明情况，或通缉罪犯等。

铭。原意是镂刻，也指刻在器物上的文字，称“铭文”。铭源于上古，内容一般有两种：一是表示誓戒；二是记载功德。黄帝和成汤都曾在座车或铜盘上刻铭文自勉，后世也称“座右铭”，如唐代诗人刘禹锡有《陋室铭》。

书、简、牍、笺、素。书，原先泛指一切刻写的文字材料，春秋时代成为列国士大夫间来往的应用文，用以谈家事、国事、天下事，即为“公函”。也可以叙说情谊，表明心志，抒散郁闷，寄托风采，相当于信函。因古代的书刻写在竹简或木片上，又称“简”、“牍”、“尺牍”、“小笺”等。后来写在白绢上，又称“素”、“尺素”。

序、引、跋。序是序言，指写在书籍或诗文前的文字，用以说明写作的缘起、背景以及作品的要旨、体例或写作过程等。序置于书或诗文之前，则称“引”，意为全书之引言；也可置于书后，称“后序”如文天祥有《指南录后序》。宋代又称后序为“跋”。

四、近代中国的秘书工作

1. 晚清时期的秘书工作

1840年鸦片战争以后，帝国主义势力入侵，中国开始沦为半封建半殖民地社会。秘书工作也随之发生了一些变化。

清朝政府与列强签订了一系列不平等条约，不仅其内容是丧权辱国的，而且外交文书上也表现出不平等性，对外行文称“大英国”、“大法国”、“大日本”等。中外文对照文书，凡句意词义理解有争议处，概以外文为准。如清朝政府曾与日本政府签订由日本在中国东北修建中长铁路的协定。其中有一条规定，铁路修成后，日本可在铁路两旁驻军保护。按中文意思两旁“共”15公里宽度，可按日文意思是“各”15公里范围。日军驻扎的地区即增加了一倍。随着外事活动的增加，也新出现了不少外交文书，如照会、条约、全权证书、出使报告等。

这时秘书工作机构相应增加,秘书工作也开始参照外国制度。

1860 年,清朝中央政府设立了“总理各国事务衙门”,下设“司务厅”掌管办理外事文书往来与一应秘书工作。1901 年,总理各国事务衙门改名为“外务部”,除司务厅外,又增设了“文报局、翻译处、电报处、机要股、清档房”等秘书部门,秘书工作量大大增加,分工也更细,各司其职。

1907 年,各省设“咨议局”,专事收受处理民众建议陈请文书及事宜,以供朝廷资政院咨询参考,相当于政府秘书工作系统中的信访与调研机构。

1911 年,清朝中央政府仿照欧洲各国制度,设置“内阁官报”,作为公布法令的机关。

1911 年 5 月,又仿照日本,颁布了《内阁属官官制》,规定内阁设“承宣厅、制诰局”,负责秘书工作。

陆军部首先设置“承政司”,下分四科,其一即名“秘书科”。秘书科的职责是:①掌管机密事宜;②掌收发奏咨函电及编纂、翻译事宜;③掌监守部印;④掌保管图书资料事宜。成为我国近代史上名副其实的秘书部门。

地方上,总督、巡抚等大员都在身边设“秘书员”,专管机密文电函牍以及不属其他科室的事宜。

2. 民国建立后的秘书工作

1911 年 10 月,辛亥革命成功,武昌首先成立了军政府,下设秘书处掌管文书与庶务。都督府、军务部、参谋部和总督察处都设秘书员,掌管机要文件并配合各科文书事宜。

1912 年元旦,孙中山在南京就任中华民国临时大总统。总统府下设秘书处(不久即改为“秘书厅”)。各部设“承政厅”,设置秘书长一人,承总长之命总理厅务并掌管机要文书。承政厅下设“纂辑处、文牍处、收发处、监印处、庶务处、会计处”,各设置秘书一人,分管其事。同年 4 月,孙中山公布了《参议院法》,规定参议院也设“秘书厅”。

南京临时政府还颁布了《公文程式条例》,废除“制、诏、敕、题、奏、表”等封建公文名称,代之以“令、咨、呈、示、状”五种新公文。上级公署下行文用“令”,同级公署平行文用“咨”,下级公署上行文用“呈”,政府公告用“示”,任用或授赏人员用“状”。大大简化了官府文书,明显提高了秘书工作效率。

1912 年 3 月,北洋军阀头目袁世凯在北京建立了反动政权,秘书工作有所加强,秘书人员也有所增加。如总统秘书厅设秘书长和 6 名秘书,国务院秘书官员分为“秘书长、秘书、佥事、主事”四级。而后，袁世凯企图恢复帝制，把秘书厅改名为“内史厅”，秘书称“内史”；公文中也改“呈”为“奏”。其倒行逆施的复辟阴谋，也反映在秘书工作上。

1916 年，袁世凯称帝失败死去，北京政府仍由北洋军阀把持。中央及各部秘书机构恢复了先前的名称，在总务厅下又加设了“机要科”和“文书科”；文件收发登记制度更加严密，并规定了文书部门立卷、年终移交档案处的制度。还在其培养文官的“直隶法政专门学校”开设了文书课程，编出了《公文程式》讲义，这是我国文书教学的开端。

3. 国民党统治时期的秘书工作

1927 年以后，国民党为强化其统治，在各级政府机关建立了一整套秘书机构，增加了秘书人员，扩大了秘书的职权，并且对文书工作进行了改良。

南京中央政府设秘书处，由秘书长主持工作，下设秘书 8 人，科员 8 至 12 人，书记员若干人。秘书处分设“总务、机要、撰拟”三科，分别负责文件撰制、处理、保管和机关事务工作。

各省政府也都设秘书处，有秘书长 1 人，秘书 4 至 6 人。除掌管机要、文件、会议、印信之外，秘书处还兼管人事、物资、会计、编制、统计及报告事宜。县政府则普遍设秘书室，有秘书 1 至 2 人，科员 2 至 4 人，另有录事和事务员承办文书与庶务。各乡只设书记员 1 人，负责文书事务。

1927 年至 1945 年，国民政府进行过三次文书工作改革。颁布过“公文改良办法”，确定了政府机关间的行文关系，提倡公文改用白话文，并统一了文书收发和档案管理的办法。

此外，城市的一些大中型企业也开始设有秘书部门和秘书人员，协助厂长、经理处理文件、统计报表、编制计划、考核职工等。政府要员、社会名流聘用私人秘书也逐渐普遍起来。

第二节 中国共产党和新中国的秘书工作

一、建党初期的秘书工作

1921 年中国共产党在上海召开了第一次代表大会，限于当时的条件，没有秘书处或专职的秘书,一切秘书工作都由代表们共同做。大会通过成立了中央局,决定由李达负责保管文件。

1923 年在广州召开的第三次代表大会上,决定建立秘书制。大会通过的《中国共产党中央执行委员会组织法》规定:“秘书负责本党内外文书及通信及开会记录之责任,并管理本党文件。本党的一切函件须由委员长及秘书签字。”“执行委员会的一切会议,须由委员长与秘书召集之。”大会选出的委员长为陈独秀,中央秘书为毛泽东。

1926 年 7 月,党的四届三中全会决定中央设秘书处。下设文书、会计、交通、翻译、出版五科,负责文件的撰拟、翻译、密写、印制、秘藏、传递等工作。同时,各省委也分别设立秘书处或秘书科,人员极为精干,一般为一二人,至多三五人。

“密”和“精”是建党初期秘书工作的特点。

二、第二次国内革命战争时期的秘书工作

1927 年“四一二政变”以后,党召开了“八七”会议,选出了新的临时中央政治局,由李立三负责,邓小平担任中央秘书长。

1929 年,朱德、毛泽东领导的红四军开辟了闽西革命根据地,在团、营士兵会和农民协会执行委员会中均设一名秘书。同年 8 月,闽西《苏维埃组织法》规定:区、乡苏维埃有与委员会主任并列的秘书,县苏维埃设秘书处。次年又规定:县以上政府主席下设秘书长。《川陕省苏维埃组织法》则规定:省和县政府设秘书长一人,区苏维埃设秘书,又称“书记”。

1931 年 11 月,在江西瑞金成立了中央苏维埃和地方政府,规定执行委员会设总务处负责秘书工作,下设“文书、收发、印刷、交通”四股。1933 年将股的建制升级为“科”。

在此期间,中央苏区创建了密码电报通讯,中央局和红军司令部建立了“机要科”。邓颖超曾任机要科科长。此后,处理电报就成了秘书工作的一项重要业务。行文方面,除仍使用“决议、决定、报告、通知、通告”等文体外,又增加了“中央指示信、命令、训令、条例”等。

长征期间,中央机构精简,秘书处、文书科等都予以撤销,保留并加强了机要科。秘书工作主要是抄译电报和保管文件。

三、抗日战争时期的秘书工作

1937 年，党中央重设了秘书处，下设"机要、文书、材料、会计"四科。1938 年后，边区政府均设秘书处或秘书室，配有主任秘书、秘书、文书、庶务和收发等人员，承担各项秘书工作。《陕甘宁边区政府组织条例》规定秘书处职责为："管理边区政府委员会会议通知及记录，撰拟、保存及收发文件，管理边区政府会计杂务，编制统计及报告，登记边区政府各厅、部、处职员进退，典守印信及不属于各厅、部、处的各种事务。"秘书处不仅负责文书工作，还包括会计、统计、人事及其他各种事务，其职权与国统区及欧美亚洲各国大体相当。

1942 年精兵简政，陕甘宁边区政府成立了"合署办公厅"，下设秘书处统一掌管各厅、处的秘书工作，职权高度集中。而各专员公署和县政府则撤销秘书处和总务科，改设"政务秘书"和"事务秘书"协助专员或县长工作。既精简了人员，又提高了效率。

同时，为改进和完善文书工作，中央规定了电报必须经主管首长签批才能译发的制度；为贯彻集体领导，又形成了文件传阅的制度。还颁布了《陕甘宁边区新公文程式》，规定上级对下级行文用"令、指示信、复、函"，下级行文上级用"报告、请示"。文件登记、编号也比以前更详细、更严格。

四、解放战争时期的秘书工作

1945 年抗战胜利后，党中央秘书长为任弼时，新成立了书记处"办公处"（1948 年改名为"办公室"），协助书记处办理文件、电报、会议及其他日常事务，各机要部门也设置了专管电报的秘书。

1948 年 9 月，晋察冀和晋冀鲁豫两个边区政府合并，成立了华北人民政府，下设秘书厅，由秘书长掌管。北平市人民政府成立后，同样设置秘书长领导下的秘书厅（后改名为"办公厅"）。办公厅下设"秘书、行政、人事、新闻、交际"五处和"政策研究室"。秘书长职权有所扩大和加重，并确定了"秘书长领导办公厅，统管政策研究工作、秘书与行政工作、机关事务工作"的模式。

公文的种类也有所增加，除原用的"令、训令、决议、决定、指示、复、函、报告、请示”外,又加了“指令、布告、通报、通令”等。行文中实行了“一事一报”制度,即一份文件或电报只讲一件事情或同一类内容,以便送阅、批示、承办和立卷归档。

五、新中国的秘书工作

新中国建立后,即在总结解放区机关秘书工作经验、改革国民党统治区秘书工作的基础上,逐步建立适应社会主义国家的秘书工作机构与制度,先后发布了一系列关于秘书工作的指示和规定。如 1949 年 12 月的《关于文电处理工作的几项规定》,1951 年 2 月的《关于纠正电报、报告、指示、决定等文字缺点的指示》等,初步建立了文书工作的规范。

1951 年 4 月,在北京召开了全国秘书长会议,通过了七个关于秘书工作的文件,经中央批准先后施行。其中主要是《政务院关于各级政府机关秘书长和不设秘书长的办公厅主任的工作任务和秘书工作机构的决定》,确定了秘书长的七项工作任务,即:信息与政策研究、对外联系、内部协调、保密、机要、日常行政、机关事务。概而言之,“既要参与政务,又要掌管事务”。《决定》还提出了秘书工作的基本方法和对秘书人员的要求,规定了秘书机构设置的原则。

1955 年 1 月,公布了《中国共产党中央和省(市)级机关文书处理工作和档案工作暂行条例》。1956 年 11 月,公布了《中国共产党县级机关文书处理工作和档案工作暂行办法》。同级政府机关和国营企事业单位也参照执行。1964 年,中共中央办公厅制订了《关于秘密文件管理工作的暂行规定》和《关于机要秘书工作的暂行规定》。

以上一系列文件乃是从党政机关秘书工作实践经验中提炼而成,其制订与施行又促使秘书工作建立起健全、有效的工作制度和良好的工作作风。

六、改革开放时期的秘书工作

20 世纪 80 年代起,随着改革开放和经济建设的发展,我国的秘书工作也展现出新局面,主要反映在以下几个方面:

1. 秘书工作的正常化、制度化

党的十一届三中全会以后,各级党政机关迅速地重新组织或调整了秘书工作和人员班子，学习了有关文件指示，制订了岗位责任制，保证了秘书工作的正常化和制度化。

2. 文书工作、档案工作的加强

各级秘书部门普遍加强了文书的撰拟、审核、制作、传递、处理和立卷工作。县级以上政府机关普遍设立了档案馆、党史资料征集室和地方志编纂室，加强了档案的收集、整理和保管工作。企事业单位不仅健全了历史档案、人事档案，也开始重视与建立科技档案、经济档案、教学档案等。

3. 大兴情况调查、注重政策研究

各级各类秘书部门普遍、经常进行情况调查，收集信息资料，进行分析研究。县以上机关普遍设置政策研究室，配置得力人员，为领导部门提供决策依据和方案，充当参谋与助手。

4. 信访工作发挥重大作用

各级机关普遍将信访部门独立建制，人员得到加强。信访工作在了解民情社意、平反冤假错案、打击经济犯罪、纠正不正之风、维护政策法纪、保障人民权利等各方面都起着重大作用。信访工作还收集各种信息和反馈信息，推动着四化建设。

5. 科学、系统地培养秘书人才，开展秘书学理论研究

从中央到各省市普遍重视秘书人才的培养，改变了传统的传、帮、带的手工业方式，而由高等院校和中等专业学校科学地、系统地培养秘书人才，也推动了秘书学理论研究的蓬勃开展。

6. 走向办公自动化和秘书工作的科学管理

随着经济和科技的发展，越来越多的秘书部门和秘书人员使用录音、录像、静电复印、电子文字处理与信息储存、电子传真等先进办公设备，逐步实现办公自动化，同时也逐步引入信息论、控制论、系统论等原理对秘书工作进行科学管理。

随着知识经济和网络时代的到来，各地区、部门纷纷运用互联网进行信息的沟通和处理，电子邮件、电子商务、网络营销、网上办公等技术手段和方法越来越多地出现在秘书工作的实践中。

总之，秘书工作已踏上了一个新的高度。

第三节　外国秘书工作概况

一、欧美秘书工作的起源与发展

在欧美,秘书工作也是随着部落或国家管理工作的出现,随着文书的出现而产生的。马克思的《摩尔根〈古代社会〉一书摘要》中记述,北美易洛魁氏族部落联盟除酋长以外,还有一名经氏族成员选举产生的"助理酋长"。这名助理担任酋长的使者联络各方,执行酋长的口头指示,协助酋长处理各种事务。在举行各种典礼时,他侍立在酋长身后。酋长死去之后,他有被推举继任的可能。这样的助理,可以看作欧美古代社会的秘书或秘书长。

中世纪的欧洲各国君主都有文职辅臣,如专管国王印信的"掌玺大臣",管理宫廷事务和机密文件的"宫廷大臣"、"内务大臣"等。这些辅臣的英文名词叫做"Secretary",中文就译作"秘书"。另外,大奴隶主和掌权或领兵的贵族也大多雇有充当参谋的"幕宾"(如日本有著名的"德川幕府"),以及拟制、管理文件信函的"书吏",即相当于现代的秘书和文员。

近代秘书形成于产业革命和资产阶级革命之中,其概念被赋予了新的内容。秘书在工矿企业中是工矿主的亲密工作助手,是可信赖的经营管理人员。他们通晓现代科学技术、生产流程和各种文书事务,而且绝对忠于雇主。厂长经理们管理生产、技术、销售;秘书则管理行政、人事、财务。

1789年,法国资产阶级革命爆发。激进派领袖罗伯斯比尔即聘用私人秘书,帮助处理文件和事务。二十世纪以后,秘书在欧洲迅速普遍起来,王公大臣、巨商富翁、社会名流、作家、演员大多雇用私人秘书作为助手。到了现代,秘书已发展成一支职业大军。美国职业分类为41大类,438小类。秘书在人数最多的前10类中占第三位,约占全部脑力劳动者的4%。在日本,秘书是求职青年最乐于选择的职业之一。抽样调查表明,日本的高中女生把秘书作为"理想职业"的占20%,她们认为,除了较高的待遇和舒适的工作环境之外,在秘书职位上最能受到企业或机关的内部教育,最能得到多种能力的培养,最容易晋升为管理人员。

欧美和日本等国普遍重视秘书人才的培养，欧洲国家政府机关秘书由“文官学院”或“国家行政学院”培训。美国则有 1200 多所院校设有秘书专业。日本，仅在东京就有两所秘书学院和五所秘书职业学校。

美国和加拿大在 20 世纪 50 年代联合组织了“国家秘书协会”，旨在作为秘书的代言机构，维护秘书的合法利益，提高秘书的业务技能和职业地位。至 1981 年，该协会已拥有分布在南北美洲、欧洲、亚洲 30 多个国家的 44000 多名会员，因此改名为“国际职业秘书协会”。美国还规定每年四月的第二个星期日为“秘书节”，每逢秘书节各地都有庆祝活动，总统还专门致电祝贺。总部设在伦敦的“国际秘书与行政人员协会”为 42 个国家和地区培养秘书，为他们介绍和调动工作，保护他们的利益。日本有三个全国性秘书协会，其中“日本秘书学会”为教学与研究团体。自 1992 年以来，每年都派代表团或“教授团”来我国北京、上海等地访问，与中国高教秘书学会和有关高校进行学术交流。

前苏联也很重视秘书工作。俄国十月革命以后，列宁曾多次对秘书、文书工作作出指示，要求报告、计划等文件写得简短，采用电报式文体；要求公文传递迅速而确实；要求有严格的文书工作制度；要求选用机关秘书必须通过基本理论、行政管理和文书处理等基本知识考试；还要求收集德国和美国有关文书工作规范化的资料。60 年代，成立了全苏文书与档案工作研究所，莫斯科大学设立文书学副博士学位。70 年代起，苏联对文书工作作了一系列改革，一般公文采用提纲式和卡片式。

二、外国秘书工作的特点和趋势

就全世界而言，秘书工作的显著特点是它的普遍化、年轻化和女性化。秘书工作不仅存在于政府机关和企事业单位，而且遍布于社会各个角落。私人秘书人数更多。秘书人员年龄平均不到 30 岁，而且女性占 90%以上。

秘书工作普遍化的原因在于它的另一个特点，即辅助功能强，工作适应面广。从接打电话、处理杂务、代拟文稿，到提出计划方案、安排工作日程等等，确实可以起到全面辅助或部分代替上司工作的作用。秘书已成为现代社会高效管理不可或缺的重要因素。

国外秘书工作的一个发展趋势是由事务型转为智能型。这一方面表现为办公自动化程度的提高，许多事务性工作如记录、誊写、校对、报表、档案处理已普遍由手工操作转为使用电脑;另一方面,越来越多的秘书人员进入高级秘书阶层。他们的职责主要是调查研究、咨询顾问、辅助决策、综合管理、安排日程等,即成为“外脑”型和“智囊型”人员。

另一个趋势是秘书工作日益专业化。这表现为秘书工作分工日细,技术要求越来越高。如美国的秘书职业大类就包括41个职业种类。同是文书,可分为:一般文书、函件文书、通讯文书、印刷文书、符号文书等;同是管理,则分为:一般管理、文件管理、通讯管理、后勤管理、兵站管理、电子计算机程序管理、管理分析等。

第三个趋势是秘书人员的高学历、秘书工作的永业化。以往,大多数秘书人员是在较低的文书、事务职业种类(如传达、收发、打字、速记、录音、接待、通讯等)工作了一段时间之后才进入专职秘书行列的。而后又通过经验积累和高一层的业余教育,再升入管理(中高级秘书)阶层。所以他们往往把文员、秘书看作成为管理甚至决策人员的一种资历,一段阶梯。而近些年来,越来越多的青年人由高等院校或职业培训机构直接跨入中高级秘书阶层。秘书的专业性终于得到了社会公认,其地位日益提高与巩固,以秘书为终身职业者也日益增多。

最后,我们选录王余禄《女秘书实务》中的一篇“女秘书工作——典型的一日”,以见欧美国家秘书与秘书工作之一斑。

附录:女秘书工作——典型的一日①

秘书所负责任愈重,其日常工作愈无定规。她必须策划并组织每一件力所能及之事,否则将无以处理突如其来的紧急事项。

——美国国家秘书协会会长凯勒女士

苏珊小姐为一家饮料公司地区分公司的行政助理,她了解成功并没有绝对的保证,不过继续不断地进修并增进自己的技能与条件,则是绝对必要的。作为一位进修秘书课程的专校夜校生而言,对其行业的进阶应有旺盛的事业心。她接受要求,详述她一天的工作实况,以供有志从事秘书工作者对办公室内的各项活动,所遭遇的问题与突发事件,以及秘书必须面临的职责有一个较清晰的概念。她的看法几与凯勒女士的前述一席话不约而同。苏珊说:“当我担任速记员的工作时,我的日常工作极易描述,现在我所担负的责任较前为重,有许多紧急事件需待处理,我发觉我的日常工作几乎无定规定制

① 陈合宜:《秘书学》,第130—136页,暨南大学出版社,1994年9月。

可言。不过典型的情况是：听写口授、誊清文件、安排访客的会见事宜、接听电话、准备行程表(我的上司经常作业务旅行)、处理邮件以及各项交办事务。”

苏珊从事秘书工作的背景：

对于苏珊的背景作一简单的描述，将有助于读者了解她何以在20来岁的年龄就能担任一个负有重责的职位。苏珊18岁毕业于美国高级中学，然后接受1年的秘书专业课程训练。结业之后，苏珊对她的未来计划一无决定，曾经向一个就业辅导机构登记，其后6个月内，她曾经担任过好些临时性工作，事后她说：“这6个月我获得不少宝贵的经验，我学会了如何适应不同的雇主与工作环境。”

苏珊的一位友人有一天告诉她，一家饮料公司有一个速记员的缺额。经过了好几次测验和两度面谈之后，苏珊总算被雇用了。在她进入这家饮料公司工作6个月后，她到大专夜间部就读。她所修习的课目有信函写作、高级秘书业务、市场学及市场调查、政治学及国际关系、心理学及人群关系、推销术及广告学。她目前在这家公司服务已6年多，并且数度获得晋升。

苏珊写这篇描述她一天工作的记载时，她担任该公司营业部经理麦克先生及广告部经理惠特先生两人的执行秘书已有一年半的时间。她已接获通知，将升任麦克经理的行政助理，并且当她训练杜娜小姐担任惠特经理的秘书而能独立作业时，即行生效。

苏珊选择星期四这一天作为示范，说明一位秘书典型的一日。这一天，麦克经理已因公出差，而惠特经理正准备远行。苏珊告诉我们：“这是典型的一日，两位经理同时出差是常有的事。时间正好相近，这一天确实相当忙，致使我速记了一些文件，准备过几天再行誊正。”

苏珊的一天工作详记：

(办公时间从上午9时到下午5时，中间有1小时午餐时间，两次咖啡小憩各15分钟。)

8:30　抵达办公室。整理仪容，检查办公用品与文具。整理惠特经理办公室及检查麦克经理办公室。

8:55　检视手中的工作，开始誊写昨天听写的两封信，尽快送请惠特经理签名。完成信稿放入签名卷夹中，置于惠特经理案头(信件宜如此慎重处理，以免他人窥视)。

9:15　拆阅并处理第一批邮件，留下必须由我直接作答的。惠特经理到达办公室，嘱我到他办公室作大约5分钟的口授笔记。迅速整理出即将讨论的事项，因他即将于下午远离，公差两星期。

向惠特经理报到，听写时，两度因电话而中断，然后继续笔记。回到办公桌后，回复一紧急电话。请杜娜小姐听第二个电话。她正接受训练，一旦我担任麦克经理的行政助理后,即将为惠特经理工作。

惠特经理把他的旅行计划交给我,交代他外出期间要我处理的事情,并电告杜娜小姐,以她能协助我工作表示高兴。惠特经理当面嘱咐如有需要可找他人帮忙,以完成交办事项,因为他知道我还得替麦克经理做不少事。

9:50 回到我的办公桌,检查档案,获取必要的资料,回复在惠特经理办公室所接听的电话。

捡出必须由惠特经理过目的航空信件。无特别紧要待复函件,摘记几项待办事项,俟第二次邮件到来再处理。接听几通电话,其中一通为一位盛怒的客户 B 先生打来的,他要与麦克经理直接讲话,他不相信麦克经理已经外出,最后我才婉转问明原委,并应允他立即查明,尽快打电话告诉他。

10:10 决定前往征信所,核对 B 先生的账目,请杜娜小姐照顾我的办公室,并告诉惠特经理我要到征信所去。征信所事忙一时无法查对,答应中午以前电话告诉我。

10:20 回到办公桌,记下征信所午前会来电话,不然,我应打电话去问。咖啡小憩时间,但已无法分身了。告诉杜娜小姐旅行信用证书的用法并叫她到出纳室。稍后并告诉她登记月支账的方法。杜娜小姐回来后,将准备交由她接替的工作:复制文件、校对、正式信件的打法、推销员所报费用数字的核实等,一一交代。

杜娜小姐从出纳室带款返回办公室,在我面前点清,当她交钱给惠特经理时也将当面点清。这一点很重要。一旦点清无讹,以后再有差错就毋须负责。

10:40 开始誊清惠特经理口授信件。文书中心来电话说,他们为惠特经理打的推销业务会议议程表,因为事忙,无法如期在今天完成。我决定无论如何明天一定要做完(我通常皆较实际需要时间提前几天,以防临时赶不及,但我并没有明白告诉他们)。

11:10 打好数封信函送请惠特经理签名,并影印其中部分信函。我在他办公室时,惠特经理接听一通私人电话,决定提早于 3 点钟,而不是原定的 5 点钟动身。因此,我至少必须在 2 点半左右为他准备好应带的公事包。

11:15 回到办公桌,打三通电话分别通知同仁,将原定 4 点钟召开的会议提前到 2 点钟。惠特经理应带的文件几乎皆已备齐,为了慎重起见再检查一遍,并通知杜娜小姐来作实地见习。

征信所来电话,告知客户 B 先生的账目详情,既得完整资料,自可回复 B 先生电话。一面打电话,一面教杜娜小姐留心为惠特经理所准备应带的文件。

与 B 先生通电话,他似乎很满意,将经过记下准备告知麦克经理,并将这种作业程序示知杜娜小姐。当我的上司远行期间,我皆将所有重要电话及访客谈话摘要记录,函件也作札记。惠特经理的公文包已准备妥当,只等最后一份的资料。

11:45 整理档案并与同仁会议后,开始处理麦克经理的信件。他希望当天能知道来信的大致内容。惠特经理提早离开办公室去进午餐。当他经过我的办公室时，交给我一份简短的备忘录，说是回到办公室时再由他签名。我的案头始终准备好一本笔记本，翻在空白的一页，以备不时之需。将备忘录立即誊正，并置于惠特经理办公室的签字卷夹内。第二批邮件到达，很快地过目一遍，其中有一件需要惠特经理立即注意，从档案中找出有关资料附于来信之后，一并置于惠特经理办公桌上的“速件”卷夹内。

12:15　正准备在办公桌进食三明治时，接待员通知一位客户要见麦克经理。假如麦克经理此时尚在办公室，照例会留访客午餐，乃决定请客人到我们的餐厅用膳，巧遇市场调查部门的高先生，乃一并邀请他同桌进食，请来客在访客名簿上签名。

杜娜小姐通常都在 1 点正吃午餐，征求她是否能改变计划，暂且照顾一下我的办公桌，留一便条与惠特经理，告知他我去何处。

1:15　重回办公桌，高先生仍陪着客户并将代为送客。将进餐时与客户谈话要点记下，留供麦克经理参考，并将来客姓名记入访客名单中。

杜娜小姐将她接听的电话告诉我，即去进餐，并说在半小时内回办公室。

1:30　惠特经理嘱我听写午餐时留在他桌上的紧急来信的回函。他要我替他的太太办一些私人的事情。问他假如我请杜娜小姐替我走一趟，他是否介意？他表示同意。

1:40　将紧急信件誊正，请惠特经理签名，并以副本一份纳入其公文包中。检查是否有致麦克经理紧迫邮件，其中有一封须并于晨间转寄资料时一并转致，在惠特经理离开后应立即准备。杜娜小姐餐毕返回办公室。嘱她备妥惠特经理的最后资料。

2:00　惠特经理的三位同事到达办公室，他嘱我作笔录。杜娜小姐则招呼所有的电话，使我们不致受到干扰。

2:20　三位同事离去，惠特经理希望尽快将会谈记录誊正，讨论一些其他事项。

2:30　重回办公桌，请杜娜小姐誊正我在会议中所作的笔录，告诉她如果有少数的字看不清不必担心，不妨从头至尾快读一遍，将有疑问的字句圈记出来，一并来问我。

将惠特经理的公文包准备妥帖。

2:45　答复杜娜小姐所提出的会议笔录上的几个疑点，她正开始誊正。继续处理第二批来信，并备妥寄给麦克经理的资料。

3:00　惠特经理离开办公室，他能准时而且诸事齐备地动身，总算松了一口气，继续整理信件。

接到麦克经理的长途电话，他将延后两天回来，并嘱转告办公室有关同仁，他已打电报给原先约定会面的某些客户。麦克经理希望立即寄给他某些已打字完成的资料。决定于今晚投邮，我按序检查一遍。

3:15 查看杜娜小姐誊正我的笔录的进度,已接近完成。告诉她完成后尽可以休息了。

打电话给文书中心,是否可派人协助我打字,答案是无人可派。与营业部两位领班(麦克经理也是他们的上司)联系,是否可派来两位打字员,一位说很难帮忙,另一位说3点半之后可能派出两位打字小姐。一切准备妥当,在向她们有所指示之前,首先向两位打字小姐说明所有的资料必须在今晚付邮。如果她们中任何一位必须5点离开,现在就告诉我,以便找人替手。两人都说可以留下。

杜娜小姐也完成了初稿,并且协助下一步工作,她愿意不管多晚,一直陪我工作下去。感谢她的这番好意。

3:45 交代完毕,两位打字员与杜娜小姐以全速进行工作。我把杜娜小姐的初稿复核一遍并作少数更动之后,也参加工作。

4:00 工作在忙碌中顺利进行。第三批邮件到,其中有两封限时信是给惠特经理的,一封今晚即行转寄,另一封我自己可以处理。

4:15 接获通知说明两位客人来拜访麦克经理,尽管心里不欢迎这种打扰,但是必须去见他们。正准备去招呼他们时,两位借调来的打字员中有一位告诉我,她不习惯在这种紧迫情形下赶工,要求免除这项工作。我设法安慰她,告诉她尽可能地做,而不要一心想到它是一件紧迫的工作。我要她坐在我的写字台旁边,一方面以电话告诉接待员说,我稍迟几分钟便来,并请她打电话给营业部门的一位领班暂时招呼一下来访的客人。

重新安慰打字员,告诉她我了解她的感受,并请她尽可安心工作,不要在心理上受到干扰。假如在她必须离开的时刻而没能做完,我并不责怪她,于是这位打字员重新去打字。

我则前往接待室,那位领班正在与一位访客交谈,而我则招呼另外一位,并将他们的来意记录下来,以便转告麦克经理。

4:40 电话铃响,原来是惠特经理从机场打来的。他忘了一件必要携带的重要包裹(我不觉自言自语地说:"哦!真糟糕!"),所幸离他起飞时间还早,我希望能赶得及送给他。立即打电话到西联信差服务处,告诉他们时间紧迫,他们答应在5点钟之前派人来办公室。将包裹交与接待员,并且告诉她西联公司即将派人来取。

4:45 一位打字员已完成她的紧急任务。我们一块儿校对后,我问她能否接替杜娜小姐未完成的工作,而由杜娜小姐将2点的会议记录用复写纸打字誊清,因为这是密件不能假手于打字员。

打电话告诉母亲我会晚一些吃晚饭,7点钟左右才能到家。也关照杜娜小姐及两位打字员打电话回家。

5:00　接待员来电话，告诉我西联公司的信差已取走了包裹，总算又舒了一口气。

两位打字员都已打好了字，我们一起检查一遍，她们在5点25分离开办公室。对于她们的全力帮忙面致谢意，并记下来明天早晨第一件事是向她们的主管致谢。

5:30　办公室只剩下我与杜娜小姐两人，杜娜小姐继续整理会议记录的誊清稿。当她完成后，告诉她处理邮件的程序，并且解释我整天保存麦克经理封袋的原因。会议笔录原稿将送给惠特经理。

当杜娜小姐清理她的写字台，并在她的日历上记下明天待办事项之际，我急速赶办麦克经理交代之事，将其纳入一牛皮纸信封，称过重量之后，贴上足够的邮票，即将投邮。

6:15　接惠特经理电话，说信差已将包裹送到。杜娜小姐问我还需要帮忙的事，我告诉她通常我喜欢每天做好归档工作，看样子今天只好破例了。我从不让该做的事积压到第二天，因而我把它记在行事历上作为明天紧急待办事项。嘱咐杜娜小姐共同再检查一遍。尽管时间已晚，我仍然把许多"应办事项"记在行事历上，以便打电话给文书中心有关惠特经理交办之事。

苏珊为我们述说这个典型的星期四活动日程时，同时说："不要以为我每天都加班工作，我并不是每天如此。只是在绝对必要时才这样做。我认为我必须时时有所准备，以迎接这种情况的发生。"

我们问她："苏珊，你能不能举出两项使你得以从容不迫地忙过这个'典型'的一天的秘诀？"

她略一沉思，接着回答说："我想第一是我能专心致志，心无旁骛；其次便是自动自发的精神，不管我的雇主是不是催促我，我总是按部就班地做好我该做的工作。"

思考题

1. 学习了我国古代秘书工作的起源与发展，你有哪些体会？
2. 20世纪80年代以后，我国秘书工作的新局面表现在哪几个方面？
3. 外国秘书工作的特点和趋势是怎样的？
4. 读了《女秘书工作——典型的一日》，你对秘书工作有哪些感性认识？

第三章　秘书工作机构的职能与工作要求

我国的秘书人员与秘书工作大部分存在于秘书工作机构之中，而秘书工作机构又统属在党政机关、企事业单位行政组织之内。秘书工作机构是行政组织的一部分，是为行政组织、行政领导服务的。本章将说明秘书工作机构设置的原则，它的组织形式、地位、职能以及工作方法等等，这是每一个秘书人员所必须了解的。

第一节　秘书工作机构的设置

一、秘书工作机构的设置原则

秘书工作机构是行政组织内的综合办事机构和参赞性机构。在我国，中央、省市、县乃至乡镇、街道党政机关和大中型企事业单位都普遍设有秘书工作机构，规模较小的单位和部分三资企业则不设秘书工作机构，只设秘书岗位，配置少量的秘书工作人员。

设置秘书工作机构有三个原则：一是精简原则；二是纵向层次尽量少；三是横向幅度可适当加大。这是由秘书工作的特点所决定的，也是由国家行政机关明文规定的。“秘书工作机构，应根据精简原则，尽量减少层次。办公厅，一般可分设两层，最多不超过三层。为便利工作，可多设副职，分工领导。省（行署、市）人民政府的办公厅，尚未专设主任者，得由秘书长或副秘书长兼任，必要时另设专职的副主任。适应业务分工，组织机构可适当向横的方面发展，逐渐改变过大过多的一揽子的组织形式。条件许可时，可把秘书业务、研究工作、机关事务管理工作划分开来，具体编制应依地区各部门具体情况决定（引自《政务院关于各级政府机关秘书长和不设秘书长的办公厅主任的工作任务和秘书工作机构的决定》，1951 年 7 月 26 日）”①。

三项原则中，人员精简是为了提高工作效率，避免人浮于事。纵向层次少是为了上下沟通方便、及时，避免中间阻隔和官僚主义。横向幅度大是因为秘书工作涉及面广、头绪多，事务繁杂。

组织机构一般有两种模式，可用钝角和锐角两种三角形表示。

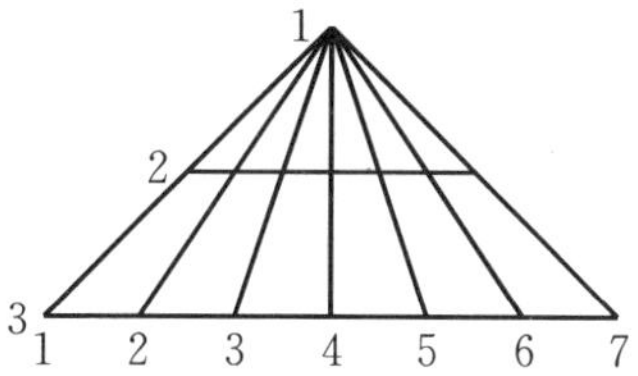

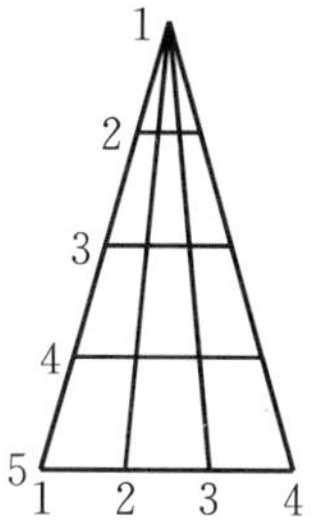

右图为锐角三角形式，纵向层次多，横向幅度小，控制严，但上下沟通不便。左图为钝角三角形式，纵向层次少，横向幅度大，灵活性、自由度大，上下沟通方便。两种模式各有特点，如军队就采用前一种模式，便于指挥、控制。秘书机构则宜采用后一种模式。

二、秘书工作机构的名称与组织形式

我国的秘书工作机构有广义与狭义的两种：广义的是指秘书长或办公厅（室）主任领导下的办公厅或办公室，其名称由机关、单位或首长名称加秘书机构名称两部分组成。如国务院办公厅、上海市人民政府办公厅、崇明县人民政府办公室、华夏银行总经理办公室等。它们统管政策研究、日常行政与机关事务三大方面工作；狭义的则是以“秘书”命名的局、处、科、室、股等部门，统辖于机关、单位或办公厅（室）之下，只负责文书、会务、联络、接待等工作。组织形式也有两种：分理制或综理制。

中央的秘书工作机构称“办公厅”，如中共中央办公厅、国务院办公厅等。这类“厅”是部级机构，采用分理制（即下面再设部门，以处理各种不同的秘书工作），如国务院办公厅下设秘书局、机要局、信访局等。

① 袁维国：《秘书学》，第 282 页，广东高等教育出版社，1987 年。

省、部的秘书工作机构也称“办公厅”,如上海市政府办公厅、公安部办公厅。这类“厅”是厅局级机构,也采用分理制,下设秘书处、机要处、信息处等。

省辖市、厅、局、区、县、乡镇和企事业单位的秘书工作机构都称为“办公室”,但级别也不同。地、市、厅、局办公室是处级,采用分理制的下设“科”;县办公室为科级,下可设“股”;乡镇办公室为股级,下不再分设。大中型企事业单位办公室也有采用分理制的,下面可再分设科室秘书部门。但再大的企业如大庆油田、宝山钢铁公司等的秘书机构只能称作“办公室”,而决不能冠名为“办公厅”。

综理制是指所有秘书工作由办公厅或办公室统一或分派人员办理,下面不再分设部门。这适合于秘书工作量不太大的机关或单位。如市、县政协和大多数企事业单位都采用综理制。

有些部门以所属机关和专业性质同时命名的办公室,则不属秘书工作机构,而是直属部门,如国务院台湾事务办公室、上海市人民政府工业交通办公室等。

社会团体的秘书工作机构,通常直接命名为“秘书处”,采用综理制,如“中国高教秘书学会秘书处”。

还有一种是临时性的秘书工作机构,也叫“秘书处”,如企业的职工代表大会设“秘书处”。视会议的规模大小、工作多少,采用综理制或分理制,如大会秘书处之下可再分联络组、文件组、宣传组、后勤组等。

第二节　秘书工作机构的地位与性质

一、秘书工作机构的地位

秘书工作机构只是个统称,从其地位和作用来看,又有两种情况。

中央、省市的党委和政府机关的秘书工作机构是组织严密、人员设施齐全、工作既分工又合作的相对独立的工作机构。它承首脑机关之命,有召集会议、发布文件、实施计划、指挥、控制的权力。中央的秘书工作机构还有权制订秘书工作程序、规范秘书工作技术、指导下级组织的秘书工作。故通常又被称之为“秘书工作机关”。秘书工作机关的地位与作用可以用下图表示：

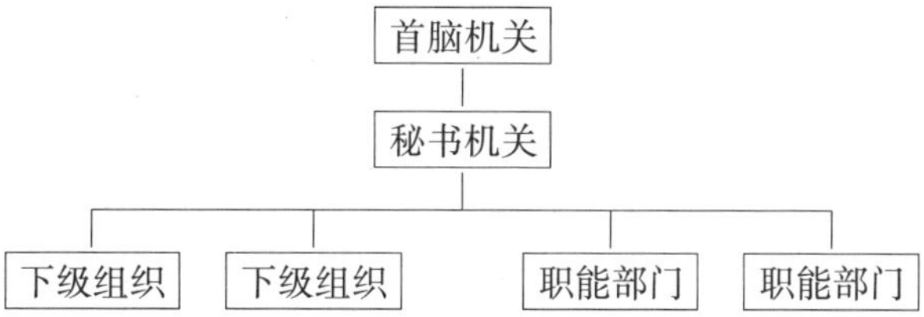

中级组织和中型企事业单位的秘书工作机构虽也配置一定的人员和设备，工作也是既分工又合作，但对领导部门或领导人的从属性更为明显。它往往在领导的直接指挥下收集信息、传达指令、辅助管理并从事一般文书、事务工作。通常被称之为“秘书工作部门”。秘书工作部门的地位与作用可以用下图表示：

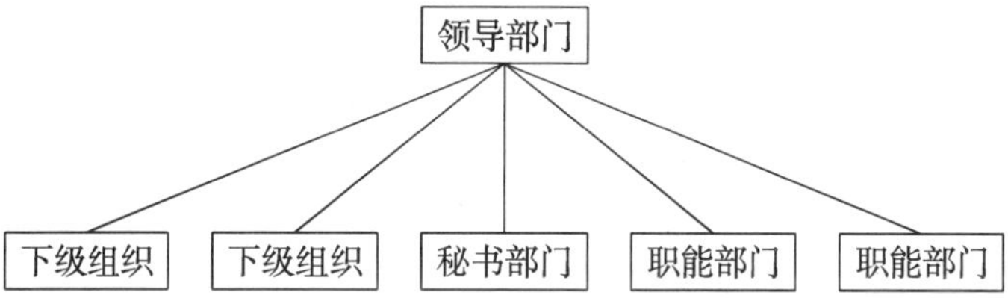

无论是秘书工作机关或是秘书工作部门，它们都处于最贴近首脑机关或领导部门的中枢位置。它们的地位虽与直属下级组织、职能部门平级，但其作用实际上高于直属下级组织和职能部门。如果把首脑机关比作人体的头部，秘书机关就是颈部。如果把领导部门比作大脑或心脏，秘书部门就是既连接大脑、心脏，又遍布全身的神经系统和血管。

基层组织和小型企事业单位，由于其规模小、人员少，往往不设独立的“办公室”，只配置一、二名专职或兼职秘书，作为主管的工作助手。他们往往与上司同在一间办公室，或在办公室外占一席之地办公，被称之为“秘书岗位”。

二、秘书工作机构的性质

秘书工作机构（或秘书部门）由其职能决定，具有机密、辅助、综合、服务四种特性。

1. 机密性

秘书部门处于行政组织中领导部门之下的中枢地位,又掌管机密文件(无论是政治机密、经济机密,或是人事机密、商业机密、科技机密),组织和参加各种会议(必有部分会议内容是涉及机密的),承领导之命办理各种重要事务,负责组织内部的安全、保卫工作。因此,首先具有机密性。

2. 辅助性

秘书部门相对于领导部门而言,是直接辅助领导工作的。办文办事办会,通讯联络接待,提供信息资料,传达领导指令,辅助管理协调,充当参谋与助手。因此具有辅助性。

3. 综合性

秘书部门相对于其他职能部门(如行政机关的人事部门、财务部门、后勤部门,或是企业中的生产部门、技术部门、经营部门)而言,其工作繁杂,涉及上下左右各个方面,既有政策性、原则性、总体性,又有技术性、事务性、具体性,因此具有综合性。

4. 服务性

秘书部门相对于整个机关或企事业单位而言,是一个综合性办事机构,不仅为领导部门和上级机关服务,也为下级组织、其他部门、全体成员服务。又不仅是管理服务和信息服务,也包括生活服务和事务服务。所以说,服务性是秘书部门的本质特征。

第三节　秘书工作机构的职能与工作要求

一、秘书工作机构的职能

1. 助手职能

这表现在帮助或代替领导部门处理日常文书、通讯、联络、接待等事务,节省领导的精力与时间;

帮助领导管理和维持下属部门和人员各项日常工作的正常运转;

承领导之命检查和督促下属部门和人员的工作情况;

经领导授权调查或处理突发事件或完成特殊使命;

还表现在会议、文件、廉政等方面为领导把关。

2. 参谋职能

这表现在调查与提供领导决策所需要的信息资料，支持领导决策；

参与研究情况，提出分析或预测意见；

应领导要求参与讨论或制订工作计划或实施方案；

对下属组织或部门各种文件中的问题或差错提出解决建议或修改意见；

对领导未能顾及的突发事件或工作缺陷提出应变计划或弥补措施；

收集并研究反馈信息，为领导再决策提供依据。

3. 枢纽职能

秘书部门具有沟通上下、联系左右的枢纽职能。这主要表现在：

向下级传达领导部门各种书面指示、计划、批示、通知以及口头指令；

向下级转发上级领导和政府机关及有关部门的政策、法规、指令性文件；

向下级转发相关地区、单位、部门的有参考价值的文件；

向领导部门呈报下级的书面请示和报告；

向领导部门和上级机关汇报下级的情况、要求、建议或批评意见；

负责与有关地区(包括国外)、单位的业务联系，包括文件、信函、电报、电传、电话以及人员往来；

负责与政府部门、新闻媒介单位、顾客与社区群众的沟通联络；

负责领导人与领导人之间、领导人与职能部门之间、领导人与员工之间的沟通联络。

4. 协调职能

秘书部门还负有在上下左右之间沟通、协商，以消除隔阂、调整关系、调解矛盾，达到平衡、和谐、合作、统一的协调职能。这主要表现在：

协调中央与地方之间、地方与地方之间、部门与部门之间、或时间前后之间的政策矛盾；

协调地区与地区之间、单位与单位之间的利害冲突；

协调本单位部门之间的工作、生产进度、计划失调或其他矛盾；

协调本单位与政府部门、新闻媒介、社区公众之间的矛盾冲突；

协调领导人与领导人之间、领导人与员工之间、员工与员工之间的人际关系。

5. 保密职能

秘书部门在机关和企业中处于中枢地位，负责保管各种机密文件、资

料,负责组织机密会议、安排重要会晤,又是各种信息的集散地,自然负有保密职能。主要有:

妥善保管各种机密文件、资料,不得丢失、残缺、破损或被偷阅、翻拍、盗用;

保守会议精神、会晤的内容中所涉及的机密;

保守企业资金、经营、生产工艺、账目、配方、专利、知识产权、客户渠道等等商业机密;

保守领导人的住址、行踪、活动内容及个人隐私等秘密;

保守员工的档案、升迁、调动等人事机密;

保守涉及组织利益的其他秘密;

监督机要部门、机要人员保守各种有形和无形的机密。

6. 公关职能

在不设公关部门并无专职公关人员的组织中,秘书部门还承担着处理公共关系的职能。秘书部门应本着:"广结良缘,内求团结,外求发展"的原则处理好各种公共关系。主要有:

负责政府机关内外工作联系、友好访问的联络与接待事宜;

负责企业与政府部门之间的工作联系和关系处理;

做好政府机关的人民群众来信来访工作;

处理好组织与社区公众的关系;

处理好组织与新闻媒介的关系;

沟通、联络、协调企业与股东之间的关系;

主动收集、接受并处理内部员工对组织的反映、意见和建议等;

处理好顾客或客户对企业的投诉、批评等;

根据组织规定或主管授意,做好对员工的祝贺、探访、慰问等工作。

二、秘书工作机构的工作原则与要求

秘书部门是一个工作整体。为了有效而全面地实现自己的职能,这就要求每一位秘书人员,尤其是秘书部门的负责人——秘书长和办公厅(室)主任们遵循正确、科学的工作原则与要求。

1. 明确职责、权限、目标、任务

每个机关或单位的领导部门都应根据本机关、本单位的性质、总目标、总任务来确定秘书部门的职责范围和权限大小；确定某一时期内秘书部门的目标、任务和工作要求。秘书部门则应确定每个秘书人员的职责、权限、具体工作目标和工作任务，做到既分工明确，又配合密切。

2. 制定秘书工作的各项制度和标准

无论是常规性工作，如文书工作、档案工作、信访工作，或是临时性工作及灵活性较大的工作，如会议工作、调查研究工作、接待工作，秘书部门都应制订明确的规章制度和工作标准，使之事事有规可循，有章可依，工作应有质量标准和时限要求。

3. 分清主次，有条不紊

秘书工作头绪繁多，千变万化，又往往事无巨细，纷至沓来。秘书部门做工作不能胡子眉毛一把抓，也不能头痛医头，脚痛医脚，整日忙于应付，疲于奔命。秘书人员必须头脑冷静，熟悉业务，根据任务轻重，时限长短，或者根据领导指示，区分主次缓急，把工作做得有条不紊，井然有序。

4. 科学地安排工作程序

秘书部门应根据本单位的工作实际、工作习惯，以精简为原则，科学地安排各项秘书工作程序。废止繁文缛节，取消重复的、虚设的工作环节，防止工作脱节和混乱现象，力求工作程序的简洁、严密和清顺，提高工作效率。

5. 准确细致，切实无误

秘书部门和秘书人员应认识到自己的工作责任重大，关系到整个机关、单位的得失成败，要真正起到助手作用，使领导无后顾之忧，因此做任何工作都必须准确细致，切实无误。

6. 迅速果断，讲求时效

秘书工作繁重而琐碎，秘书人员的劳动是一种脑力与体力相结合的高度紧张的劳动，又往往加班加点。秘书做工作必须抓紧时间，反应敏捷，操作迅速、准确，讲求时效。职责范围之内的事情要敢于负责，果断处理；职责范围之外的工作要及时请示，从速办理。不可消极等待，不可敷衍塞责，更不可拖拉积压。

7. 忠于职守，安于职分

无论是政府机关或是企事业单位的秘书，工作都必须忠于职守，忠于机关、单位、领导的政治利益、经济利益和社会效益。秘书做工作还应该安于职分，甘心当好助手、配角，甘做幕后英雄。既要在职责范围之内积极主动工作，努力上进，又不可越俎代庖，擅作主张，更不可狐假虎威，借权谋私或有个人野心。

8. 加强教育、管理,不断提高素质、能力

秘书部门对秘书人员既要充分信任,合理使用,做到"人适其职,职得其人",又要对秘书人员加强管理和教育,提高他们的思想修养、工作责任心和职业道德观念。既要让秘书人员在实际工作中积累经验,锻炼能力,提高水平,又要创造条件,让秘书人员参加各种形式的培训、进修,以更新知识,提高素养和能力,使他们得到晋升、奖励或加薪的机会。

三、秘书工作机构成员

秘书工作机构是由若干成员组成的工作群体,俗称"秘书班子"。这个群体如果组合得科学、合理,就会形成群体的行为规范和工作效应,就会树立起群体威望与荣誉感,就会产生动力与压力,促使群体的每一个成员充分发挥自己的能量与潜力,并密切、融合地相互配合,其结果将是群体力量大于各个个体相加之和。反之,群体如果是盲目的、松散的结合,其成员之间貌合神离,各自为政,甚至互相矛盾、牵制,力量内耗,则工作效率必然低下,甚至造成错误、损失。因此,群体的科学组合是群体优化的前提。

1. 秘书班子成员的不同层次要求

在一个秘书班子中,可能有不同层次的众多秘书人员,高层、中层、基层的秘书人员所需的知识和能力在结构和组合上有所不同。每个秘书人员应根据自己的工作责任、工作范围和职位的变化,不断调整,逐步提高自己的修养、知识和能力,并始终不渝地遵守职业道德。其所需知识和能力的结构组合和比例大小可用下表表示:

知识 能力 需要 / 层次	理论政策修养和相关知识,管理、组织、协调、预测、决策、文字表达能力	思想作风修养 专业知识,听写、阅读 口头表达 社会活动能力	职业道德	基础知识 文字、技术能力,统计计算能力,使用办公器械能力
高　层				
中　层				
基　层				

2. 秘书班子的群体优化

秘书群体的科学组合应遵从“异质结合”的原则，即由不同的专长、学历、能力、年龄以及性格、性别的人员组合。秘书工作群体中既要有经验丰富、水平较高、能团结同事、指导工作的人担任机构或部门的负责人，又要有更多的工作认真、充满活力，有某种专长和能力的人担任普通工作人员。既要有专才，又要有通才；既要有擅长语言文字、政治法律、社会经济的文科人才，又要有懂得科学技术、工程管理、生产经营、电脑通讯等理工人才；既要有大学毕业生，也要有中专程度的工作人员；既要有青年，也要有中年；既要有性格内向、沉稳的内勤人员，也要有性格外向、活跃的外勤人员，甚至还应考虑男女性别的比例。这样，才能适应不同层次、不同性质工作的需要。

群体优化的第二个条件是合理分工，密切合作。分工的原则是职才相适，要使职得其人，人尽其才。不少人主张秘书应该是通才。所谓通才，主要是指每个秘书人员都应该具有全面的基础知识和专业知识，具有多方面的基本技能，不要在某一方面有明显的缺陷或偏废。但在通才的基础上，每个人总还会有、也应该有某个方面的专长。领导和秘书部门负责人要善于发现秘书人员的专长，予以合理使用，使之充分发挥其才能。成员之间必须互相了解，互相尊重，紧密合作。这样，除了共同遵守规章制度之外，群体中会自然形成融洽、默契的工作程序和行为方式，工作就会得心应手，效率也会显著提高。

群体优化不仅仅表现在组合之际，还体现在不断运动的过程之中。一方面，经过一段时间的实践、运转之后，群体可能作部分调整甚至重新组合。这里，新陈代谢的规律同样是不可抗拒的。部分的淘汰、补充和其他因素造成的成员流动、替换是正常现象，群体应该挑选更优秀的成员来优化自己。另一方面，群体的知识量和能力度也不可能一成不变。群体的每个成员都应该不断提高自身的水平和能力，补充、更新自己的知识，使群体在不断实践、不断再学习的过程中不断地得到优化。

第四节　秘书部门和人员的管理

秘书工作机构要达到高效运转，除了成员的科学组合，群体不断优化之外,政府机关和企事业单位的领导人和秘书工作机构的负责人还必须对秘书部门和秘书人员加强管理,秘书人员还必须自觉并善于自我管理。

一、秘书部门和秘书人员管理的内容和要求

1985年1月,中央召开全国秘书长、办公厅主任座谈会。在会上,当时的中共中央办公厅主任王兆国说:“要从实际出发,合理地调整、设置机构,确定分工职责,使每个部门都各司其职,各尽其责;要建立严格的岗位责任制,使每个人都任务明确,责任清楚;要形成规范化、制度化、科学化的工作程序和工作方法,保证每个环节和每项工作都有章可循;要完善信息系统,真正形成一个点面结合的信息网络和畅通的信息环流渠道;要改进工作的技术手段,逐步实现办公现代化。”①

这段讲话,对秘书机构和秘书工作提出了明确的要求。

1. 机构与部门职责

原有的秘书机构、秘书部门如何适应新时期日益增加的秘书工作范围、数量、质量、效率的要求,这是机关、单位领导和主管部门高度重视和关心的问题,与每一个秘书人员也密切相关。过去,工作量增加了,或是出现了某项新任务,往往是增设机构或部门,增加人员。久而久之,形成了机构臃肿、部门重叠、人浮于事的现象。如某县政府办公室20世纪80年代初原设有秘书、文书、行政、接待四科,人员15名。不到10年,即新设置了信息、机要、通讯等科,为了编发简报,还特地多设了个综合科,人员也增至30多名。有些工作反而职责不明,甚至互相推诿、扯皮。有的机关,为某项任务增设了新机构,任务完成了,机构照样存在,牌子依然挂着,仍有人留守,却无事可做。中央早就提出“精兵简政”,这次又提出要“合理地调整”、“确定分工职责,使每个部门都各司其职,各尽其责”。

2. 岗位责任制

秘书岗位责任制是秘书工作的制度和规定之一。就是由秘书部门或行政管理部门规定每一个秘书人员的工作岗位名称和实质内容,包括:职务、职能、责任、权利、义务、纪律以及与上下左右成员的合作要求等。每个岗位

① 王兆国:《充分发挥办公厅的参谋、助手作用》,载《领导同志谈秘书工作》,第74—75页,现代出版社,1989年12月。

都应有尽可能明确的质量和数量要求。譬如，打字可以规定其速度为每分钟不少于多少字，差错率不超过万分之几；每天收发的文件、信函、报刊等必须在多少时间之内完成；起草文稿和接待任务则只能以文字表达质量、来访者满意度或时限为要求等等。做到既各尽其职、各负其责，又密切配合、共同完成任务。

岗位责任制必须与岗位目标管理、考核制度、奖惩制度科学地结合起来，形成完整的、有效的竞争机制和激励机制，保证各项工作的高质量、高效率。

3. 工作程序和工作方法

秘书工作在其长期的实践中，由于经验积累自然形成了一套行之有效的工作程序和工作方法，有如企业中生产的工艺流程。当达到一定的成熟程度和合适时机，即由秘书部门或行政领导加以汇总、修订，使之标准化、统一化、规范化，最后形成规章或制度，再用以指导工作，使工作质量和效率得以改善、提高。

所谓工作程序，是指工作中的每一个环节和它们之间的先后排列次序、操作步骤。环节不能随意地增加或减少；次序也不能任意地颠倒或随便排列。所谓工作方法，是指工作的技能和操作要求。它既需要秘书人员以具有一定的知识、技术、能力为基础，又要善于综合运用，善于转化为实际的效果。如秘书工作中的收文、发文、接待、会议组织，甚而接打电话、邮件处理，都有规范的程序、步骤、操作行为和方法的要求。

4. 信息系统

从系统论的观点来看，任何事物都是大小不一的系统，既各自独立，自成体系，又互相关联甚至互相包容。从秘书工作来看，秘书部门是一个较大的系统(它又属于更大的机关、企业、行政管理的系统)，部门中的每一个成员(秘书岗位人员)则是它领属下的若干小系统。信息系统则是秘书工作的重要系统之一。它可大可小，大而言之，全国行政机关上起国务院，下至乡政府，既有各自的信息部门或信息人员，又互相联网、配套，形成一个大系统；小而言之，各级机关、部门的信息系统又是众多的中小系统。

所谓信息系统，就是由若干个运动着的子系统构成并相互连接、相互作用，形成信息环流、回路的工作系统。这些子系统包括：信息收集、反馈系统、信息加工系统、信息保障、支持系统，信息内反馈系统、信息传递系统，抗干扰系统、信息控制系统、信息存储系统等等。

1992年5月发布的国务院文件中①提出:“经过三、五年努力,基本建成以现代计算机技术和通讯技术为主要手段的全国行政首脑机关办公决策服务系统,实现国务院办公厅与各地区、各部门办公厅(室)或信息中心之间计算机联网,对电子信息资源进行管理,高效率、高质量地为国务院和各地区、各部门宏观管理、科学决策服务。”截至2000年上半年,这一目标已经完成,国务院办公厅、各省级政府办公厅、市、县级政府办公室的计算机已经联网,部分发达地区已达到了乡、镇政府。彼此的各类政务信息可以通过网络交换,国务院文件实现了同版异地印刷,有些地区的政府机构逐步实施政务信息化,试行区域电子邮件网络办公,从收文登记、拟办、传阅、批示、草拟到签发,各个环节均通过电脑网络。

5. 办公自动化

办公自动化(简称OA),是研究如何有效地将计算机技术、通信技术、系统科学和行为科学应用于数据信息和非数据信息的办公活动。

办公自动化涉及三方面内容。一是人,即办公室工作人员,应具有现代思想和现代技术。二是信息,即办公人员对各类办公信息(机关的政务信息和企业的业务信息)的收集、处理、传递、储存、输出过程。三是科学的工作程序和先进的办公设备。统称为人—机工程。

办公自动化设备包括:电子计算机、文字处理机、传真机、复印机、多功能电话机等。这些设备的综合运用能进行文字处理、数据处理、语音处理、图形与图像处理,能进行决策支持、网络通信、信息资料查询和行政管理工作,如编制日程安排、制订工作计划,做备忘录,担任会务签到、检计选票及财务报表、物质清单等。

二、秘书人员的自我管理

秘书人员的自我管理包括工作管理、行为管理、时间管理、办公环境管理四个方面。

1. 工作管理

秘书人员的工作有受支配、受制约的部分,如领导交办的工作或集体承

① 《国务院办公厅关于建设全国行政首脑机关办公决策服务系统的通知》,国办发[1992]25号。

担的工作；也有自己支配的部分，如职责内的日常工作。这两者都需要秘书善于管理。

首先要有明确的工作计划，包括工作目标、内容、分工或合作情况、工作步骤、方式方法、完成时间、标准要求等等，都要了然在胸。

其次是要区分轻重缓急，决定工作次序，有条有理地去进行。一般来说，受制约的工作置于前，自己支配的工作则置于后；重大工作用整段时间，集中精力去做，日常事务工作利用空余时间，分散去做。

但无论做什么工作都要高标准、严要求。秘书工作中许多看来是小事，但许多老秘书的体会则是"秘书无小事"。细小的差错（如文件中的字句、标点错误或是会务、接待工作中的某些疏漏）往往影响大局，因此秘书工作标准是不能降低的。古人说："取法于上，及乎其中；取法于中，及乎其下。"但又要按照弹性原则，留有一定的余地。古人又说："一张一弛，文武之道也。"工作的弦不能老是绷得紧紧的，适当的空隙和余地，既能保证身心健康，又能提高工作效率。

2. 行为管理

通常对行为的理解，既包括行为方式，也含有言语、举止、态度等因素。秘书人员应根据不同的工作任务、不同的工作对象、不同的工作环境来采取适当的行为方式。秘书做事要干净利落，动作准确到位。秘书在任何场合、任何工作时间都应使自己的行为合乎礼仪的要求，做到穿着得体、谈吐文雅、举止落落大方。一般而言，秘书的言谈、举止、行为动作不宜呆板、迟缓，也不宜激烈、张扬。应保持一种冷静、谦逊、随和的形象。秘书尤其不能有意无意地卖弄才学，炫人耳目，而应该谦虚谨慎，言辞简要、清晰，语气温和、明朗。秘书还应做到在任何场合都不背后议论上司的长短，不谈论或泄露别人的隐私。

3. 时间管理

秘书应科学地支配时间和充分地利用时间。要善于利用大段或整段时间去处理复杂并具连续性的工作，如重要文稿的拟写；善于利用小段、零星时间去从事简单或可间断的工作，如一般邮件的分类、整理和查阅资料等。秘书还应有效控制某些工作时间的弹性幅度，如接待来访者、接答电话等，不要因无谓地敷衍而浪费工作时间。秘书还应养成定期记录自己在一定时间（约一周）内的工作时间使用情况，如检查自己在拟稿、会务、接待、联络等工作中的时间花费情况，总结经验教训，结合工作成果作必要的调整，以提高工作效率。

4. 办公环境管理

秘书应注意对办公室、办公桌及用品、办公室内外环境的管理。这些不仅关系到秘书和其他工作人员的工作情绪和工作效率,更涉及秘书所在机关、企事业单位的形象。因而,秘书应养成每天提早15分钟到办公室打扫、整理环境,迟几分钟下班清理办公桌的良好习惯。办公室和接待室应保持窗明几净,办公桌面应整洁美观,文具、文件、电话机、电脑、打字机、复印机等办公用品应分门别类,安放整齐而又随手可及。秘书还要经常清理自己的办公桌抽屉、文件夹、资料柜等,既可清除废纸废物,又可及时发现遗忘的信函、文件,抓紧处理,避免积压。这对提高秘书工作实际效率,树立良好组织形象大有好处。

思考题

1. 秘书工作机构设置有哪几项原则?
2. 秘书工作机构有哪些职能?
3. 秘书班子怎样才能群体优化?
4. 秘书部门管理包括哪些内容?
5. 秘书人员怎样进行自我管理?

第四章　秘书的素养

秘书人员要胜任工作，必须具备相当的基础知识、专业知识和适应各种工作的不同能力；必须具有一定的马克思主义理论修养、政策修养、良好的思想和作风；还必须遵守本行业的职业道德。这些修养、知识、能力和职业道德，有些可以在走上工作岗位之前，即在学校中学到，但只是初步的认识；更重要的是在工作实践中加深体会，巩固、完善和提高。

第一节　秘书的知识和能力

一、秘书的知识结构

秘书工作的综合性，要求秘书人员横向具有较宽广的知识面；秘书工作又有自己的专业特点，这又要求秘书人员纵向具有较深厚的专业知识。秘书应有四方面知识的纵横结合，其结构可以用罗马字母“Ⅱ”来表示。

1. 基础知识

秘书应具有的基础知识分为两个方面：一方面是社会科学基础知识，即相当于高中水平的语文、政治、历史、地理、外语知识；另一方面是自然科学知识，即物理、化学、数学、生物等知识。高中文化程度，是国家对政府机关干部的最低要求，也是秘书人员应有知识的基本层次，是“Ⅱ”的底线。

2. 专业知识

专业知识是指所有秘书人员都应具有的秘书业务知识，包括：公文和应用文写作知识，文书制作和文书处理知识，档案保管知识，办公室管理知识，调查研究知识，会议组织知识，信访工作知识，信息科学知识，行为科学知识和公共关系知识等等。

3. 行业知识

行业知识是秘书人员所在行业、系统的专业知识，如在政府机关工作的必须具有行政管理知识，在工商企业工作的必须具有企业管理知识、市场营销知识。其他处在教育、军事、外事、科学、文艺、体育、医疗等行业系统的秘书人员，也应分别具有各自的行业基础知识。

专业知识和行业知识是秘书人员知识结构中的中间层次，是“Ⅱ”的两根支撑线。

4. 相关知识

这一部分是秘书人员为适应时代需要，做好工作，应加以进修提高的知识，是秘书人员知识结构中的较高层次，有经济学、法学、社会学、心理学、传播学、领导科学、统计学等。学习这些知识，可以使秘书人员从更广阔的领域去从事秘书工作。在当前市场经济条件下，各项改革措施不断深化，不管是哪行哪业的秘书人员，不懂得点经济学、统计学是不行的。为把我国建设成法治国家，全国都进行法制教育，秘书也不能例外。有些知识可以使秘书人员从更深的角度去认识秘书工作和秘书活动。比如社会学、心理学，它有助于秘书人员认识自己的社会地位和社会价值，调整自己的心理状态，运用科学的方法更自觉地、更有效地适应秘书工作和秘书活动。还有些知识可以帮助秘书人员从更好更先进的角度去考虑和从事秘书工作，比如领导科学、信息传播学等等。相关知识是“Ⅱ”的顶线。

二、秘书的能力要求

秘书工作的复杂性、多样性和秘书活动的丰富性、广泛性，需要秘书人员具有多种能力。主要是：

1. 写作能力

具体是指公文和事务应用文的写作能力，这和对记者、作家的写作能力要求不同。秘书人员要写好公文和应用文，应具有语法、修辞、逻辑知识，应掌握大量的词汇和不同的句式，应具有公文和应用文文体知识，应掌握常用汉字和简化字，掌握标点符号用法，并通过长期实践，将这些知识综合起来转化为写作能力。应该认识到，写作能力并不仅仅是文字表达能力，还反映了一个人的思维能力、观察能力和语言组织能力。这同样是需要加以锻炼、培养才能提高的。秘书还要练习书法，虽不必成为书法家，但要求把字写得端正、匀称、流利。

2. 口头表达能力

秘书不仅要会写文章，还要能说会道。秘书应会说一口标准而且流利的普通话，要口齿清晰，不紧不慢。对领导讲话语言要简明扼要，对群众讲话也切忌噜苏冗长，更不要拖音带腔。同样，思维清楚才能说话清楚。要使说话有条有理，秘书要多思考，说话前要善于打腹稿，不要信口开河，滔滔不绝，也不能沉默寡言，问一句答一句。

3. 听知能力

秘书要善于耐心倾听和正确理解别人的发言，要能从别人的冗长、反复的发言中概括出要领，或是从众口交加、激烈争论中抓住重点，并且能转化为自己清晰简明的语言加以复述。听知能力还意味着秘书应努力掌握方言、外语和民族语言。我国疆土辽阔、民族众多，现在实行开放政策，横向联系和国际交流日益增多，秘书多懂一种方言、多懂一种民族语言或外语，就是多了一样交际工具，多了一条信息渠道。

4. 阅读概括能力

秘书要善于阅读，既善于精读，如对重要文件或经典文本逐字逐句研究，从字里行间领会其微言大义；又要善于快读和泛读，善于从连篇累牍之中摘出其重要的警句或关键词，或是提炼浓缩，写成提纲或摘要。

5. 社交活动能力

现代社会中的秘书已不再是整天坐在办公室里整理文件或是伏案写作，而是经常要参加各种社会活动，外出联系工作，调查情况，收集信息，进行协调，参加各种会议、会谈或宴会，甚至有参加外事活动的机会。秘书人员必须具有一定的社会活动能力，懂得各种场合的礼仪、礼节，善于待人接物，善于处理复杂的人际关系。

6. 协调能力

秘书要善于发现机关与机关之间、部门与部门之间、机关与基层之间工作上的矛盾或不平衡；要善于发现文件与文件之间政策、提法上的抵触或不一致；要善于发现领导与领导、干部与干部之间的误解或不和，并及时加以沟通、协调。

7. 观察分析能力

秘书在工作中要时时、事事、处处做有心人，善于观察，善于发现“死角”,及时提请领导注意,要善于做拾遗补缺工作。不仅善于发现问题,而且要善于分析问题、提出解决问题的办法供领导择用、实施。观察分析能力是秘书工作由被动服务转为主动服务的前提条件。

8. 应变能力

秘书的大部分工作都有章可循,应严格按照政策和规章制度办事。但有些工作,尤其是事务性工作,在特殊的时间、地点、条件下,也常会出现意想不到的情况。秘书人员要有遇急不慌、临危不惧、处事冷静的应变能力,处理问题既要符合原则,又要有一定的机动性和灵活性。

9. 使用先进办公器械的能力

诸如电话机、录音机、扩音机、照相机、录像机、复印机、打字机、电子计算机、传真机、网络通讯设备等等。凡是办公室拥有的器械、设备,秘书人员都应学会使用。尽管部门内可能有专门的操作人员,但秘书人员如具有使用能力,可以备工作上的不时之需。

10. 预测能力

预测是在大量事实和信息的基础上,对可能发生或即将发生的情况作出科学的预计。有经验并富有创造精神的秘书人员应培养和锻炼自己的预测能力,这有助于进行主动服务和预防工作差错,也有助于秘书人员获得晋升为管理者、决策者的机会。

第二节　秘书的思想修养和职业道德

一、理论修养

秘书人员必须认真学习和掌握马克思主义的基本理论。这有两方面的意义:一是为了树立社会主义理想;二是为了掌握辩证唯物主义和历史唯物主义的方法。我国是社会主义国家,我国的秘书人员绝大部分是在社会主义制度下的党政机关、企事业单位、社会团体中工作的。秘书人员只有树立了社会主义理想,掌握辩证唯物主义和历史唯物主义的方法,才能有真正的生活目标和工作动力,才能为祖国的现代化建设贡献力量,同时争取自己的美好前途。秘书人员还必须学习中国革命史,学习毛泽东思想和邓小平理论。通过这些学习，秘书人员才能真正认识到只有社会主义才能救中国，中国只有走社会主义道路才有前途。

理论的具体化就是政策和法规。秘书工作政策性很强，秘书人员只有熟悉和深入领会党的各项基本政策和各种法规，才能正确贯彻执行各项方针政策，做好工作。这里说的政策主要有经济改革政策、政治体制改革政策、开放政策、民族政策、宗教政策、统战政策、外交政策等等。

二、思想作风

秘书人员必须具有良好的思想修养和工作作风，具体有：

1. 全心全意为人民服务

秘书工作的特点是繁重、琐碎、常居幕后而又责任重大。这就要求秘书人员能任劳任怨，不为名、不为利，甘当无名英雄。秘书经常拟稿，但自己不署名，也不拿稿费；秘书组织会议，但自己从不坐上主席台；秘书经常熬夜，节假日不能休息；秘书经常出差，东奔西走；秘书的工作有时还得不到别人的谅解，得不到社会的公认。这种种事实说明，没有一颗全心全意为人民服务的心是当不了好秘书的。

2. 对党和人民负责

秘书人员做工作不仅要对组织、对领导负责，更重要的是对党，对人民负责。这就要求秘书人员敢于坚持原则，而不是无原则地盲目服从。在领导意志和党的意志相抵触之时，要秉承党的意志；在集体利益、个人利益与国家利益、人民利益发生矛盾时，要服从国家利益、人民利益。本着这种精神，秘书人员对领导的错误行为或不正之风不能包庇、怂恿，而应敢于直谏，规劝。秘书不仅要当领导的助手，也要当领导的诤友。

3. 密切联系群众

任何秘书人员，不论职位高低，归根结底都是人民的勤务员。秘书人员不能高高在上，自以为是。任何时候，秘书人员都不能脱离群众，而只能联系群众、依靠群众。许多工作，脱离了群众是寸步难行的。

4. 谦虚谨慎

秘书人员常在领导身边工作，经常有机会受领导的委托，到下级单位传达领导指示，检查工作，听取汇报等等。秘书人员应注意谦虚谨慎，平等待人，不能狐假虎威，盛气凌人。

5. 实事求是

实事求是是做好一切工作的基本条件。秘书人员必须在任何场合、任何工作中做到实事求是:拟写文稿、引用材料要实事求是;到下面去检查工作要实事求是;向领导汇报情况要实事求是;总结工作成绩、缺点也要实事求是。秘书不能报喜不报忧,更不能弄虚作假。

6. 踏实细致,一丝不苟

秘书做工作必须脚踏实地、耐心细致、一丝不苟,否则容易酿成大错。以拟制文件为例,大至文件精神,关系方针政策;小至标点符号,也涉及内容的理解。确实是差之毫厘,失之千里,是丝毫马虎不得的。

7. 敏捷干练,讲究时效

秘书做工作往往处于被动地位,要等领导批示,等下面情况,等其他部门配合。秘书人员不能因此而造成工作拖拉、推诿,还心安理得,应该尽量争取主动,遇事要反应敏捷,办事要干净利落;要抓紧时间,讲究效率。

8. 富于创造,勇于开拓

秘书做工作应严格遵守制度和工作程序,但并不能因此就墨守成规。秘书人员还应富于创造性和开拓精神,既要善于发现新问题,及时提请领导考虑;又要开动脑筋、钻研业务,敢于进行改革,提高工作效率。还要勇于接受新的工作,探索新的工作领域。

三、职业道德

职业道德是人们从事职业活动所应遵守的行为规范。各行各业都有自己特定的职业道德,如教师的职业道德是“教书育人”,医护人员的职业道德是“救死扶伤”,商业人员的是“买卖公平”等等。秘书的职业道德也可以概括为四个字“忠诚、保密”。其具体要求在国家劳动和社会保障部《秘书职业技能培训鉴定教材》中提出的有:

忠于职守,自觉履行各项职责;

服从领导,当好参谋;

兢兢业业,甘当无名英雄;

谦虚谨慎,办事公道,热情服务;

遵纪守法,廉洁奉公,不假借领导名义以权谋私;

恪守信用，严守机密；

实事求是，勇于创新；

刻苦学习，努力提高思想、科学文化素质；

钻研业务，掌握秘书工作各项技能。

我们认为，这些要求提得过泛，有些已超出了职业道德的范围。在此，我们提出以下五条秘书职业道德的概括性内容：

1. 忠于职守

秘书应忠于职守，大而言之是忠于国家的利益，人民的利益；小而言之，要忠于本机关、本单位的政治利益和经济利益。忠于职守的另一个含义是对工作认真负责、一丝不苟。忠于职守还意味着恪守本分，甘当助手、配角，甘当无名英雄。不僭权、不越权，不以二首长自居，不狐假虎威。

2. 严守机密

秘书人员接触机密文件多，参加重要会议多，在领导身边的机会多，总而言之，接触机密多。秘书人员要严守党和国家机密，也不得泄露或出卖本单位的政治、军事、经济、科技情报。秘书人员还应做到不泄露领导尚未决定的关系群众利益的事，也不得议论别人的隐私，以免制造矛盾、破坏团结。

3. 恪守信用

秘书工作严谨缜密，而又责任重大。秘书人员为忠于职守必须在工作中、人际交往中恪守信用。包括约定会晤、安排会议、组织会议、收发函件、传递文件都要准时；接受任务如不能按期完成，必须及时汇报，不能拖延或擅自改变。恪守信用还包括决不轻易答允别人所托而自己又力所不能及的事情，一旦答允就应该尽一切力量去办到。

4. 文明礼貌

秘书在工作中待人接物一定要文明礼貌，举止大方、谈吐文雅、常带微笑。礼貌要求秘书与人谈话要注视对方，专心倾听；而不能漫不经心、左顾右盼或同时做其他工作。礼貌还要求秘书的举止言谈得体，既不傲慢、冷淡，又不显得阿谀、做作。

5. 廉洁奉公

廉洁奉公的秘书既是机关、企事业单位纠正不正之风的得力干部，又是帮助首长廉正清明的有力助手。近年来，党政机关高层领导身边的某些秘书出现了严重的腐败问题。他们缺乏良好的政治素质和职业道德，缺乏自律,在从事秘书工作中超越了权限,分享和递延了领导权力,或利用领导权威,为自己谋取私利,给国家和人民的利益造成了很大的损失。

因此,对秘书的选拔、使用、管理和监督应设立有效的措施,制订严格的制度和明确的规定,严格规范秘书的工作行为。同时,要加强秘书形象宣传上的透明度,加强监督管理。秘书个人更应该树立坚定的理想信念和正确的政治方向,把理想信念放在事业和人生的首位,并注重自身修养,提高综合素质。做到奉公守法、廉洁清白,不以权谋私,不接受贿赂。

第三节　秘书的心理和性格

一个优秀的秘书,不仅要具有较高的理论修养和思想修养,具有良好的工作作风、职业道德和广博的知识,还必须了解并善于调节自己的心理,经常保持心理平衡,了解并努力培养自己完美的性格。

一、个性心理

心理,是人脑的机能,是客观现实在人的头脑中的反映,它决定于人的内在需要和周围环境的相互作用。人的心理活动又直接支配人的言语、行动。因此,研究秘书活动和秘书工作,必须研究秘书的心理,研究秘书作为一种社会职业对人的个性心理要求。主要有:

1. 兴趣

兴趣是指个人对客观活动、事物、人物积极的、选择的爱好倾向上所产生的情绪紧张态度。兴趣是在社会生活实践过程中形成的,也可以在生活实践中改变。秘书人员应培养对自己职业的兴趣,去努力追求这一职业所需要的广泛的知识,认真耐心地做好各种秘书工作,热爱并服务于工作对象——领导、群众与同事,善于适应变化着的活动环境和相对固定的工作环境,并在这一系列过程中得到满足。秘书人员只有真正培养起这种兴趣,才能克服活动中的各种困难,克服某些重复的公式化的工作带来的枯燥感和厌倦心理。同时,秘书人员还有必要培养和发展职业外的兴趣爱好,如文学、音乐、绘画、摄影、集邮、旅游、体育活动等等,以丰富知识、陶冶性情,提高素养。

2. 意志

意志是人确定目的、实现目的、支配和控制自己行动的心理活动。意志有自觉性、果断性、自制力和坚韧性等积极的品质;也有盲目性、顽固性、冲动性、脆弱性等消极的品质。秘书人员要努力培养自己确定目的时的自觉性,克服盲目性;培养自己在选择、判断是非正误时的果断性,克服冲动性;培养自己完成工作、执行任务中碰到挫折、困难时的坚韧性,克服脆弱性;培养自己在发现错误或走上危险道路时能悬崖勒马、改弦易辙,在工作顺利、取得成绩时不得意忘形、忘乎所以的自制力,克服顽固性。自觉性基于崇高的生活理想和正确的工作动机,表现为能不受外界的干扰和诱惑,独立思考,独立地支配自己的行动,独立地完成任务;也表现为有自知之明,能正确地估价自己,看待别人;还表现为能坚持真理,改正错误。果断性既表现为在复杂、紧急的情况下善于辨别,立即采取坚决的措施;也表现为善于等待时机,抓住时机,不盲目急躁,而在时机成熟时才立即决定。自制力表现在善于控制自己的情感,善于约束自己的言论,善于节制自己的行动。坚韧性则表现为战胜困难和忍受痛苦的坚强,也表现为锲而不舍、百折不挠的韧性。

3. 情绪

情绪是人的情感较强烈的、带有冲动性的、明显的外部表现。情绪可以表现为喜悦或悲哀、爱慕或憎恨、惊奇或冷漠、恬静或烦躁、轻松或紧张、乐观或忧郁等等。情绪会直接影响人的意志、思维和言行,能决定人的工作效率甚至成败。秘书人员要善于经常保持积极的、乐观的、平静的情绪,防止并善于克服消极的、悲观的、烦躁的情绪。青年秘书人员应努力使自己的情绪成熟。情绪的成熟首先在于能控制自己的情绪。行动的热忱应该是出于理性,而不应只是源自情绪;重要的行动应基于反复的分析思考,而不能凭对事物的直觉反应。情绪的成熟还表现为自信、沉着,生活中有适当的平衡和丰富。善于把一时的激情化为持久的温情,温情能给行动增添力量,给生活增加幸福之感。

4. 思维

思维是人的认识过程,思维是把感觉、知觉加以抽象、概括、比较、综合;或是利用概念进行判断、推理,即感性思维和理性思维。思维有深刻或肤浅、广阔或狭隘、灵活或呆板、清晰或紊乱、独立或因循、缜密或粗疏之分。秘书人员应培养和锻炼自己的思维能力,使思维敏捷、缜密、合乎逻辑,使思维具有深度、广度和批判性。从秘书人员的职业特点来说,尤其需要思维敏捷和缜密,切忌呆板和疏漏。这就需要秘书人员掌握辩证唯物论的认识武器,掌握逻辑学原理,激发强烈的求知欲,养成勤思的习惯,并在实践中培养和提高思维能力。

5. 记忆

记忆是人的思想、行为、知识、经历的印迹的保持和再现。秘书人员由于其应起的"外脑"作用,必须对人、事、文字材料等,具有较强的记忆力。增强记忆主要靠有意识记忆,即对需要记忆的对象在初次接触时就集中注意力观察、体验或阅读、理解,加深印象。过后,短时间之内再重复回忆以加强记忆。具体的技术性方法很多,比如对人物形象可用特征记忆法、情景记忆法、比较记忆法;对姓名可用谐音记忆法、默念记忆法;对文件可用反复阅读强化记忆法;对事物可用细节记忆法、时、地、人三因素结合记忆法、联想记忆法;对书本知识可用复述记忆法、提纲记忆法、图表记忆法、交叉穿插记忆法等等。当然,秘书人员不能单凭脑力记忆,还应辅之以更可靠的文字记录、磁带或软盘记录,秘书人员应随身带着备忘录,养成有重要材料随时记录的习惯。

二、气质与性格

1. 气质的含义

气质是人的生理和心理特征。古希腊医生认为人体内有四种液体,黏液生于脑,血液生于心,黄胆汁生于肝,黑胆汁生于胃。这四种体液形成了人体的性质,调和与否,决定了人体的健康状况。几个世纪以后,罗马医生用"气质"(Temperament)表示这一概念,并将人体内的四种体液混合以血液占优势的称多血质;黄胆汁占优势的称胆汁质;黏液占优势的称黏液质;黑胆汁占优势的称抑郁质。虽然这四种气质类型从现代生理学来看并不科学,但长期以来已为许多学者所采用。

现代心理学家把气质解释为人的心理活动的强度、速度、灵敏度等典型的、稳定的心理特征。气质表现为人的感受性(感觉能力的大小)、耐受性(感觉的强化或消退)、敏捷性(言语、动作、记忆、思考、注意力转移的快慢)、可塑性(根据外界事物变化而改变自己适应性行为的程度)、兴奋性(情绪兴奋的强弱和情绪表现的强烈程度)、倾向性(情绪、言语、动作等反应倾向于外或是倾向于内)。不同气质的特征可用下表表示:

气　质	特		征			
	感受性	耐受性	敏捷性	可塑性	兴奋性	倾向性
胆汁质	大	强	快	小	强	外
多血质	大	弱	快	大	强	外
黏液质	小	弱	慢	大	弱	内
抑郁质	小	强	慢	小	弱	内

2. 气质和性格的关系

气质部分地决定或构成了人的性格。胆汁质的人勇猛、果断、顽强，但容易暴躁、粗心；多血质的人热情、开朗、活跃，但往往多变，缺乏毅力；黏液质的人温顺、随和、文雅，但往往胆小、犹豫不决；抑郁质的人冷静、细心、坚定，但固执己见。研究文艺心理学的人常常把艺术作品中人物形象的性格与气质联系起来，如把张飞、李逵看作典型的胆汁质；把贾宝玉、史湘云看作典型的多血质；把惜春看作典型的黏液质；把林黛玉看作典型的抑郁质等等。但现实生活中纯粹的气质类型是极少见的，往往兼有一二种气质。而且，人的心理活动动力性特点表现并不都属于气质特征。无论什么型的人遇到高兴的事都会精神振奋，情绪高涨；遇到不幸的事都会情绪低落，精神沮丧。

气质是人的生理机能，是先天性的、遗传的，而人的性格虽与气质有关，却在更大程度上受后天影响，即受生活环境、工作环境、工作性质、个人经历、学识修养以及崇拜者、亲密者的影响。也就是说，性格是可以改变，可以有意识培养的。

3. 气质、性格与秘书职业的关系

气质、性格与秘书职业有一定的关系。有一种传统的看法认为，胆汁质和多血质的人不适合当秘书，而黏液质的人当秘书更受欢迎。这种观点是片面的、陈旧的，只看到秘书人员应有顺从性、被动性的一面，而忽视了秘书人员还应有坚定性、灵活性、开拓性的一面。其实，无论哪一种类型的人都可以当秘书，只是秘书要了解自己的气质，要有意识地克服自己气质特征的缺点，发挥其优点，要善于控制和调节自己的心理活动，培养自己完美的性格。

三、性格要求

性格表现为人对现实的态度和行为方式中的比较稳定的、独特的心理特征的总和。

性格表现为态度特征:如对社会、集体、他人的关心或冷漠、同情或自私、诚实或虚伪等;对劳动和工作的勤劳或懒惰、认真或马虎、细致或粗心等;对己对人谦虚或骄傲、自信或自卑、大方或羞怯等。

性格表现为意志特征:如对行为目标的目的性或冲动性、独立性或依附性;对行为方式的主动性或被动性、自制性或放纵性;在紧急或困难情况下勇敢或胆怯、果断或犹豫、镇定或惊慌等;在行为过程中坚定或动摇、始终如一或反复无常、善始善终还是虎头蛇尾等。

性格表现为情绪特征:如稳定或波动、持久或短暂、抑郁低沉或开朗饱满,善于受意志支配或失去控制。

性格还表现为思维特征:如敏感或迟钝、精细或粗疏,善于独立思考或喜欢拾人牙慧;富于想象或囿于直观,善于分析概括或偏于就事论事等。

成熟的性格表现为各个特征之间的相互关系、相互制约、相对稳定;不成熟的性格表现为各个特征之间的相互矛盾和反复无常。性格又是随着人的活动的多样性而表现出变化性。不同场合、不同情景中的人的各种性格特征表现的程度不同,侧面也不同。性格是在客观环境中受客观人、事、物的影响而形成的,一旦形成之后,便有相对的稳定性,但仍可随着客观影响的变化而变化。一个走出校门踏上秘书工作岗位的学生完全可以在工作环境中根据工作性质要求改变自己的性格。随着经验的积累,知识的丰富,理想、信念的确立和强化,对客观世界认识的加深,秘书人员能够在意识的自我调节中发展、改变自己的性格。

如:从小家境优裕、备受宠爱的孩子,性格容易外向、大胆、灵活、善于表达,但也容易急躁、浮滑、脆弱;反之,性格容易内向、沉默寡言、不合群、悲观、但身心忍受力强,内心骄傲、坚定、顽强。

经常成功的人性格容易骄傲、暴躁、急于求成、过于自信,但一旦失败,很快转化成垂头丧气,甚至自暴自弃。相反,经常遭受挫折的人容易内向、反思、甚至悲观,但也能锤炼出坚毅的性格。所以有人说,挫折也是一种财富。在青少年,尤其是环境优裕的独生子女中应提倡“挫折教育”。

性格与年龄和职务、地位的关系也很明显。一般说，青年人容易外向、乐观、活跃、冲动，到了中老年，阅历、经验多了，往往变得内向、稳重、保守，所以"少年老成"就显得可贵了。孔子说：三十而立、四十而不惑、五十而知天命、六十而耳顺……，也可以从人的性格成熟规律去理解。

有些国家把"性格完美"作为对高级秘书的要求之一。在我国虽无明确要求，但现代秘书人员除了理论修养、知识、能力之外，最好能具有以下几个性格侧面：

1. 开朗

具有乐观饱满的情绪，善于接受复杂而艰巨的工作任务并无抱怨之心和牢骚之言。开朗还表现为对同志的热情、关心、乐于助人。遇到困难不是垂头丧气，而是有勇气去战胜它。开朗，还能给人以欢乐，给人以勇气，能团结同志共同奋斗。

2. 敏捷

思维敏捷，对事物敏感，易于接受，善于分析；动作敏捷，做事干净利落，不拖泥带水，不拖拉，不推诿；笔头敏捷，深思熟虑之后，腹稿打就，下笔千言，立马可待，再字斟句酌，反复修改，使文章字字珠玑，无懈可击。

3. 稳健

遇事细心，观察细致，考虑周详；办事稳当，不冒失从事，也不敷衍了事；待人稳重，温和文雅。既不浮滑轻佻，也不冷漠矜持；遇事不慌，临危不惧，泰然自若，从容处理；要给人一种可信任感。

4. 坚毅

做事要有百折不回、坚持到底的勇气和毅力；坚毅要求对工作能任劳任怨，工作不为人理解时仍能认真去做，甚至受到委屈时能忍辱负重；坚毅还包括要努力克服自身的缺点，做到自信、自重、自爱。

5. 幽默

幽默是智慧、机敏、学识、风趣的综合表现，而不是油腔滑调或开低级庸俗的玩笑，更不是对别人的作弄或嘲讽。幽默可以使自己变得机智、乐观、大度；幽默可以给别人带来愉快；幽默可以使紧张的气氛变得轻松；幽默也能帮助别人从尴尬的境地中获得解脱。

6. 自制

秘书人员要培养和提高自制力；在不同场合、不同情景、不同对象面前要善于选择和控制自己的情绪和行为方式；不因情绪激动而手舞足蹈，饶舌不止;也不因情绪低沉而紧锁双眉,沉默寡言;任何时候都要防止自己情绪的忽冷忽热。当然,自制不是表面的强作笑容或硬压怒火,自制力实际上是人的高度思想道德修养和性格坚强的表现。

四、心理调适

为了有效地工作和正常地生活,秘书人员必须具备乐观开朗的个性,宽广豁达的胸襟。遇到困难、挫折能正确对待,并掌握一定的方法策略,调适好自己的心态。秘书人员通过博览群书来开阔胸襟,培养广泛兴趣来丰富业余生活。善于反省进行自我调适,或通过倾诉、宣泄来调节情绪。具体有以下做法。

1. 克服胆怯,树立自信

新上岗秘书对工作有一种新鲜感和强烈的求知欲,急切地想把工作做好。但因不了解业务情况,人际关系生疏,对上司和其他领导有敬畏感。上司也对新秘书不熟悉,处于观察、磨合阶段,对秘书交代多、指示多,让其主动工作少。秘书极可能产生胆怯心理,工作中放不开手脚,与人交流也缺乏灵活性。对此,秘书应尽快熟悉新的环境和人际关系,补充业务知识。树立自信心,相信自己受过高等教育或专业培训,有扎实的理论知识和基本技能,有足够的聪明才智,一定能做好各项工作。

(1) 营造良好关系网络。秘书应重点处理好与上司的关系,忠诚并自觉服从上司的指挥,尽快了解上司的性格特点、思维方式和工作习惯,做到互相理解、配合默契,让上司觉得秘书是一位能提供有效服务的理想助手,由此产生信任感,逐步建立起融洽的关系。秘书还要熟悉所在单位的组织结构、各部门职责及人事关系等。对其他部门的领导和同事应尊重诚恳,虚心求教,乐于助人。彼此之间感情融洽,才能在关键时候得到别人的关心和指点,消除胆怯和无助心理。

(2) 主动进修,在实践中尽快熟悉业务知识。秘书应利用业余时间看书或进修,也可在工作中观察别人,向同事请教,尽快掌握所需的业务知识和政策指示、法律法规。这样,既能避免隔靴搔痒的局外人处境,又给人留下勤奋进取、积极向上的印象。

2. 消除烦躁,有条不紊

秘书除按照一定程序做好常规工作,还要做好领导临时交办的事务,应付突发事件。如果单位小，所有办公室事务都由秘书一人承担，秘书就不得不加快工作进度，甚至加班加点完成本职工作或紧急事务。任职不久的秘书常因繁忙紧张，头绪多而烦躁不安。这时需要以积极的心态，吃苦耐劳、勤勤恳恳的素质来应对忙、乱、杂的局面。

(1) 合理安排时间。秘书应仔细琢磨或通过请教同事，逐渐把握各项业务的办理规律，摸索出合理安排每天日常事务的程序，并尽快适应办公室的工作环境，养成闹中取静的良好习惯，排除干扰，集中注意力。学会利用大段时间办理重点事项，间歇时间处理零碎小事，有效利用时间，提高工作效率。

(2) 掌握自己的生物钟节奏。一般上午的 9—11 时是精力最旺盛时间，午后 14—15 时逐渐下降到平均线，此后又逐渐回升，形成第二个高峰。因此，秘书要善于利用自己最佳的工作时间处理较难事项，在精力不太旺盛时间段办理较容易事情，做到有张有弛，科学利用时间。

(3) 未雨绸缪，早作准备。工作紧张时，秘书应运用自己熟练的业务技能有条不紊地办理事务。时间较充裕时，可干一些平时不注意而工作中不可缺少的事情，如整理档案、通讯录，采购电脑耗材和其他文具用品并安放整齐，使工作繁忙时各种配件、用品随手可得，避免忙中出错。这样在一定程度上可减少或消除秘书的烦躁心理，保持心情愉快。

3. 遵守规则，加强自律

新上岗秘书对于企事业单位严格的规章制度可能一下子难以适应，对因工作差错而遭受的指责、批评感到委屈、难堪，进而影响工作。这时，秘书应该：

(1) 遵守规则，严于律己。要加强纪律观念，严格遵守所在单位的劳动纪律和规章制度，不迟到，不早退，不在上班时间打私人电话、办私事等。只有严于律己，才能赢得别人的尊重和好感，便于合作与协调。

(2) 自我反思，善于改正。由于不熟练或疏忽造成差错而受上司的责备甚至训斥，秘书不宜过分辩解，也不能片面强调客观原因。这样易使人觉得在推卸责任，引起反感；更不能隐瞒失误或嫁祸于人，而应该加强自我反思和自我批评。秘书工作好坏直接关系到领导工作的成效，如果不能做到仔细、准确、一丝不苟，则可能差之毫厘、失之千里。站在上司的角度考虑问题，上司注意的是差错本身会导致的后果，而非对秘书本人出气，这是公事公办、严格要求的表现，秘书应以此来减少委屈心理。正确的做法是一旦发现差错和失误,就应尽量弥补,有明显不良后果的应及时汇报上司,简要说明事情经过,诚恳接受批评,勇于承担责任。而后,更重要的是要接受教训,防微杜渐,避免重复错误。

4. 努力工作,争取权益

秘书的工作环境虽然比较好,待遇也不算差,但付出的劳动和精力,比较相似岗位的其他人员,工作强度高,报酬偏低。比如,某外商独资企业参照国外标准,把秘书的工资排定在白领的最低工资水平上,理由是国外秘书是由中专毕业的文员担任,定薪都很低。然而,国内涉外秘书大多受过高等教育,除常规秘书事务外,还承担翻译等任务,付出的脑力和体力要远远高于国外文员,给予低报酬是不公平的。随着我国法律制度和管理制度的不断完善,秘书要改变这种不公平现象,可通过工会或直接向外方老板提出合理的增薪要求,以维护自己的合法权益。

5. 积极进取,戒骄戒躁

有些秘书缺乏主动精神,对上司没有交代而明知要办的事视而不见,或者上司的指令明显有误也不提异议。克服这种被动、萎靡和冷漠心理必须认识到,秘书不是机械、单纯地听命办事,还有处理、提供信息,提出建议、预案,进行参谋的职责,需要主动思索,积极进取,发挥自己的主观能动性。

有些秘书有了些成绩,受到上司的表扬,就自我感觉良好,沾沾自喜、旁若无人,或居功自傲、索取回报。如不能如愿,就怨言不绝于耳,或消极怠工。要克服这些骄傲、自恋心理,必须正确认识秘书工作隐匿性的特点,秘书的一切工作都是为上司和他人服务,成绩应归于上司,归于集体。只有甘当配角,戒骄戒躁,埋头工作,才能保持稳定的心态。

6. 坚持奉献,期待晋升

秘书工作的辅助性、服务性决定了秘书大部分时间在处理繁琐的办公室事务,充当领导的幕后英雄。与同学、朋友的晋级、升迁、加薪相比较,同样从事文字工作,在教育、文艺新闻单位都能取得一定的看得见的成果,而秘书常年写作,却不能冠名,只是为领导做嫁衣裳,感到不能实现自己的期望和抱负,由此产生困惑、苦闷和失落心理。这种心理会导致见异思迁、工作得过且过。要克服失落心理,秘书应该:

(1) 摆正位置,端正心态。对事业心、成就感比较强的秘书来说,选择秘书,就意味着必须甘当配角,默默无闻地为领导和上司服务。即使是出外调查研究、协调工作,也是奉命行事,绝不能擅权越位。因此,秘书必须摆正位置，端正心态，才能安心工作。

(2) 积极准备，争取晋升。秘书作为领导和上司的助手，最接近领导，可以从中学到许多管理经验和指挥艺术，接触众多的各个层次的人员，掌握较全面的情况，见多识广，能够从中积累经验，培养自己的才干，提升自己的社交层次。秘书在安心工作、实践中锻炼成长的同时，应主动补充新的知识，学习新的专业技能，逐步由初级文员晋升为中高级秘书，或为未来长远的职业生涯做好准备。这样，不仅排解了失落心理，也为自己的前途树立了目标。

7. 控制言行，疏导调适

(1) 接纳感受，管理情绪。秘书人员由于工作的繁杂性、地位的附属性，加上工作压力大，人际关系复杂，或遭遇误解，受到讽刺挖苦、嫉妒中伤，会产生挫折感，引起愤怒、焦虑等不良情绪。这时，秘书首先要接纳情绪，接纳自己内心感受的存在，再学习如何与它相处。例如，不必因害怕上司的严格要求而感到不安，对同事的讥讽生气也没什么不对，这些感觉和情绪都是自然的，允许它们适当存在并疏解出来，远比压抑、否认要有益得多。

情绪不好，选择大哭大吼或猛捶沙袋等做法可以使压力减轻不少，但也有人觉得问题仍在，心情一样糟糕。一般人观念中，情感的宣泄表达具有治疗的功能，然而，有关研究表明，宣泄不具降低敌意的效果，反而促进了敌意的行为。因而，表达情绪要加上认知觉察，才能使宣泄确实成为促进行为改变的方法。有效地管理情绪可以参考以下的三部曲：

第一步，弄清自己当时的感受——问问自己："我怎么了？""我现在有什么情绪？"让自己安静地独处一会儿，了解自己的情绪状态。

第二步，认清引发情绪的理由——问问自己："我为什么会有这种感觉(情绪)？""我想干什么？"

第三步，找出适当方法疏解或表达情绪，即如何有效地处理情绪——问问自己："我这样想对吗？"如果不合理，加以驳斥；如果有实际的问题待解决，则寻找解决办法："我可以怎么想？""我可以怎么做？"

例如，有人冤枉侮辱你，你火冒三丈，这时可以问自己：我现在产生的是愤怒情绪吗？为什么愤怒？是我的自尊受伤害了？我的人品会因他的侮辱而改变吗？经过这些自问，内心的愤怒之火会慢慢降下来。

(2) 控制言行，主动沟通。遇到讽刺挖苦、恶语中伤时，秘书的语言和举动如过于情绪化，就会既伤害了对方，也不利于矛盾的化解，还妨碍了工作，有损于自己的形象和身心健康。秘书首先应冷静，保持情绪稳定，容得下一时的委屈。随后,主动与对方沟通。只要选择适当的时机,以当面或书信的形式,实事求是地、诚恳地说明事情的来龙去脉,包括坦诚自己的过失或错误,相信矛盾会化解,误解会消除。对无根据的流言蜚语,不必斤斤计较,相信公理存在。如有必要,在适当的时候再作些解释。

(3) 找寻帮助,求得安慰。如果秘书受人责备、误解,或深陷不良情绪时,不宜直接回击、或背地里埋怨别人,可以思考是否有更好的方法进行自我疏导?这时可采取的方法有:

转移调节法。通过深呼吸、交友聊天、听音乐唱歌、小酌喝咖啡、运动旅行、看书静思、养宠物等使自己心灵上得到慰藉;还可以通过工作学习的成绩来冲淡感情上的痛苦,消除烦恼和忧愁。

升华调节法。升华是将情感激起的能量引导到对人对己、对社会有利的方向去。当遇到委屈或不公平,一味生气、沮丧或绝望无济于事,攻击、报复等行为更可能触及法律的底线。正确的态度是把失败当成是考验,把别人的嘲讽当成是鞭策,化愤怒为力量,变压力为动力,理性地分析主客观原因,积极寻求解决问题的途径。

寻求帮助法。消极情绪使人痛苦难忍,如果过分强制压抑会引起意识障碍,可能导致心身疾病。这时可以向亲朋好友倾诉,求得安慰,摆脱烦恼;还可以找专业人员进行心理咨询,从中得到理解安慰,让自己理清头绪解决问题,走出困境。

第四节　秘书的性别特征

就世界范围而言,秘书有着明显的女性化特征。欧美国家女性秘书占绝大多数,美国甚至占到90%以上。改革开放以来,我国的秘书队伍中女性也呈迅速增加的趋势,随之也出现了一些新的问题,本节将作概要说明。

一、性别的性格、职业特征

1. 性别的性格特征

不少心理学家研究表明,人的性格与性别有关。多数女性温和、顺从、细致、敏感、条理性强，偏重于感性认识，善于形象思维；男性则多数刚强、果断、粗犷、独立性、冒险性强，偏重于理性认识，善于逻辑思维。

从能力角度看，女性的忍耐力、复述力、自制力普遍高于男性；男性的计算力、概括力、分析力、爆发力普遍高于女性。

性别差异也表现在兴趣、爱好方面。日本曾对高中和大学男女生的学习兴趣做过调查，结果表明，大多数高中女生倾向于文学、艺术和宗教；高中男生大多数倾向于自然科学和法律学、历史学等。大学女生倾向于文学、医学、艺术、宗教等社会科学的比例更高，倾向于自然科学和哲学、法律学、历史学等社会科学的比例更低；大学男生则相反。我国心理学家也做过类似的调查，结果是高中女生的学习兴趣高于男生的依次为：语文、外语、生物、音乐；高中男生则多数偏爱数学、物理、地理和体育；大体相同的是政治、历史、化学、绘画。我国大学生中，也是理工科中男生比例明显的高；文、医科中女生比例相对的高。

2. 性别的职业特征

不同的职业固然对知识、技能、体力要求不同，而对心理、性格的要求也有些区别。如有的职业富于冒险性、开拓性，要求勇敢、好奇的性格；有的职业富于稳定性、重复性，要求沉稳、耐心的性格；有的职业技术性特别强，要求坚毅和细致；有的职业则要求机敏和灵活等等。性格既然与性别有关，再结合生理因素和社会环境的影响，这就形成多数女性适合从事简单的、重复性的、活动范围小的、体力较轻的、程式性强的职业；多数男性适合从事复杂的、变化的、活动范围较大的、体力较重的、富于创造性的工作。如某些职业相对适合于女性，比如医生、护士、中小学教师、翻译、售货员、服务员等；另一些职业则相对适合于男性，如工程师、律师、建筑工、消防员、交通警等等。而秘书这个职业就更适合于女性。

3. 秘书的女性特征

秘书工作综合性、服务性、程序性、保密性都比较强，而对体力要求不重，对技术要求也不太高，工作环境比较舒适，待遇也不低，相对稳定，社会地位等相对比较优越。这种种因素综合起来，就使秘书成为比较适合女性的职业，甚至成为青年知识女性理想的职业之一，而许多公司企业招聘一般秘书也限于女性。在国外一般的行政秘书基本上是女性的一统天下，有人甚至把秘书看成是女性的专门职业。英、美、俄等国需用秘书第三人称时，一般用 She、OHa，而不用 He、OH。随着办公自动化的普遍，许多办公器械操作人员仍是女性。

但是,有一种现象值得注意:女性在中、初级秘书中占绝大多数,而高级秘书则多数为男性。这是由于秘书工作不同层次、不同内容要求所决定的。一般地说,打字、记录、内部接待、接打电话、文书处理、档案管理、日常事务处理等内向性、事务性、操作性、程序性较强的工作,女性秘书更为合适;对外联络、调查研究、文件拟稿、日程安排、参与决策等外向性、技术性、政策性较强的工作,男性秘书更为合适。在日本,就有秘书人员分为以男性为主(秘书科长以上)的参与决策集团和以女性为主的处理日常工作的两大集团的说法。当然,女性高级秘书也并非罕见。

秘书女性化,还有一个重要的原因是社会原因。多数女性具有天赋的母性,富于同情性,善于关心、体贴人,容易给人温暖感和信任感。据统计,女性的笑容比男性多。实验还证明男性群体中如果增加几位女性,会使男性更注意文明礼貌,使气氛温馨并更为融洽,因此女秘书能更好地处理各种人际关系。

社会上处于决策层、管理层的高层人员大多数为男性,他们往往需要女性秘书,既作为温顺、耐心、细致、踏实的工作助手,又可得到情绪上的慰藉和生活上的照顾,这也符合异质组合的原则。如果只是出于工作配合的需要,本无可非议,但由于男性上司和女性秘书同在一个工作环境中朝夕相处,接触甚多,再加上女性秘书因职业角色需要,对男性上司的温和、耐心、关心、体贴,很容易使上司产生好感。如果彼此缺乏理性,就会破坏正常的工作关系。

二、女性秘书的自我保护

1. 正确的认识和心态

大凡男性集中的领域,少数女性容易受到注意、关心和照顾,也容易受到追逐甚至侵犯,这也是自然法则之一。比如,在西方国家的军队里,少数女性士兵甚至军官受到男性骚扰的情况就相当严重。女性秘书受到侵犯的就更为普遍。《新民晚报》1998 年曾对上海三资企业的 100 多位女性秘书做抽样调查,结果回答曾受男性上司或同事不同程度性骚扰的占 50%。但其中 90%的人表示“自己能应付”,另外 10%回答“我正想利用他”。事实也表明,绝大多数女性秘书“能应付”,能运用女性特有的聪明、智慧、细腻和委婉,有效地制止对方的越轨言行和无礼要求,而又不得罪对方,甚至还能赢得对方的尊重。这首先取决于女性秘书应有正确的认识和心态。

在市场经济的社会中,经济学家把人力资本看成是资源,人才也可说是商品。但女性秘书应该认识到,自己“出卖”的是智力和劳力,而决不是色相,自己是当助手和参谋的,而决不是花瓶或情妇。女性秘书决不是所谓吃青春饭的,做到五六十岁退休的女秘书大有人在。其实,青年女性从事任何职业都可能受到男性的性骚扰,只是在秘书职业环境中更普遍而已,因此需要女性秘书有更清醒的认识,更自尊、自爱、自重。

社会上还有这种现象:有些有财有势者安排自己的婚外情人当秘书,以遮人耳目,或者利用年轻漂亮的所谓女秘书去“拓展业务”。这些都是秘书职业的异化,这些女人是不能视为真正的秘书的。女性秘书应以正常的心态去对待自己的职业。

2. 自我保护意识和方法

女性秘书,尤其是刚出校门就担任秘书的青年女性,要加强自我保护意识,保护自己的感情和身体都不受到伤害。应该认识到:有些男性在经济和社会地位提高以后会产生更多的欲望,所谓“饱暖思淫欲”;有些婚姻状况不佳或家庭缺少幸福的男性会从婚外恋中寻找安慰;还有一些道德败坏者表面追求所谓“性自由”,实质是践踏玩弄女性。但也应该看到,大多数男性是有理智的,也懂得控制自己的情感和行为,还有些往往处于矛盾之中。女性秘书应了解和理解这些,善于运用自己的聪明才智去应付各种复杂的局面。要做到不能轻信,不能同情,更不能轻易付出自己。不少男性对女性秘书违反法律或社会道德的追求并不是真正的爱,而一旦得到满足或情况有变,则很可能厌弃。

有了自我保护意识,还需要自我保护的方法。有经验和成熟的女性秘书在这方面也积累了丰富的经验,概而言之是:坚持原则,灵活对待,防微杜渐,自尊自爱。具体方法主要有:

工作态度认真踏实,不浮夸,不取巧;

穿着打扮朴素优雅,不艳丽,不新潮;

言谈举止端庄大方,不卖弄,不轻佻;

对人态度真诚礼貌,既不冷漠,也不过于亲昵;

不接受分外的报酬和贵重的礼物;

不参与同事关于男女情事的谈话;

不在上司办公室作非工作性的逗留;

不聆听男性上司或同事婚姻不幸的倾诉;

不让对方误解你的关心和帮助是爱情;

不接受男性上司或同事的单独邀请;

尽量少参与男性上司的家庭事务或个人应酬;

尽量避免与男性上司单独出差,差旅中尤其要注意言行细节;

及时表明你已婚或已有男友;

不得已时可提出辞职,以摆脱纠缠;

必要时依靠法律,寻求保护。

随着我国社会法治意识的加强,人们对在工作场所或其他公共场所发生的异性之间的性骚扰也有了进一步的认识。2005 年 8 月 28 日通过的《全国人民代表大会常务委员会关于修改〈中华人民共和国妇女权益保障法〉的决定》中,明文规定禁止性骚扰。我国法律对性骚扰的概念虽还未有明确的规定,但一般认为,性骚扰是指以某种利诱或威胁为要挟,将自己的性要求强加于他人,迫使他人服从自己的性意志。包括语言上的侮辱、威吓、猥亵和性的引诱、挑逗,违背本人意愿的拥抱、接吻、抚摸等身体接触,最严重的是性侵害。女性秘书如处于类似的境遇,应勇敢地拿起法律武器,保护自己的合法权益。

第五节　秘书的培训与考核

一、秘书的培训

多年以来,秘书在我国一直作为行政人员的一部分,而不视为专业人才。担任秘书职位的人员多是由领导提名、组织审查通过,从一般行政人员中提拔,或是由组织直接选派到首长身边工作。秘书在实践中锻炼、提高,即所谓"在游泳中学会游泳"。

1980 年,在邓小平"办高等教育要补缺门"的指示下,上海大学、南开大学、江汉大学等院校率先设置了秘书专业。两年后,第一批秘书学专科生毕业,受到各界的普遍欢迎。从此,秘书专业在全国如雨后春笋般地蓬勃发展起来。至1996年底，根据国家教委统计，全国1080所全日制大学已有205所院校设置了秘书专业，中专和短期培训班更是不计其数。

秘书的培训主要有三种模式：

1. 学历教育

秘书的学历教育和其他专业教育一样，也已形成多层次、多渠道的网络式体系。纵向有中专、大专、本科三个层次；横向有全日制、夜大学、自学考试等不同渠道。课程设置，除了政治、语文、外语、经济、法学等通用基础课以外，专业课有秘书学、文书学、应用写作、行政管理、档案管理、公共关系学、市场营销学、社会学、计算机科学等，还有书法、速记、打字、电脑操作、汽车驾驶等技能课。学历教育是一种全面的、系统的知识、技能、素质的培训。

2. 岗前培训

即从学校刚毕业的学生被单位录用，在正式上岗前的业务培训。这种培训通常由单位或专门组织进行，目的在于促使学员将知识转化为技能，熟悉并适应秘书工作和秘书活动的方法、程序、技术和规律。岗前培训也可与秘书专业学员的毕业实习结合起来，由原校教师和用人单位有经验的秘书联合指导。

3. 在职培训

指已经担任秘书职位的人员为了更新知识，提高素质和业务能力而参加脱产或不脱产的短期培训。这种培训通常由单位上级组织进行，或请专家作专题学术报告，或请富有经验的高级秘书介绍工作经验，或传达新的指示精神，组织学员交流、互相学习启发等。形式灵活多样，注重实际效果。

二、秘书的职业资格鉴定

1998年6月，劳动和社会保障部向全国发布了《秘书职业资格鉴定试点工作方案》。指出：为提高我国秘书职业从业人员的业务素质，做好秘书的培训工作，决定从1998年上半年开始，逐步推行职业资格证书制度。这迈开了我国秘书职业化的第一步。职业资格证书是表明劳动者具有从事某一职业所必备的学识和技能的证明。它是劳动者求职、任职、开业的资格凭证，是用人单位招聘、录用劳动者的主要依据，也是境外就业、对外劳务合作人员办理技能水平公证的有效证件。

秘书的职业化意味着秘书就职不仅获得组织或领导人的认可，而且得到社会和法律的承认与保障；也意味着秘书人员都有资格参加自己的职业工会,其就业、待遇、升迁、权利等等都可得到工会的保障;还意味着我国的秘书组织有参加国际秘书组织的可能性,秘书人员有到其他国家担任秘书职务并享受同等待遇的可能性。我国目前进行的秘书职业资格鉴定有多种形式,主要有:

1. 国家秘书职业资格证书考试

劳动和社会保障部要求秘书职业资格鉴定按照“五个统一”(统一标准、统一教材、统一命题、统一考务管理和证书管理的质量控制、统一鉴定)的原则进行。为用人单位挑选合格人才提供客观标准,为规范秘书培训和促进就业服务。

鉴定的对象为:企事业、涉外机构等组织中从事办公程序性工作、协助领导处理政务及日常事务的人员(不含公务员)以及有志于从事秘书工作的人员。

申报条件:(具备其中之一者即可)

五级秘书:

(1) 经五级秘书正规培训达规定标准学时数,并取得结业证书;

(2) 经本职业连续见习工作 2 年以上。

四级秘书:

(1) 取得五级秘书职业资格证书,连续从事本职业工作 2 年以上,经四级秘书正规培训达规定标准学时数,并取得结业证书;

(2) 取得五级秘书职业资格证书,连续从事本职业工作 3 年以上;

(3) 连续从事本职业工作 4 年以上;

(4) 取得经劳动和社会保障行政部门审核认定,以四级秘书技能为培养目标的中等以上职业学校本职业(专业)毕业证书。

三级秘书:

(1) 取得四级秘书职业资格证书,连续从事本职业工作 4 年以上,经三级秘书正规培训达规定标准学时数,并取得结业证书;

(2) 取得四级秘书职业资格证书,连续从事本职业工作 5 年以上;

(3) 取得大学本科毕业证书,并连续从事本职业工作 2 年以上。

二级秘书:

(1) 取得三级秘书职业资格证书,连续从事本职业工作 4 年以上,经二级秘书正规培训达规定标准学时数,并取得结业证书;

(2) 取得三级秘书职业资格证书,连续从事本职业工作 6 年以上;

(3) 取得大学本科毕业证书,并连续从事本职业工作 4 年以上。

考核内容包括职业道德、基础业务素质、案例分析、工作实务等4个基本内容。涉外秘书增加外语考核部分，秘书职业资格二级增加业绩评估部分。

考核方式有书面应答（书面回答标准化试卷问题）、情景模拟（观看情景录像书面回答问题）、任务解决（对提出的工作任务进行书面回答）、综合测试（涉外秘书英语考试）、业绩评估（专家对考生提供的个人工作业绩进行综合评审）。

秘书（五级、四级、三级）中的4个考试模块的分数相加之和达到及格分数线（120分），即为秘书考试及格；秘书（二级）中的5个考试模块的分数相加之和达到及格分数线（180分），即为秘书考试及格。秘书（五级、四级、三级、二级）总成绩未达到及格线，且只有一个模块成绩不及格者，其合格成绩保留一年有效，保留期内可申请参加一次不及格模块所在考试段的补考。

考核内容均及格者，由劳动部职业技能鉴定中心发给相应级别的“国家秘书职业资格证书”。

2. 剑桥秘书证书考试

剑桥秘书证书考试是教育部考试中心和英国剑桥大学考试委员会合作，在我国实施的社会化职业证书考试项目，由教育部考试中心中英教育测量学术中心（SBC）具体负责项目的管理和推广，提供规范的、国际标准的现代秘书培训体系，以适应我国加入WTO后的国际环境，培养适合市场经济发展需要的专门人才。

“剑桥秘书证书考试”采用模块化学习方式，分不同级别的核心模块和选修模块。考生不受年龄、职业、学历等背景的限制，可根据其学习和工作的实际情况，选择不同级别模块考试。

考试分为初级（一级）、中级（二级）和高级（三级）三个级别。其核心课程包括《文字处理》、《速记》、《办公室管理》、《沟通和项目管理》；选修课包括《客户服务》、《信息与沟通技术》、《人际商务技巧》、《组织会议和活动》等。

参加培训并考试成绩合格者可获由教育部考试中心中英中心（SBC）和英国剑桥大学考试委员会（UCLES）联合签发的证书。在通过相应考试的基础上，证书共分五种形式。

（1）完成全部核心模块的，颁发“核心模块合格证书”；

（2）完成单个选修模块的，颁发“单科模块合格证书”；

（3）完成三门初级核心模块和一门初级选修模块的，颁发“初级剑桥秘书证书”；

(4) 完成三门中级核心模块和二门中级选修模块的,颁发“中级剑桥秘书证书”;

(5) 完成三门高级核心模块和二门高级选修模块的,颁发“高级剑桥秘书证书”。

3. LCCIEB(伦敦工商会考试局)秘书证书考试

该证书考试在英国本土最高有四级,国内目前只开考二级和三级。考试形式为笔试,全球统一命题、统一考试,我国考生也需采用英文试卷。该项目一年考四次,分别在3月、4月、6月和11月举行。根据英方和教育部考试中心签署的协议,考务方面由教育部和各地教育行政部门组织。该考试对报考人没有资格限制。其证书在赴英留学移民方面可作为申请条件之一。

4. IAAP(国际职业秘书协会)秘书资格考试

目前该考试在北京和上海等大城市已经设立了培训点和考点。报考资格为:高中生有6年秘书工龄,大学生有共6年的大学学龄和秘书工龄,有学士学位的人需满一年工作经验才能报考。考试科目包括企业法、企业行为科学、企业管理、人际学、秘书会计学、秘书技能、办公室秘书工作程序等。考试连续进行12小时。合格者获“特许职业秘书”资格。

三、秘书的考核

1. 考核内容

我国《公务员条例》对人员的考核有明文规定。行政机关的秘书属于国家公务员,自然按此执行。企事业单位秘书一般也参照施行。考核内容包括德、能、勤、绩四个方面,重点考核工作实绩。

(1) 德:政治思想品德。主要指政治态度、思想作风、遵纪守法、廉洁奉公、遵守职业道德和社会公德。

(2) 能:工作能力。主要指管理能力、办事能力、操作能力、业务和技术水平。

(3) 勤:主要指工作出勤率和平时工作态度。

(4) 绩:工作业绩。指完成工作任务的数量、质量、时间(效率)等。

2. 考核标准

秘书的考核没有统一的标准,各机关、单位可自行制订。但制订考核标准应该定量和定性(质)相结合。具体有四种方法:

(1) 直接量化。即直接用数量衡量工作任务完成的情况,如撰写文稿的篇数、字数,打字的字数,接待来客的人数,收集、整理信息的条数等。

(2) 比率化。即按一定阶段实施工作过程或达到工作效果计算其完成目标的比率,如信访办案的结案率,文书立卷、催办工作的完成率,打字的差错率等。

(3) 综合指标化。即工作质量要求和数量概括相结合的指标方法,如文书处理无丢失、无错发、无误办、无泄密,印章管理无误差,合称“五无”。“无差错”就是质量指标,“五”就是数量概括,两者结合就是综合指标。

(4) 类比指标化。即在本系统、本地区或全国同类工作任务达到指标或完成情况相比较,排列名次并规定相对的标准和要求。

3. 考核方法

考核方法通常分平时考核和年终考核两种:

(1) 平时考核。秘书日常工作的一切书面记录都是平时考核的重要依据,如考勤卡、访客单、文件收发簿、电话记录、撰写的底稿、电脑打字的软盘或光盘、录音带、录像带、工作日志、大事记等等。上司的印象和同事间的人际关系也是不可忽视的方面。平时考核由机关考评员,或办公室主任、秘书科长,或业务主管主持,每月一次,考评结果有书面记录。

(2) 年终考核。年终考核在每年年终时进行,通常分三个步骤:先是秘书人员在总结的基础上提出自我评价;其次是办公室或业务部门民主评议,写成意见;最后是主管领导审定。

思考题

1. 秘书应具有怎样的知识结构?
2. 秘书应具有哪些能力?
3. 秘书应具有哪些职业道德?
4. 你基本上属于哪种气质? 你认为完美的性格是怎样的? 应如何塑造?
5. 女性秘书怎样才能保护自己?

第五章　秘书的社会活动与人际关系

人，都是在社会中工作、劳动、生活，都在社会大舞台上扮演一定的角色，占有一定的地位，与其他人有着各种性质的关系。人们从事的各种职业，又由于其性质、作用、贡献等不同而有着不同的社会评价，秘书也不例外。了解秘书社会活动和社会地位的特点，具有清醒的角色意识；了解秘书人际关系的内容与形式；了解秘书职业的公共关系职能以及这种职能对秘书人员的要求；秘书就能不断地走向成功之路。

第一节　秘书的社会活动和社会地位

一、秘书的社会活动

1. 现代秘书社会活动的特点

现代社会的秘书，其活动范围已不仅仅是他（她）的办公室，其活动方式也不仅仅是坐在办公桌前接接电话、打打字、整理文件，或是在几个办公室之间递送文件、传达通知，而是有了极大的扩大。秘书的活动可以说是以整个社会为背景，活动的目的、活动的方式也明显地复杂化、多样化。

现代秘书有机会随同领导、上司或单独外出联系工作、访问、调查研究；或参加各种会议、集会。其足迹不仅可以遍及本地区、本省市，也可能到达外省市甚至国外。秘书活动的目的可以是传达某项指示，检查督促某项工作；或是获取信息；也可以是取得经验或教训；或是增进友谊；或是完成领导、上司赋予的特殊使命等等。秘书将出入各种机关和企事业单位，出入各种公共和交际场合，将接触各行各业的人。总之，秘书的活动已经充分社会化了。

2. 现代社会活动对秘书的要求

秘书的社会活动往往是被动的，就像秘书工作带有被动性一样，要根据领导和上司的指示进行。但这仅仅是指秘书活动的目的和范围而言。秘书活动的方式、过程、结果不可能由领导、上司一一规定，而只能取决于秘书的主观能动性，取决于秘书的经验与能力，或者说取决于秘书个人的才华与魅力。

这就要求秘书在社会活动中不仅仅要遵守法令、法律，遵守机关、单位的规章制度，而且要遵守和尊重社会的公共道德和行为规范，遵守和尊重各种不同交往场合、不同民族或地区的礼仪习俗。秘书人员应做到衣饰整洁，举止大方，彬彬有礼，谈吐文雅，待人诚恳、和蔼，且富有幽默感。

现代秘书人员应该有广泛交往的愿望，要有什么场合都敢走一走，什么事都敢试一试的勇气，要有开放型、全方位活动的心理准备，更要有进行各种性质的社会活动的能力。

二、秘书的社会地位

按照社会学的观点，个人在社会中的地位是个人与社会关系的体现，也就是个人所占有的空间大小和性质、个人的权利和义务的总和。

1. 先赋地位

人的社会地位一部分决定于他所属的阶级、阶层、家庭出身及亲属关系、就读和毕业的学校，即他周围和经常接触的人群，决定于他经常活动的地域、场所以及他拥有的财产、权力等。这些形成了人的"规定性地位"，也称之为"先赋地位"。

2. 后成地位

然而，人还有依靠自己的聪明才智，依靠自己的能力、努力、工作或劳动成果，对社会的贡献所获得的地位。这是个人的"赢得性"、"自致性"地位，或称之为"后成地位"，这种地位对人更为重要。

3. 秘书社会地位的特点

秘书作为一种职业或一种职位，它不构成阶级或阶层，但它却占有性质、大小不一的空间，拥有大小不同的权力，也承担相应的义务。秘书的"先赋地位"具有明显的"依附性"。它依附于某个机关、单位，或依附于某个个人。人们介绍秘书，常常说：这位是某某机关的秘书。或说：这是某某人的秘书。或是介绍他的职务：某某机关的秘书长、某某单位的办公室主任。这就意味着他所就职的机关、单位,他们担任的职务、职位,他所服务或代表的那位个人赋予他某种社会地位。因此,不少人认为,秘书是没有独立的社会地位的,它不同于作家、艺术家,甚至也比不上教师与医生。

然而,如果秘书人员即使就职于小机关或基层单位,或是充当地位、财产并不显赫的人的秘书,而由于他具有较高的德、才、学、识,作出了出色的成绩,他仍然会获得周围人的尊重,包括他的上司或雇主的尊重,也可说是取得了较高的社会地位。

而先赋地位较高的秘书,如果他的修养、道德、学识、能力与其地位相称,那其社会地位即是真实的、稳定的,甚至有继续上升的可能。反之,则其地位即是虚假的,不稳定的,随时可能降低甚至失去。

因此,秘书人员既要承认自己职业、职位的从属性,又要摆脱社会地位的依附性,应该更重视自己的后成地位。

第二节　秘书的角色意识

一、社会角色和角色活动

1. 社会角色

角色,原是戏剧中的一个名词,是指演员扮演的剧中人物形象。社会学家认为,人生是个大舞台;戏剧家认为,舞台就是小人生。于是,就借用角色这个名词来说明人的社会特征,名之曰:“社会角色”。

社会角色,是指人在社会中所处的地位,这种地位赋予人的权利和义务,以及这种地位要求人具有的与之相适应的意识和行为。

任何人都是一定的社会角色,一个婴儿呱呱坠地,即是为人子女的角色,稍长大又进入学生的角色,以后从事职业、结婚、生育子女等等又扮演各种不同的角色。

2. 角色与地位

一方面,社会总是期望每个个人的意识、言行符合他的地位;另一方面,个人也会不断努力按照社会的期待去认识、去行动。因此,地位乃是角色的静态表述,角色乃是地位的动态表现。

3. 角色的转移、冲突与适应

每个人在人生舞台上都要扮演一定的角色，又往往在不同的场合、背景、不同的角色群中扮演不同的角色(即角色转换)或同时扮演多种角色。个人承担多种角色，每一种角色的意识和行为规范不可能一样，有可能协调统一，也可能产生矛盾冲突，产生矛盾冲突的即称之为“角色冲突”。另一方面，同一角色的意识、行为与其地位之间也往往产生差距，即个人的修养、认识、能力达不到其地位对角色的期待与要求。这样的力不从心就在角色与其意识、行为之间产生矛盾，则称之为“角色内冲突”。消除“角色冲突”和“角色内冲突”，是社会对每个人的要求，这取决于个人的“价值取向”(即角色选择)，取决于个人的努力(即角色适应)。

从社会、组织、个人三者的关系来说，组织是实体，组织内有各式各样的角色，需要每个个人去扮演，去参与活动；社会则是包容众多组织又独立于个人而存在的更大的实体，需要所有的人都去参与更为复杂繁多的角色活动。组织和它所规定的角色是相对稳定的，扮演角色、参与角色活动的个人则是流动的、变化的。社会则更有其自身的无穷的活动规律。但是，社会活动规律归根结底仍然是人们的活动规律的总和。因此，每个个人不只是消极被动地接受既已安排的社会角色规范，个人不仅参与角色活动，还应该也能够去丰富或创造自己的角色。这样，组织与社会才能不断地进步和发展。

二、秘书的角色意识

1. 共性意识和个性意识

就各个组织和整个社会而言，秘书角色是不可缺少的，前文讲述的秘书的职能、作用已能证明。助手、参谋、耳目、枢纽、幕后英雄等等，都是对秘书角色的比喻性的共同要求，也就形成了秘书的共性意识；另一方面，不同组织、不同职位、不同类别的秘书角色又有不同的地位和行为要求，这就形成了秘书的个性意识。

2. 角色组合

秘书是个“角色组”，也就是说，秘书在不同的场合、条件下将扮演不同的角色，或是在同一时间扮演多种角色。

从秘书在行政组织中以及在领导身边的地位和作用来说，秘书是助手、是配角，这是秘书的基本角色。每个秘书人员都应该具有这样的角色意识，自觉地、心甘情愿地当好助手和配角。

但是,某些秘书人员也可能担任着某种领导职位(比如秘书科长、办公室主任等),也主管或分管着秘书部门的工作,也有自己的下属。这样的秘书人员又得扮演部门领导的角色。他必须既要遵循整个组织的总目标、总任务,服从上级领导的指挥;又要充分地发挥主观能动性,规划自己职责范围内的工作,善于组织、指导自己的下属去完成各自的任务。

即使是普通秘书,有时受领导委派到外地、外单位调查情况、联系工作,或是到下级单位传达指示、听取汇报。这时的秘书也有双重身份,承担着双重角色:既是上级领导的秘书,又代表着上级领导。这种角色要求秘书应忠实执行上级的意图,传达上级的指示,不能添枝加叶,更不能假传“圣旨”。当下级或群众提出疑问时,秘书可以作些解释或说出自己的看法。但要说清楚哪些指示是上级的,哪些看法是自己的,不能混为一谈。

3. 配角意识与主角意识

秘书不能因甘当配角而事事被动,不能领导拨一拨才动一动,不拨就不动;又不能超越自己的地位,反客为主。而要在长期的实践中和领导的授权之下学会掌握分寸,要能把握什么事必须先奏后斩,什么事可以先斩后奏,什么事可以不奏而斩。也就是说,什么时间、地点、条件下,自己应该是配角;什么时间、地点、条件下,自己可以是主角或代理主角。

一个称职的秘书必须具有基本的配角意识和有条件的主角意识,其关键是自己的价值取向。秘书不应该追求表面的地位和荣誉,而应以自己工作的实际价值和社会贡献为满足。这就如同教师,把学生的成绩看作自己的成就;如同裁缝,甘为他人做嫁衣;如同建筑工人,不断地铺路造房,自己却踏着沙土荒草,住着简易工棚。只有这样清醒、全面的认识,秘书才能经常保持心态平衡,找出工作中的优势和乐趣,容忍某些时候的烦恼与不足,排遣受到的委屈和不公,更好地喜爱和从事秘书工作。

三、秘书的定位和换位

1. 秘书的定位

秘书工作的特殊性决定了秘书人员除了要有清晰的角色意识,还必须对自己有个准确的定位,才能在工作中有效地辅助领导、配合同事完成任务。秘书的定位包括自我定位和他人定位两方面。

自我定位是秘书人员在对自身条件(优劣势)的认识基础上，对自己所处的位置、所扮演角色的认识。那么，秘书应该怎样进行自我定位呢？主要应考虑以下三个问题：

(1) 我的角色(岗位)要求有哪些？

(2) 我的角色(岗位)与其他岗位的关系是怎样的？

(3) 我的角色(岗位)在整个部门或组织中应该发挥怎样的作用？

上文已述，秘书在不同场合、不同条件下可能扮演不同的角色，或在同一时间扮演多种角色。这就意味着秘书在不同时间、地点要随着角色的不同而对自己定位。要投入到既定角色中尽心尽力，还要考虑上司、同事的要求和期待，又要与所处环境相协调。秘书在日常工作中要按照组织规则和程式进行自我定位。比如陪同上司宴请客户，秘书扮演的角色可能有哪些？是怎么样的？要发挥什么作用？哪些话要留给上司说，哪些话需要自己说？说话时的语调、声音、神态怎么样才符合自己的身份和当时的角色……对这些问题认识越清晰，定位才会越准确，行事才会越得体。又比如陪同上司出席会议，这时秘书的角色是随行人员。如果会议中上司突然因事退席，这时秘书的角色就不再是随行人员，而成了组织或部门的代表。此时秘书应及时调整角色位置，代表上司进行沟通协调，而不是仍以秘书的身份说话办事。

这些，都说明了秘书要成熟干练，需要培养自己客观理性的思维方式，敏锐的职业意识和积极的敬业精神。

2. 秘书的换位

秘书怎样才能做到定位准确呢？最好的办法是“换位”，也就是站在他人的位置上给自己定位。自我定位加上他人角度的定位，定位的准确性就会大大提高。对于秘书来说，这个“他人”应该是对自己的行为结果最具影响力的人，一般是上司、同事或客户。

我们与领导、同事、客户、家人朋友之间产生的分歧，大部分是因为双方的关注焦点不同、不理解对方真正的需要所致。秘书要想象一下，上司是怎样看待我现在这个角色(岗位)的？希望这个角色(岗位)做什么？怎样做？最不希望这个角色(岗位)犯什么错误？

换位思考就是将心比心、设身处地地考虑对方的感受。善于发现对方的利益或需要。如果能进一步找到双方利益交集的，就可避免分歧，为实现共同的目标愉快合作。秘书尤其需要有换位的思维方式，想上司所想，主动配合上司,如此才能减少工作的盲目性。如果想当然行事,很有可能好心办坏事。

比如,有些秘书一厢情愿地要求上司一定要采纳自己的建议,如果上司不采纳,就觉得上司不重视自己,以后再也不提建议了。实际上,即使秘书的建议是对的,上司也不一定都会采纳。因为两者看问题的方法、角度不同。上司需要高瞻远瞩,平衡全局和各部门的关系,还要考虑具体实施的时间、地点是否合适。秘书的建议也许是对的,但如果从全局考察难以行得通,上司就不会采纳。所以,秘书应该认识到,进言是与上司平等坦诚地进行交流,因此要端正心态,即使建议被否定或忽视,仍然要主动与上司交流沟通,以服从大局为重。秘书只有不断吸取经验教训,向上司学习请教,勇于接受正确的意见,才能不断得到锻炼和成长。

有关换位思考的具体方法和策略,可参见第三节秘书处理人际关系的策略部分。

3. 秘书的越位

在定位和换位过程中如果出现错误,比如不能摆正自己的位置,不能准确认识自己的角色位置,就有可能发生越位的情况。秘书工作中典型的越位表现有以下几种:

(1) 上司还没有下命令、作指示便抢先表态或擅作决定;

(2) 未经上司授权直接指挥部门或同事,传达指令,发号施令;

(3) 擅自代表上司布置任务、下达上司指示时随意解释或承诺;

(4) 到基层调研时,把自己当成上司,根据自己的想法对别人的工作指手画脚;

(5) 不遵守保密原则,随意透露内部消息,或略经挑逗即说出机密信息;

(6) 自我膨胀,盛气凌人,表现出“一人之下,众人之上”的优越感。

之所以出现上述越位现象,主要原因有以下几点:

(1) 热衷于权力,把上司的授权当做自己拥有的权力随意发挥和利用;

(2) 对上司缺乏尊重,对权力缺乏敬畏,认为有能力就应该展示出来,有个性就可以表现出来,为所欲为;

(3) 不会换位思考,不能准确领会上司意图,不了解上司的内心感受;

(4) 凭热情鲁莽从事,无视职场规则和制度;

(5) 不善于处理职场人际关系,凭本能处事行为;

(6) 功利主义，片面追求短期利益和有形效益，忽视甚至无视长期利益和无形效益；

(7) 内心自卑，缺乏自信和价值感。为了博得他人的好感或尊敬，通过指挥别人来显示自己的价值，或用知道的比别人多来炫耀自己。

秘书越位的结果很严重，轻者与上司和同事形成沟通障碍，令人生厌；重者严重影响领导的权威，破坏上司的形象，危及企业或组织的声誉。

一个优秀的秘书，应该经常进行自我反省，从不同角度了解自己和自己的工作岗位；被上司批评或同事误解时不丧失理智，能及时有效地控制不良情绪，保持冷静的头脑和开朗的心态；按照上司指示脚踏实地工作，不狂妄任性，不拖延推诿；目光远大，能从组织或领导的角度考虑问题，注重长远，不沉溺于短期利益；重视上司、同事的意见和建议，能建立友好合作的人际网络和融洽的上下级关系；积极热情地从事秘书工作，并在工作实践中获得价值感和成就感。

第三节　秘书人际关系的内容、方式与准则

一、人际关系的内容与方式

1. 人际关系的涵义与内容

这里所讨论的人际关系是指人与人之间在学习、工作、生产、交际等社会活动中所发生的交往关系。这是一种社会性、职业性的关系，被称作“业缘关系”；而不是指亲属邻里间的感情与道德关系(也就是所谓“血缘关系”及“地缘关系”)。

人际关系的内容主要是通过人们在社会生活中的行为交往、语言交流等方式，达到彼此了解、融洽，在各种社会活动中互相合作、帮助、促进。这就需要考虑到人际关系的各种因素，克服人际关系中的障碍，采用适当的人际交往的方式、方法。

2. 影响人际关系的因素

人际关系是相当丰富又相当复杂的，影响人际关系的因素也很多，主要有：

(1) 距离的远近。一般来说,人与人距离近者关系容易亲密;距离远者关系容易疏远。俗话说:远亲不如近邻,就是这个意思。

(2) 交往的频率。一般是交往多者彼此容易了解,容易亲近;交往少者不易了解,也不易亲密。

(3) 态度相似性。彼此的性格、兴趣、爱好相似,则容易亲近。所谓:物以类聚,人以群分。对某事物的看法、态度相近,就有了更多的共同语言,也就产生了亲近的需要。即所谓:酒逢知己千杯少,话不投机半句多。

(4) 需要的互补性。相互的需要促使彼此之间的了解与合作,互相取长补短,也容易形成亲密的关系。

(5) 情景因素。在某种特殊的环境或情景中,人们容易接近和亲密。比如人在旅途中,或是客地遇同乡,或是在困难中得到帮助,在情绪苦闷时得到同情与安慰等等。这种情况下容易导致亲近和亲密。

(6) 中介因素。国外称之为"A、B、X"模式。即某 A 喜欢某 X,某 B 也喜欢某 X,某 A 与某 B 虽素不相识,但通过 X 的中介因素也容易接近、亲密起来。

3. 人际关系的障碍

要进行正常的、有效的人际交往,必须克服某些主观和客观的障碍,譬如:

(1) 心理障碍。自卑感、羞怯感就是人际交往中的心理障碍。有些人性格内向,不善言谈,不喜欢交际而怕与他人交往。这就需要从心理上鼓起勇气,并在实践中培养交际能力。

(2) 语言障碍。语言是人们的一种重要交际工具,但使用不好也会形成障碍。语言障碍表现为语言和语义两个方面。个人口齿不清,或说话啰唆,或缺乏条理,会使别人难以理解甚至不愿理解。严重的方言土语会使对方厌倦,污言秽语则更令人厌恶。另一方面是由于掌握的词汇不多,或是语义概念不清,难以准确而生动地表达自己的感情和思想。这就要求人们尤其是秘书都使用标准的普通话,并尽可能掌握一两门外语,听懂几种方言,丰富词汇量,弄清词义,才能既善于表达自己的思想感情,又善于理解别人的思想感情。

语言障碍的另一层意思是指书面语言障碍。信函或文件来往也是交际的重要方式。文句不通、文义晦涩、词不达意、书写潦草或拙劣、标点错误,或是文化水平不高、识字不多,难以理解对方文义等都是严重的书面语言障碍。这就要求人们尤其是秘书具有较高的阅读能力和写作能力，且能写得一手端正、匀称、流利、美观的好字。

（3）地位障碍。人们的社会地位高低不同，如果带有盲目性，就会形成人际交往中的障碍。地位高的人表现为傲慢自大或不愿屈就，地位低的人则表现为故作谦卑或不愿高攀。这些都会影响人与人之间的正常交往。须知，在社会交往中各人有各人的需要，彼此是互利互助的，必须是平等的，职位和年资高低不应该使交往各方产生优越感或自卑感。何况人的社会地位也是相对的，地位中相当重要的一部分是由人们的互相尊重、互相信赖组成的。

（4）物理障碍。这是指其他客观的物质因素。如电话中的杂音，电报、邮件的故障、延搁，交通的不便，恶劣的气候等等影响了人际交往的频率或效果。这往往非个人力量所能左右，而需要社会生产的发展、科学技术的进步以及管理水平的提高才能逐渐克服。事实上，现代高科技的发展，使这些物理障碍所导致的影响交往的因素越来越少，无线通讯或网络通讯为世界各地人们的联络和交往提供了极大的便利条件。

4. 人际关系的方式

（1）语言。口头语言和书面语言是人际关系的重要方式。人们通过交谈、通信、打电话等方式彼此接触、理解、熟悉，甚至建立友谊和感情。

（2）体态或身势。除了语言之外，还有非语言的交往方式，被称之为“体态语言”或“身势语言”，即人的动作、表情、手势、姿势等等。见面点点头，握握手，遇到熟人拍拍肩，都是友好的表示。有时，一个善意的眼色，一个真诚的微笑，一个肯定的手势，都能达到交流思想感情的目的。

（3）物质。物质交往也是一种方式，即所谓“礼尚往来”。人际交往中互赠一些小礼品也是表达友情的需要，譬如：贺喜或探病时送一束鲜花，访问家庭时送一瓶葡萄酒或一盒巧克力，出差回来带一些土特产分给同事等等。但如果过于重视礼物的经济价值，就会将正常的人际关系歪曲为利益关系或交换关系，就会破坏真正的友谊和友情。

5. 人际关系中的自主性

自主性既是指在人际交往中要主动去接近人，了解人，主动去争取合作与支持；又是指在人际关系中要独立自主。

这种自主性一方面是相对他人而言，人应该有自己独立的目的、态度和独特的仪表和言行方式，不受权威者的偏执或社会的陈旧意识与习惯势力的消极影响。另一方面又是相对于外界环境而言。

人的交往有时处于顺境,有时处于逆境。当处于顺境时,要冷静、理智,不要突然萌发超出或违背原先行为目的的意念,以致得意忘形,弄巧成拙;处于逆境时,要坚定、自信,不要轻易放弃行为目的而退却,而应该及时调整自己的行为方式去继续争取。

自主性要靠自尊、自信和善于自我控制、调节来保持。

6. 人际关系中的适应性

为了达到自己的行为目的,要善于在行为方式上适应社会习俗的要求,适应各种不同的交往对象的要求,适应特定环境与场合的要求,包括遵守礼貌、行为规范和各种礼节礼仪。

适应性和自主性并不矛盾,自主性是强调行为目的、基本态度的独立自主以及在不违反社会制约的条件下有自己独立的行为方式和独特的魅力。而适应性则是根据社会的共同要求,采取人们普遍能接受的方式以表现自己的行为态度,达到自己的行为目的。两者是主观与客观的统一,目的与行为的统一,内容与形式的统一。

二、自我认知和认识他人

1. 自我认知的含义和方法

2000 多年前的古希腊哲学家苏格拉底说过:“认识你自己。”这意味着在人的一生中,要能够不断地认识自己,发展自己并壮大自己。“我真的可以吗?”“我行吗?”这是秘书在接受重大任务时经常自问的话。从心理学角度,这种对自己的怀疑,是为了满足其“想得到他人的认可”的深层次的渴望。因而,秘书清晰准确地了解自己的深层渴望和深层恐惧,不仅是建立良好人际关系的重要条件,也是调适情感需求,保持心理健康的核心。

(1) 自我意识的组成。自我意识也称自我,是我们对自己存在的觉察,即自己认识自己的一切,包括认识自己的生理状况、心理特征以及自己与他人的关系。自我意识由自我认识、自我体验和自我控制三个心理成分构成。

自我认识包括对物质自我(自己外部特征、解剖结构、生理功能)的认知、对社会自我(自己在人际关系和社会群体中的地位和作用)的认知、对精神自我(意识层的智力水平、气质类型、性格特征和潜意识层)的认知。

正确的自我认识和自我评价,对个人的心理活动及行为表现,对协调人际关系都有较大的影响。如果一个人看不到自己的价值，觉得什么都不如别人，就会丧失自信，产生自卑情绪；但如果一个人只看到自己的长处，就会盲目乐观、自以为是，也不能很好地处理人际关系；而如果树立了与自己能力不相称的过高的目标，则会在现实中遭遇挫败。

自我体验是通过认识和评价而表现出来的情绪上的感受，其中包括满意或不满意、自尊、自爱、责任感、义务感、优越感、羞怯、自卑等。在人的生活体验中，不仅有积极肯定的情绪体验，也有否定的情绪体验，而且还要按照自己在社会中的地位或角色体验多种不同的情绪。

自我调控是对自己思想、行为的控制，以达到自我期望的目标。包括自强、自立、自律、自制、自控等，涵盖自我检查、自我监督、自我控制等方面。一个具有坚强意志的人，在自我调控方面会表现出自立、自主、自制、自强、自信、自律，能发挥独立性、坚定性和责任感；做事果断而有韧性，遇到挫折时沉着冷静，不半途而废，不哗众取宠。

(2) 了解自我，悦纳自我。秘书要认识自我，有这样的三条渠道：

比较法。从我与人的关系中认识自我。他人是反映自我的镜子，与他人交往，是获得自我认识的重要来源。

经验法。从我与事的关系中认识自我。即我从做事的经验、选择与判断中认识自我。

反省法。从我与自己的关系中认识自我。“吾日三省吾身”，从我与自己的关系中认识自我，看似容易实则困难。

此外，还可以从了解自己的气质、性格和人格来了解自己，或通过一些比较权威的心理测试如 MBTI 职业性格测试表来了解自己的人格类型。在深入了解自我的基础上要学会积极地悦纳自我。悦纳自我是发展健康的自我体验的关键和核心。具体要做到：

接受自己，喜欢自己，要具有价值感、自豪感、愉快感和满足感；

心胸开阔，对生活乐观，对未来充满憧憬；

平静而理智地看待自己的长处与短处，冷静地对待自己的得与失；

树立远大理想，并以此激励自己，不断克服消极情绪；

不以虚幻的自我补偿内心的空虚，也不以消极回避漠视自己的现实，更不以怨恨、自责以致厌恶来否定自己。

(3) 有效地控制自我。控制自我是健全自我意识、完善自我的根本途径。我们应该建立合乎自身实际情况的抱负水平，确立适宜的理想自我，也就是要面对现实确定自己具体的奋斗目标,把远大的理想分解成一个个远近高低不同的子目标,由近到远、由低到高,循序渐进,逐步加以实现。

增强自尊和自信,使自己有为实现理想自我而努力的更强大的动力,激励自己不断奋进。

培养顽强的意志和坚强的性格,发展坚韧性和自制力,增强挫折耐受力,使自己能自觉主动地认清目标,为实现目标而努力排除干扰、克服困难,能正确地面对成功和失败。

(4) 塑造自我、超越自我。健全自我的过程是一个塑造自我、超越自我的过程。塑造自我,成为自己,是我们按照社会需要和个人特点来自我发展、自我实现。成为自己,就是做一个自如的、独特的、最好的"我"。"做一个自如的我",是指不给自己提出脱离实际的过高要求,使自己陷入自责、自怨、自恨的境地,而是坦然面对自己的客观存在,愉快自在地生活;"做一个独特的我",指不一味追求时髦,在刻意模仿中失去自己,而是接受自身、注重自身,积极地生活;"做一个最好的我",指立足于现实而又不甘落后,充分利用大自然的禀赋,积极发挥自己的特长,根据自身的条件规划自己的未来。

塑造自我亦是不断超越自我、成为新的自我的过程,即用今日之我战胜昨日之我,用明天之我战胜今日之我,成为自己只是人生的一个断面,而超越自我才是人生的全过程。塑造自我、超越自我是从"小我"走向"大我"的过程。对秘书而言,健全的自我既注重自我又绝不固守自我,而是积极主动地为社会服务,担当历史重任;既注意自我价值的实现,又不仅仅局限于追求个体自我价值的实现,而是把自我价值实现的过程与为祖国现代化建设作贡献的过程统一起来,在为领导、他人和社会的服务中实现自我的价值。

2. 认识他人的方法

秘书在工作和生活中的人际交往,只有在了解他人外在行为和内在心理的前提下才有效。在彼此的相处过程中要做到既不违背自己的意愿,又互相得到满足,才能建立和维持良好的人际关系。我们可以通过对他人的外部特征的知觉,进而推测他人内在的需要、动机、兴趣、情感和个性等的心理活动特点。这是一个由表及里、由浅入深的知觉过程。具体方法有:

(1) 通过外表认知。观察外表,即通过观察一个人的容颜相貌、服饰打扮和仪表仪态等外在特征探知其内在的心理特性。外表是心理活动的外在表现,在人际交往之初,我们也只能通过外表信息来了解对方。外貌与人格有一定的关系。古语中说“相由心生”，不无道理。由服饰、容貌、姿态组成的良好的仪表仪态可以给人留下美好的印象，它是一种先入为主的印象，也是人际关系沟通的第一步。

穿衣打扮可以反映一个人的性格和修养。比如，喜欢穿正装的，通常脸上比较严肃，行事比较规范，计划性很强；随意穿着的人则比较随性，注重自己的感受，对于艺术和美或有独特的敏感性。颜色也反映了性格的特点。比如，喜好红色的人，通常比较热情，而且充满自信；喜好蓝色的人，比较理智，让人觉得宁静；喜欢粉红色的人则多在相对富裕的环境中长大，依赖性比较强。

(2) 通过表情认知。表情一般分为面部表情、身姿表情和言语表情三个方面。表情常常会在不知不觉中反映出人们最真实的感受和最内在的需求。只要我们留心观察，细心体会，就能破解他人内心的真正奥秘。

面部表情。真正的笑容，一般都是先从嘴角开始笑开，然后再带动眼睛，前后有时差；虚假的笑容，嘴巴和眼睛则是同时动作的，没有任何时间差。人们视线相互接触的时间，通常占整个交往时间的 30%—60%，如果超过 60%，则表示对对方本身的兴趣可能大于交谈的话题；而低于 30%，则表明对谈话不感兴趣。

身姿表情。又称身体语言，包括手势语和体态语。一个人的身体姿态能够传递多种信息，而手所表达出的语言信息是最为丰富的，它不仅能辅助甚至还可以代替有声语言。比如，掌心向上表示诚实、谦逊、屈从；掌心向下则表示抵制、支配、压制等。

言语表情。是指说话时的音量、声调、节奏特征。人们往往倾向于把说话语速较快、口误较多的人看作是地位比较低且紧张的人，而把说话声音响亮，慢条斯理的人知觉为地位较高、悠然自得的人。说话结结巴巴、语无伦次的人会被认为缺乏自信或言不由衷。

(3) 通过言谈举止认知。可以根据一个人的谈吐判断其性格。譬如，经常谈到自己的，一般比较外向、感情强烈，可能爱炫耀自己；很少提及自己的，可能内向、自卑；喜欢叙述事实过程的，比较注重客观事实、情感沉着；而谈话富有感情，注意细节的，则可能容易动情、比较主观等。此外，仪表、体形、人际交往风格、言谈举止、注意力、兴趣、爱好、各种情境下的应对行为等与人格特质都有密切的联系。

(4) 通过笔迹和作品认知。主要指人的心智活动的成果或结晶，如书写留下的笔迹、书法,绘画、日记、著作、艺术品及其他作品。比如,房树人测验是一种心理学投射测验,让被测者画房、树和人,以此来检测被测者的人格、性格、压力、承受力等心理状态。通过潜意识去探索他人的动机、观感、见解及过往经历等,与被测者互动,可帮助我们了解事件的本质,被测者与外界的接触方式及生活模式等。

(5) 通过背景认知。认知他人还可以通过考察他的出身经历、家庭背景、生活环境、教育和工作经历、社会角色来进行。家庭出身和生活环境对人格的影响重大。一个从小家庭生活井井有条的人,在以后的环境中也会形成良好的生活习惯;而生活中备受宠爱的人,对家庭和父母严重依赖,可能会形成自我中心、自私任性、好逸恶劳的性格特点。受教育和工作的经历基本上决定了一个人的知识结构、学识才能、思维方式和为人处世的风格。了解这些,我们不仅可以知晓其扮演的社会角色,还可了解其心理活动和行为表现以及比较深层次的基本价值观。

(6) 通过其他方法认知。除了以上各种方法外,还可以用自由写作法、个案调查法、工作评估法、比较鉴别法、标准对照法、动态环境知人法(即时间考验、危难考验、利益考验、诚信考验、世态炎凉考验)等多种形式来认知他人。

三、秘书处理人际关系的准则

以上所述人际关系的因素、障碍,自我认知和认识他人的方法自然也适用于秘书人员。除此之外,秘书人员还有适应于自己职业特点的人际关系的准则。

1. 自尊自信,尊重他人

秘书在交往时,要保持自尊,建立自信,勇于展示自己的优点,善于表达自己的优点而不过分夸大,大方地接受别人的夸奖。在与别人交往过程中不断地反省,调整自己,做到既不自卑也不自傲,把握好分寸。

秘书不是卑贱者,但他(她)的角色地位要求其必须是个真正的谦虚者。谦虚不等于自卑,正如自尊也不等于骄傲。真正自尊、谦虚的人就在于他们既能正确地估量自己,又能正确地看待别人。从这个角度来看,秘书应克服人际关系中的地位障碍,无论对上司、对同事或是对重要来访者、一般交往者都要尊重。通常而言,要获得别人的尊重,首先得尊重别人。人都有自尊心，都希望得到别人的尊重。尊重别人和受到尊重，是相对相应的。互相尊重就能增进彼此的友情和信任，就能激发彼此的责任感和工作积极性。

尊重更重要的表现是重视别人的意见和要求，但又不轻易放弃自己的原则和看法。当与对方意见不一致或发生矛盾时既不虚伪应答、随便苟同或表面敷衍，又不强词夺理，甚至可以不作正面辩驳，而用婉转的语气进行解释。尊重也表现为要求别人时不强人所难，不把自己的观点强加于人。

2. 礼貌和礼仪

人际关系中尊重的最初步也是最基本的形式就是礼貌。礼貌要求秘书在公司或其他场合会见领导、上司、同事或客人时，首先应做到服装整洁、修饰得体，表情自然，待人接物时，面带真诚的微笑，举止文雅；与人交谈时，用语得体、口齿清晰、语音温和。在各种交际场合自觉注重和严格遵守各种礼仪礼节。

礼仪是人际交往中约定俗成的行为方式。它受历史、文化、社会、经济环境和习俗的影响，又因民族、国家、地区、时代的不同而不同。我国现行的礼仪以社会主义精神文明为主体，又吸收了优秀的历史传统和现代西方文明，已成为现代人、尤其是文化人不可缺少的修养和学问，值得秘书人员去学习并融化到自己的意识和行动之中。最简单的，如主人迎接客人，见面时应抢上一步，颔首、微笑、主动伸手、问好，以示敬意。长幼之间、身份高与身份低者之间、女性与男性之间见面，应由前者先伸手，后者才可相握。握手时应真诚地注视对方，并稍稍用力。称呼也要得体，不知对方姓名、身份时，可一般称"先生、小姐"。已知时，可用姓名加姓氏或职称、学衔称之，比如"张经理、李科长、王教授"等等。作自我介绍时应简明扼要，姓名、单位及部门、职务即可。送名片时应双手递上，文字应正向对方；接名片后应注意先看或轻读一遍方可收好，同时应说："久仰久仰"。为人做介绍时，应注意介绍的顺序是先主人后客人，先男士后女士，先年龄、地位低者后高者，诸如此类等等。

3. 互惠互利、相互满足

人际关系的基础是人与人之间的相互重视、相互支持，交互性是人际交往的基本原则，功利性是人际交往的基本动力。喜欢是有前提的，相互性就是前提，我们喜欢那些也喜欢我们的人。人际交往中的接近与疏远、喜欢与不喜欢是相互的，任何个体都不会无缘无故地接纳他人。

心理学家霍曼斯提出，社会互动是一种类似商品交换的行为，交往双方根据自己的价值观进行选择。交换的原则是：个体期待人际交往对自己是有价值的,即在交往过程中的得大于失,或至少等于失。这里的交换不只是物质商品的交换,还包括诸如赞许、荣誉、声望等非物质商品的交换。心理学家福阿对人际交换进行了分析,提出了交换的六种回报类型,即金钱、物品、信息、服务、地位和感情。

交换原则要求我们考虑双方的共同价值、共同利益,使双方在交往中都能得到好处和利益,获得心理上的满足和平衡。在精神层面,交往双方能够互相理解、信任、接纳、认同,从态度、行为到观念、意识等方面都能达成一致,并能从交往中获得精神层面的满足和愉悦;在物质层面,交往双方的付出和回报大致相等,不断维护交往的积极性,调控好心理平衡。如此,人们才能实现从精神到物质的互惠互利、互相满足,使人际关系长期维持并深入发展。比如,秘书多注意他人的优点,真诚、慷慨地赞美他人,不仅是"以人之长,补己之短"的道德修养,也是满足对方心理愉悦,获得认同感和价值感的需要,这会使秘书获得愈来愈多的朋友。当然,赞美必须是真诚的,否则就成为阿谀奉承,互相吹捧,成为一种庸俗、虚伪的人际关系。

4. 宽容与体谅

社会是五光十色、丰富多彩的,社会中的人也是各式各样的。他们的相貌、性格、爱好、知识、专长、修养、习惯等等都不一样,各有自己的特点。作为成熟的秘书应以"业缘"关系看待周围的人,应从对工作有利出发与人们交往,而不能从个人好恶出发。可以说,这是无可选择的,这同个人在生活中选择情投意合的朋友完全是两码事。因此,秘书人员要善于在人际交往中学会宽容与体谅。对别人身上这样或那样的弱点或缺点要予以宽容,对别人的粗鲁言语、举止或错误行为,只要不伤害公司及个人,要予以宽恕。进而能设身处地为对方着想,多给人一点同情和谅解。中国的古训是"责己严、待人宽"。人际关系中的宽容,能造成整个社会环境的宽松,有利于更多的人安定、团结、奋发向上,也有利于秘书工作的成功。

5. 乐于助人

秘书的角色地位主要是助手,帮助主管或上司做好各项工作,甚至必要的生活照顾与服务,乃是秘书的天职。秘书工作又是综合性的工作,它需要多方面的配合和帮助才能做好。因此,秘书人员应具有根深蒂固的"助人为乐"的意识,养成主动、勤劳的习惯。无论对上司、或同事、或客户、或有工作交往的普通群众,只要知道或看出对方有需要,就应主动地伸手帮助。只有这样,秘书才能获得更多人的赏识和合作,才能获得步步成功。中国有句古训:“君子成人之美”,那是一种更高的境界,应从“乐于助人”开始。

6. 公允

公允要求秘书处事待人要公正,诚实,既不自欺,又不欺人。不贪人之功以为己有,也不文过饰非或推卸责任。

当秘书做成某件事受到领导、上司表扬时,不要忘记对领导、上司提及曾经帮助过自己或提过建议的同事,并告诉同事让他们分享你的成功和喜悦;当做错事受到领导、上司批评时,秘书应该独自或更多地承担责任而不要去责怪别人。只有坚持这样做,秘书才能得到同事的广泛支持和帮助,也会受到领导、上司的赏识和器重。

四、秘书处理人际关系的策略

秘书在处理一般人际关系时遇到较多的困惑是,让环境适应自己还是自己去适应环境,应该怎么做?比如,职场中有明规则还有潜规则,有正式工作关系还有非正式小团体关系,有权力利益关系还有情感合作关系,有同事伙伴关系还有友谊爱情关系……这些都需要秘书去学习,去适应,在实践中学会处理好各种关系,既融入环境,又保持自己的个性,求得工作和生活、事业和感情等多方面的平衡。从交往的过程来看,秘书需要掌握一些方法和策略。

1. 寻找共同点,形成融洽沟通的气氛

每个人的心理上都有一种倾向,即对自己及跟自己有关的事物会表现出更多的兴趣和热情,跟自己无关的则表现出一定的排斥性。因此,秘书在与同事或客户第一次交往时,要能够找到双方的共同之处,譬如专业、籍贯、年龄、爱好、信仰、毕业的大学、从小长大的地方等,当得知别人与自己有某种连接,会产生温馨、熟悉或亲密的感觉,甚至会有一种惊喜,彼此的关系很快就会拉近。这样,无论对方的地位在你之上还是之下,秘书都能较好地营造坦诚融洽的气氛,消减初次见面的生疏或心理上的设防,为进一步的合作打下良好的基础。

2. 适当运用自我暴露的策略

自我暴露是人们在沟通中把自己个人的或隐秘的信息展示给另一个人,这是衡量彼此关系深度的一个尺度。人本主义心理学家罗杰斯认为,在一个值得信任的关系背景中,把自己公开地表露给另一个人,这是逐渐理解自我的重要一步。秘书在工作和生活中如果能够适当运用自我暴露的策略,以坦诚信任的心态交往,可以加深双方的友谊和情义,也能够更好地开展工作。自我暴露有四个层次:

(1) 情趣爱好。比如饮食偏好、生活习惯等;

(2) 态度。比如对某人某事的看法、评价等;

(3) 自我概念与个人人际关系状况。如自己的自卑感,与恋人的关系状况等;

(4) 最为隐私的内容。比如自己的性体验、不为社会所接受的想法行为等。

自我暴露并不意味着把什么都告诉对方。秘书应该懂得,在人际交往中的自我暴露要遵守两条原则。其一是切境原则,即自我暴露要与当时当地的环境符合,如果不分场合、时间、对象暴露自己,会被认为是肤浅或愚蠢的表现;其二是适度原则,即根据交往对象熟悉程度的不同,不同程度地逐渐暴露自己的隐私。比如,暴露出你希望别人也向你暴露的信息。

3. 把握分寸,适度交往

如果两个人之间好得不分彼此,丧失了自我,那是很危险的关系。因为随着交往次数的增加,彼此间的差异就愈是明显,到一定程度就会引起双方的分歧,甚至产生严重的隔阂,进而影响双方的关系。因此,秘书应该懂得,无论是同事、朋友或是恋人,彼此之间只有适度地保持距离才能够增进双方的感情。人际交往应做到密疏有度,把持住一定的距离,能分能合,心中有他人又不丧失自我。

(1) 交往的范围要适度。秘书工作中涉及的人际关系的范围很广泛,除了岗位需要,很多秘书在生活中也想拥有众多的朋友,有广泛的人脉。但人们的精力有限,不可能在所有的人际关系上都投入很多。那些所谓"上通下达、左右逢源"而不真诚交往的人,获得的只是泛泛之交,很难赢得深刻的人际关系。

(2) 交往的时间要适度。人际交往是人生的重要部分,但不是全部。如果秘书整天钻营人际关系,短时间内可能有所收获,但长期来看,对其事业、专业能力及内心成长是不利的。如果能够做到适时适度交往,不仅可以达到事业、家庭及其他方面的平衡,还能有时间反省思考,促进其自我价值的实现。

(3) 交往的程度要适度。和谐的人际关系并非是卷入程度越多越好,而是彼此之间留有一定的自由空间，即使是最亲密的朋友或恋人也是如此，即“距离产生美”。因为人与人之间的差异是必然存在的，无论关系多么亲密，双方在意识观念、行为习惯、处事方式上不可能完全一致，心理上的距离也不可能完全消失。

4. 设身处地、换位思考

秘书处理人际关系很重要的一种方法是“换位思考”，即走入对方的内心，站到对方的立场上思考问题。这样做的好处是既能理解对方观点的合理性，发现对方的真正需要，多一份宽容和公允；又能检查自己的想法有无疏漏，借此调整自己的想法和做法，以此协调矛盾或实现共同目标。秘书要替领导起草文件，辅助上司做好各项工作，必须具备“换位”的思维方式和工作方法，通过观察、直接交流沟通，或向同事和前任请教等方法，了解上司的工作内容、工作习惯、气质性格、价值观、爱好特长，乃至社交范围和家庭情况等，才能设身处地地为上司着想，有效地开展工作。具体方法为：

(1) 知晓工作目标和工作内容。任何组织要实现其目标，必须要有一个科学的工作计划，包括工作目标、内容步骤、方法、标准、完成的时间等。如在计划设置和执行过程中，要明确“5W1H”，即 Why——为什么做？原因与目的；What——做什么？项目、内容、结果（最好定量化）；Who——派谁去做？Where——在什么地方做？When——在什么时间做？什么时间完成？How——怎样去做？方式和手段如何？秘书明确自己的岗位要求，以及与其他岗位的关系，在组织中应发挥的作用；思考上司、领导或同事、客户是怎样看待这个岗位的？希望这个岗位做什么？怎样做？最不希望犯什么错误等。只有这样，才能深入理解上司的工作安排和自己的工作责任。

(2) 掌握对方的真正需要。换位思考不仅要考虑对方的内心感受，还要善于发现对方的需要，进而找出相关各方的利益结合点，最终实现双赢或多赢。需要是人的积极性的基础和根源，满足了对方的需要，就可能获得合作的成功。如马斯洛的需求层次理论所言，人有不同的心理需要，优势需要决定人们的行为。以秘书安排商务会谈为例，越能了解和把握谈判人员的需要，谈判成功的可能性就越大。

① 生理和安全的需要。秘书把就餐、住宿、休息、娱乐等事宜安排得越周到，洽谈效率就越高。出于信用安全的考虑，商务人员一般乐意与老客户打交道，与新客户打交道时会心存顾忌，对其主体资格、财产、资金、信誉等状况会较为关注。因而，企业平时就要加强与对方的社交往来，并要注意树

立自身的良好形象。

② 社交需要。商务活动开始时,理想的方式是在轻松、愉快的气氛下展开容易达成一致意见的话题。这不仅可以放松心情,还可了解彼此的个性气质,有利于谈判的顺利进行。

③ 尊重的需要。有强烈尊重需要的人,当自尊心受到伤害感觉没面子时,在心理防御机制作用下,会出现攻击性行为,或不愿继续合作,这会给商务活动带来很大障碍,这就需要深入把握每个谈判者的心理。

④ 自我实现的需要。对敢于冒险的谈判者,谈判目的是为了追求更大的成就,也是为了获得自我满足感和成就感。

⑤ 所代表群体、组织的需要满足摆在优先地位。商务人员代表组织参加活动,是个人与群体、组织需要的集合,优先地位是群体、组织的需要满足。

(3) 了解气质性格,学会和不同气质类型的人打交道。气质无好坏之分,但可以影响人的感情和行为,每一种气质类型在其极端情况下都有积极或消极的方面。对不同气质、个性的上司或同事,秘书如果能判断他的某些行为是由气质决定的,通过换位思考,便能预见他对某种情况将做出何种反应,从而更好地互动合作,并防止产生矛盾和冲突。

比如,对胆汁质类型的人,交往时不能激怒他们,要以柔克刚,以平和的态度、轻柔的语气与之交往;对多血质类型的人,要谅解他们忽冷忽热的态度,不必过分在意他们的粗心和轻率,应多与之交流他们感兴趣的事物;与黏液质类型的人接触,要仔细观察其内心真实感受,尊重他们的想法。因其反应缓慢、喜静不喜动、办事深思熟虑的特点,不要勉为其难,也不应轻视他们的观点和建议;与抑郁质类型的人打交道应注意方式,多用称赞、嘉许的方式,对其缺点切忌嘲笑讽刺,应多用委婉的语气,避免伤害他们的自尊心。因其易产生自卑心理,在交往中要多关怀他们,使其摆脱疑虑和孤独感。

(4) 通过提问、倾听了解对方的意图。要发现对方的真正需要,秘书可以通过提问、倾听了解对方的需要。

① 主动与上司沟通。上司要考虑的事情很多很杂,发布命令时会忽略与秘书沟通。秘书在接受任务后主动与之沟通,可以摸清上司的最终意图和执行细节以便准确完成任务,也可以让上司了解自己的执行过程和努力程度。与上司沟通时尽可能考虑周全,不给上司出“问答题”而是出“选择题”。准备好答案或备选方案,把自己建议的因素(时间、地点等)考虑进去。

如上司准备开办公室扩大会议，秘书可以主动询问："这次会议，除了平时应出席的人以外，还准备邀请哪些人？是否是李大为、王东……，会议地点安排在第一会议室还是第三会议室？"以此明确上司的要求，达到成功举办会议的目的。

② 用心倾听，认真思考。在听的同时用心感觉，把自己想象成对方，这是"换位思考"的关键点。在倾听的过程中认真思考，并注意对方的措辞、表达方式、说话的语气和声调。这样，才能了解对方的真正意图和需要。

(5) 通过观察举止行为来了解对方。举止行为有着心理上的含义和暗示。一项针对350位高级行政主管(89%是男性)的调查表明，这些主管通常采用能够制造强势效果的握手方法，即将手心朝下，或将对方的手稍稍压低，使对方感觉到自己是这次会谈(活动)中操控全局的人。

秘书在工作中，如果观察到上司的双臂交叉抱于胸前，可能意味着他不会轻易走出自己的世界，别人也很难融入其中。如果发现某个同事双臂交叉抱于胸前的同时，两只手也紧紧地攥成拳头夹于腋下，还咬牙切齿、满脸涨红，那就表示他除了具有强烈的防御意识外，还带有十分明显的敌意。这时，如果秘书对引起纷争的原因还不清楚，当务之急是用一种较为缓和的方法先安抚同事的情绪，等对方情绪稳定了，再来分析原因，寻找解决办法。

第四节　秘书主要人际关系的处理要求

上节所说的只是秘书在社会交往中处理一般人际关系的普遍原则，本节将讨论秘书处理几种主要人际关系的特殊也是具体的要求。

一、秘书与主管上司的关系

对于秘书，尽管每一个体的职务有高有低，但就其职业整体而言，在组织中总是处于中层——管理层地位。即上有决策层，经营层，下有执行层或操作层。或者说，上有领导者和上司，下有直接的或非直接的下属。秘书的职业特征又是助手，其辅助对象通常有两种情况。一种是"群体对群体"的辅助,如我国政府机关和大中型国营企业中都设有秘书部门,部门中有若干秘书人员集体地为领导班子服务。另一种是"个体对个体"的辅助,如一定级别的政府官员或企业的主管人员身边配置的专职秘书人员,这些秘书人员是"一对一"地为主管上司服务,这在外资企业、合资企业中更为多见。前者,每一位秘书虽然面对几位上司,但其中往往有一位是秘书的直接主管上司。我们在此讨论的主要是秘书与直接主管上司的关系,也涉及与一般上司的关系。

1. 秘书与上司关系的特征

(1) 工作上的主从性。秘书是上司尤其是主管上司直接的、全面的工作助手。在工作上,上司为主,秘书为辅、为从。秘书应以上司的工作目标(往往代表着组织的目标)为目标,以上司的工作任务为任务。秘书应尽力在工作目标、任务、进度、方式方法上配合好上司,与上司保持一致。

(2) 知识、能力、体力、思维的补充性。秘书与上司工作的配合既是一种助力,也应该是一种合力,应该是相加,而不是相减或抵消。这就要求秘书的知识结构与专长、能力与体力、思维的方向与方法等,既与上司有共同的成分,这是为了完成同一专业目标;又应与上司有不同的质与量,才能作为上司的补充,更好地辅助上司做好各项工作。譬如,年高的上司更富有工作经验,年轻的秘书更富于现代科技知识和外语能力;上司着重于宏观的决策与计划,秘书侧重于微观的执行与具体的操作;上司如果是正向思维,秘书就应多向思维或者逆向思维。正因如此,国外有人把高级秘书称为领导或主管的"外脑"。如果秘书样样都不如上司,秘书也就失去了存在的必要。

(3) 人际关系的首属性。社会学家把人际关系中地位重要、影响大、交往频率高、时间长的关系称之为"首属关系";反之,把地位次要、影响小、交往频率低、时间短的关系称为"次属关系"。秘书与上司尤其是主管上司的关系,毫无疑问应该是首属关系。建立并巩固这种首属关系,对秘书的工作成果和事业前景是完全必要的。这就要求秘书对上司尤其是主管上司辅助与服务的内容与时间上不能局限于工作需要。比如,秘书还应该关心上司的健康或情绪,给予生活上必要的帮助与照顾,有共同的业余爱好,陪同上司参加一些业余的社会活动等等,当然,这些都应以不影响双方的家庭生活,不违背社会道德为原则。

(4) 人格上的平等性。不管秘书与上司在职务、地位或财富上多么悬殊，也不管秘书与上司的首属关系发展到什么程度，秘书与上司在人格上永远是平等的。秘书与上司在工作上是“主从”关系，而决不是“主奴”关系。秘书应保持人格上的独立性，不应该成为上司的附庸或其他。如在日本，二次大战后已发生过50多起秘书为政府领导人的罪错或危机而自杀“殉职”的事件，这样的悲剧在现代社会中原不该发生。中国人的传统意识“士为知己者用”，在现代社会似乎还能为秘书所遵循，但封建色彩浓重的“士为知己者死”，现代秘书应该彻底摒弃。秘书应该认识到：自己的地位、待遇是靠自己的努力挣来的，不是哪一个人恩赐的，秘书对上司应有清醒的、客观的认识，应该服从，但决不盲从，即不帮助上司做违法乱纪的事，不做丧失人格、国格的事。秘书应该有“不愿为五斗米折腰”，“合则留、不合则去”的骨气。

2. 秘书与上司关系的处理原则

在对秘书与上司关系的特征有了正确的认知之后，秘书如何处理与上司关系就能找到适当的原则与方法。

(1) 主动配合、适应。秘书应善于理解上司的工作意图，主动配合上司做好各项工作，而不能拨一拨，动一动。几乎所有发达国家的领导人、成功的企业家都要求自己的秘书要有主动精神和主动工作的能力。《新民晚报》1997年1月28日载：浦东松下公司总经理曾经对秘书们这样灌输他们的分类标准：最好的员工是任何事情首先自己积极去做、又能将事情做成功的人；其次是积极去做，但失败的人；第三是消极等待上级指令，但能完成任务者；最差的是消极等待命令却又不能完成任务的人。这位总经理感叹，在中国有时往往是第三种人被认为是最好的。许多员工缺乏创造精神，被动等待上级指示，而这种素质在激烈的市场竞争中是于事无补甚至有害的。

对于上司明确授权的工作，秘书应自己多动脑筋去独立完成，而不必事事请示。上司没有明确授权的事，秘书应凭经验掌握哪些事应该先请示后执行，哪些事无须请示即可以去做，哪些事可以先做了再汇报。尽可能地与上司配合默契，使上司对自己的秘书感到得心应手。秘书还应努力适应上司的工作方法和工作习惯。上司有各种类型，有经验的秘书应该都能适应。比如，有的上司是事务型，遇事考虑周到，一件件、一步步都给秘书细细交代，秘书只要照章办事，不出差错就行。有的上司是学者型，遇事先要考问秘书，秘书就应多动脑筋，提出建议甚至几种方案，供上司选优决定。有的上司属开明型,对事只是简要地布置任务,事成之后检查结果,合格就“OK”,秘书就应全盘考虑,步步为营,不能辜负上司的信任。也有的上司是“放任型”,一般的事都交给秘书去做而不加过问。这样,秘书更应加强责任感,所做工作已不仅是对上司负责,而且是对更高一级、对整个组织负责。不同类型的上司对秘书的锻炼、培养有不同的影响和作用。秘书应有正确的认识和态度,既不因上司是事务型,自己工作轻松而庆幸;也不因上司是放任型,自己责任重大、工作繁重而埋怨,而应适应上司的特点努力去做好工作,进一步以上司之长补己之短,使自己在各方面都能更快地成长。

(2) 赞赏、理解和学习。人性中最基本的秉性是被人认同、恭维的渴望。领导者一般都希望下属理解他、恭维和赞扬他。秘书应了解上司的心理,对上司保持敬意,对上司的职场历练保持敬意,在适当的时候给上司诚实而真挚的恭维。这不是为了庸俗地“迎合”他,而是运用心理学规律与上司进行有效沟通,更好地融洽上下级的关系。

有时候上司不理解秘书并给秘书带来很大困扰,这时,秘书应承认上司不理解的现实,并体验不被理解的感觉。尊重、谅解上司的不理解,其中一定有他的理由。秘书要尽可能了解上司这么做的原因,想办法调整自己的沟通方法和行为方式,采取让上司容易接受的方式以增进理解。

上司的级别越高,责任和风险就越大,肩负的压力也越大。他不仅要对自己的职位担心,与尚未成家的年轻下属相比,还要担负家庭责任和社会责任。如果你的上司是基层管理人员,要面对来自他的上司、其他部门等的压力。他可能在自己的职位上也不总是称心如意,或很难与员工有真正的沟通,也不易获得朋友似的友谊,正所谓“高处不胜寒”。这时,秘书要理解上司肩负的压力。很多时候,上司的苦闷只能藏在心里。如果上司心态好,对秘书可能会热情指导;否则,会对秘书的工作借题发挥,以泄心中的怒火。因此,秘书应该理解、尊重上司,替上司分担压力。事实上,秘书要认识到,帮助上司就是帮助自己。

能通过正当途径胜任领导者,必有其可赞之处。不论上司有多少缺点,他都是凭借某方面的优势坐在这个位置上的。因此,不管其他人如何评价他,秘书都应该对他保持尊敬的态度,用积极的眼光去发现他身上的长处。在上司身上找优点的同时,将他的工作方式和思路与自己相比,找到自己的差距。

上司中有的经验老到，解决问题能力强；有的人脉资源丰富，能一呼百应；有的善于营造气氛，对部下感染力强……上司的这些能力、天资和经验等，是秘书学习的榜样。秘书配合上司的工作，把上司当做职场引路人，把学到的优势运用到工作中，可以不断地提高效率、提升自己。

（3）服从，但不盲从。秘书对上司的基本态度是服从，这也是秘书职业特征的要求。尤其是初级秘书对资深上司，服从就更多一些。但是秘书的服从与军人的服从毕竟不同，军人的服从以上级的命令指挥、刻不容缓的军事行动为前提，而秘书的角色地位相当于助手和参谋，所从事的又是行政事务和业务工作。上司对秘书尤其是中高级秘书常有咨询的可能，秘书也有提出建议甚至不同意见的必要。再者，秘书接触文件较多，对各种法规、制度更为熟悉，自然负有对上司某种程度监督的责任。上司也会犯错误，也会有无能的时候。因此，秘书对上司不能盲从。在执行命令过程中，秘书应该积极配合能力欠缺的上司，以自己的聪明才智弥补上司专业知识的不足，在服从其决定的同时，主动献计献策，并勇于承担责任。这样，既积极配合上司工作，表现出对上司的尊重和支持，又施展了自己的才华。

上司如有明显的差错，秘书出于对组织的责任心不能听之任之。如有可能应安抚劝慰上司，帮助上司总结经验教训，或表达对他的理解和支持。秘书对上司工作中的一般失误，应因人、因时、因地、因事处理；当上司问题严重，员工反应强烈时，只要其未离职，仍应尊重、服从他，并关注他的情绪，给予生活上的关心；如果与上司的关系较好，可通过私下交谈、或在内部会议上共同协商，查找主观、客观原因，解决办法；当上司个人品质有缺陷时，不宜向其指出，但如果上司违法乱纪，事涉重大原则，秘书则不能一味迁就，而应采取适当的方式提醒、规劝，或配合有关部门查证、处理，或甚而辞职、举报。

（4）委婉提醒，适时规劝。当秘书发现上司作出明显错误的决定时，一般不应立即正面提出意见，尤其是有其他人在场时。除非是情况紧迫而且秘书与上司的关系又较深时，秘书不得已才可偶然这样做。通常上司年长于秘书，地位、权力、经验都高于秘书，秘书理应照顾到上司的自尊心，秘书提出不同意见的目的只是要上司理解、接受就行，决不是为了证明或炫耀自己的正确，更不能达到贬低上司、抬高自己的客观效果。因此，秘书应该采用委婉、含蓄地提示、提醒的方式，让上司自己发现错误，或是等待一定的时间再作请示,让上司自己冷静下来,重新作出决定。比如,有位机关秘书发现局长对某一请示的批复明显违背市里的新规定,他没有正面提出,而是把市里的文件找出来,在有关条文下划了红线,趁局长离开时摊开在他的办公桌上。一会儿之后,局长果然招来秘书,要回了刚才的批文,重新作了批复。又如,某公司总经理接到一客户不太礼貌的信件,一怒之下叫秘书小姐回信断绝业务关系。这位秘书既未拒绝或劝阻,也没有写了信立即寄出,而是打完信稿搁了近半小时,再去请示总经理是否要寄出。总经理已冷静下来,收回成命,让秘书另写一信,继续争取这位客户。

(5) 维护上司间的团结。前文提及在集体领导或规模较大的组织内,秘书除了主管上司之外还有其他职位不等或分工不同的上司。秘书主要为主管上司服务,还应该力所能及地执行其他上司的指令,而不可只顾自己的直接上司,得罪其他的上司,也不可遇事越过直接上司向更高一级上司请示。秘书既应维护直接上司的威信和利益,也应维护上司间的团结。比如,某公司经理在工作时间应朋友之邀去打桌球,当然不瞒秘书。几分钟后,总经理来电话找经理,聪明的秘书这样回答:“他刚刚有事出去。”或“我马上通知他给您回电话。”就是不能明确地告诉总经理:“他和朋友打桌球去了。”明确的回答于事无补,反而影响了总经理对经理的看法。再说,秘书对总经理的回答并没有说谎,并不违背忠诚于上司的原则。有时,上司之间背后说来说去,秘书听到也应该充耳不闻,千万不可附和或传播,以免影响上司间的团结,也影响自己的地位与利益。上司之间的矛盾冲突,秘书以不介入为原则,以保持中立为前提。在可能条件下,应尽力加以协调、化解。如实在无法处理,甚至难以安身,秘书应考虑另谋他职,但也不能把原单位上司的矛盾或丑闻传到新单位去,这也属于秘书职业道德的范围。

二、秘书与一般同事的关系

1. 秘书与一般同事关系的特征

秘书与一般同事纯粹是工作上的合作关系,是完全平等的、相对稳固的业缘关系。但是由于秘书的特殊地位,处于主管与基层职工之间,接近上司而比较疏远职工,容易受到妒忌或猜疑,很难与基层职工打成一片。而秘书工作的性质又要求他们在主管与职工之间传达指令、反映情况、沟通协调,职工往往视秘书为上司的替身,上司又会把秘书看作职工的代言人。如果上下关系融洽，秘书自然是左右逢源；如果上下关系紧张，秘书就成了矛盾的焦点。因此，秘书要处理好与一般职工和同事的关系，比之与上司的关系更为困难一些，这也是大多数秘书容易受到上司的信任、器重而缺乏群众基础的重要原因。

2. 秘书处理与一般同事关系的原则和要求

秘书要处理好与一般同事关系，必须掌握以下的原则与要求：

(1) 真诚地关心别人。秘书必须认识到，工作要顺利进行并取得成果，上司的信赖固然重要，但同事的支持和合作也必不可少。秘书要取得同事的支持和合作，就应该主动地、真诚地关心同事。要想得到，更要付诸行动。首先要以谦虚、平等的态度对待同事，切不可以“二首长”身份自居。代表上司向同事布置任务时，尽量以商量的口气，不能颐指气使，发号施令。工作上应多体谅同事的难处，尽力给以帮助解决。秘书对同事也应树立“服务”的观念。秘书还应关心同事的生活和情绪，抽空多与同事接触，与他们谈心，以增加了解，消除隔阂，促进友好合作。

(2) 同等友好。秘书与一般同事之间应尽量做到同等友好，而不要和某些人特别亲密。即使秘书与某位同事特别情投意合，也应注意在公务场合不要表现出来，如经常同进同出，同桌吃饭，闲时聊天等等，以免遭到其他同事的妒忌或上司怀疑搞小团体。无论是同性或异性同事之间，都应加以注意。

(3) 维护团结。秘书作为主管上司与一般职工之间的中介和桥梁，应努力维护上下之间与同事之间的团结。秘书在传达上司不太有利于职工的指令时，应注意维护上司的威信与形象；同样，在向上司反映不太有利于职工的情况时，既不能隐瞒、掩饰，又要尽力保护职工的利益。尽量采取对事不对人的态度，使职工的缺点错误既得以纠正，使之获得必要的教训，又不至于受到伤害。对于同事、职工间的矛盾，也应尽己所能加以协调、缓和。总之，维护同事间的团结，维护上下之间的融洽关系，归根到底是为了维护整个组织的利益。

三、秘书的其他业缘关系

1. 秘书其他业缘关系的范围与特征

除了上司和一般同事之外，秘书还有其他的业缘关系，譬如，政府机关、部门工作涉及的公众关系,工商企业与顾客、客户的关系,组织与新闻媒介的关系,组织与社区公众的关系,企业与政府部门的关系,企业与股东的关系等等,也可一概称之为公众关系或公共关系。

秘书的这些业缘关系具有广泛性、复杂性、灵活性、变动性等特征。秘书处理好这些关系,对于组织“内求团结,外求发展”是至关重要的,是每一个成功的秘书都必须尽心尽力的。

2. 秘书处理其他业缘关系的原则与要求

秘书处理这些业缘关系的原则和要求主要有:

(1) 广结良缘。秘书首先应当明确,这些关系所涉及的人员都是秘书的服务对象。政府机关秘书以“为人民服务”为根本宗旨,顾客和客户则是企业秘书的“衣食父母”,政府公务员是政策法规的制定者和施行者,股东是企业的资金提供者,社区公众是组织生存的基础,新闻记者更是“无冕之王”。秘书与这些人打交道,首先应抱着广结良缘的真诚愿望和不厌其烦的积极态度。

(2) 区分主次。面对如此广泛、复杂的人际关系,秘书不可能平均使用精力,而应区分主次轻重。即要确定对组织影响作用大、交往多、时间长的人际关系为首属关系,反之则为次属关系。对次属关系可用前文所讲的六个一般准则处理之,对首属关系则应加上特殊的要求,比如可参照对上司、对同事的要求。

(3) 一视同仁,以礼相待。无论哪一种人际关系,也无论对方的地位、身份、性别、年龄、服饰、相貌、态度如何,秘书都应做到一视同仁,以礼相待。不应以个人印象的好恶而左右,而应以秘书的职业道德、职业修养为出发点。

(4) 发挥微笑的魅力。对于初次交往的人来说,秘书的真诚微笑能给对方以美好的印象,继而辅之以文雅得体的举止言谈。有些企业主管表示:宁可聘用善于微笑、善于交际的中专生做职员,也不愿要孤芳自赏、冷若冰霜的大学生。这种说法对广大的秘书人员来说,也是一个启示。

(5) 记住别人的姓名。姓名,对于每个人都是最重视、最美好的字眼。对于重要的交往对象,初次见面或通电话时秘书如记住对方的姓名和职务(至少是姓氏),再次见面或通电话时就能以适当的称呼问候对方,会给对方以受尊重的满足,这也是人际关系走向成功的第一步。

思考题

1. 你认为秘书的社会地位应该是怎样的？
2. 秘书如何才能扮演好自己的角色？
3. 秘书处理人际关系的一般准则有哪些？
4. 秘书应怎样处理好与上司的关系？
5. 秘书应怎样处理好与一般同事的关系？

第六章　日常工作(上)

秘书日常工作包括办公室管理、邮件及电话等通讯工作、接待工作、督查工作、保密工作、印信工作、值班工作、为上司订约事宜等。每一位秘书都免不了处理这些事务，基层秘书和初级秘书则往往每天以大部分精力与时间去从事这类事务，级别较高、规模较大的办公(厅)室，中高级秘书才得以减少或者摆脱这些日常工作，而由更年轻的下属或助手去做。可以说，做好日常事务工作是每一位秘书职业生涯的基础。

第一节　办公室管理

一、办公室管理的作用

1. 办公室是指挥部

办公室是机关首长或企事业单位主管人进行决策、指挥、管理的重要场所，如同人体的大脑。因此，安静、安全、美好的环境以及良好、充分的设备与设施，乃是提高工作效率的保证。

2. 办公室是工作室

办公室是秘书和其他行政人员的工作室。一切信息在这里汇总、整理，一切指令在这里发出，工作业务联系在此进行，日常各种事务在此处理。办公室管理的质量直接影响到整个机关工作的质量或企业生产经营的效果。

3. 办公室是"窗口"

办公室又是机关和企事业单位与有关单位工作业务联系、与社会公众联系、与新闻媒介联系的中心场所，是一个"窗口"。办公室的设施、装饰、环境,办公人员的工作态度和工作作风,都代表着机关或企业的形象。树立良好形象,乃是一个组织生存、发展的必备条件。

二、办公室的布局与布置

办公室一般有两种类型:一种是由多间的小办公室(每间 16 平方米左右)组合而成;另一种是大办公室(40 平方米以上)。两种办公室各有利弊,布局和布置的要求也不同。

1. 小办公室

由多间小办公室组成的办公系统适用于中高层机关与事业单位的分理制秘书机构。主管人员拥有单独的办公室是必要的,有利于保密和工作不受干扰。其他办公室也适于设置各个科室,有利于分部门办公。秘书的办公室应紧邻主管办公室,以一墙之隔为好。接待、信访等部门除安放办公桌椅、文件橱、电脑、电话机等必不可少的家具和设备外,还应该有供外来人员需用的座椅、沙发、茶几等。文件橱应靠墙放置以节省空间,留出足够的通道。单人使用的办公室桌椅应面向门口;多人使用的办公室办公桌最好不要面对面放置,以免相互干扰,应各自有一定的空间。

2. 大办公室

现代企业多采用大办公室。大办公室空气流通和采光较好,又便于工作的配合,不利之处在于人声嘈杂,来往走动,相互干扰。大办公室应在一侧或中间留出通道,办公桌椅靠另一侧或两侧排列。可以文件柜橱背靠背排列或用隔板、屏风将办公室隔成若干工作单元。各工作人员都有自己的办公桌椅,使用的文件柜橱、办公设备,既相对独立,又便于联系。每个工作单元应避免直接的阳光照射,又有足够的电器插座。如果主管人员与一般工作人员同在一大办公室,则主管的桌椅应置于其他办公人员的最后部,用玻璃门隔开,既避免干扰,又利于监督下属工作。各工作单元的流程要求尽量呈“I”型、“L”型或“O”型,不要呈“Z”型、“M”型或“X”型。避免不必要的倒退、交叉,多耗费体力和时间。

3. 接待室、会议室

除了办公室之外,有条件的单位还应设置接待室和会议室。接待室不必过大,能放置二至三套沙发,同时能接待七八位客人即可。会议室则视单位规模而定,一般以容纳二三十人开会为宜。接待室和会议室内除了必要的桌椅、沙发、茶几之外,其他布置应比办公室讲究一些。如铺设地毯,安装空调器,挂置夏冬两套窗帘,四角放置盆景,墙上挂些格调高雅的油画或国画等等。

三、办公室管理的内容与要求

广义的办公室管理既包括办公室环境与物业的管理,又包括办公人员的行为管理,这里所讲的主要是前者。其管理要求和特点为:

1. 整洁

办公室的首要要求是整齐和清洁。整洁能给人秩序感和舒适感,使人的情绪安定而愉快,有助于提高工作效率。整齐要求办公桌椅和柜橱等尽量采用同一尺寸、同一颜色(主管人员的桌椅可以特殊一些),排列尽可能有规则或朝同一方向。办公桌上除必要的文件、电脑、电话机、文具等办公用品之外,其他物品都应该放在抽斗或小橱内。各种笔和裁纸小刀应放在笔筒或文具盒内,墨水、胶水、修正液、胶纸、回形针、订书机等小型文具都应归在一个盒内,既不易碰翻,又不会摊得满桌都是零星东西。办公桌上也不宜放置相片架和其他小玩意,要尽量显得简洁。柜橱书架要经常清理,文件、图书、报纸、杂志要放得井然有序,不可乱放乱塞,既杂乱无章又不便寻找。

清洁和整齐是不可分的。清洁要求窗明几净,地面应天天打扫,桌椅柜橱应天天揩拭,门窗应定期擦洗。每张办公桌边都应有废纸篓,废纸物品不可乱丢,但不放烟灰缸,办公室内应禁止吸烟。地毯虽有美观、保暖、减少噪音之利,但也是藏污纳垢之所。人员较多、走动频繁的大办公室内不宜铺设,小办公室铺设后应经常清扫。打字机、电脑、复印机也应保持整洁,长期不用者应加罩盖。

2. 安静

办公人员经常要思考问题或起草文件,需要安静。因此,办公室最好不要沿街,也不宜靠近生产车间或门市部,以免外界噪音干扰。办公人员都应养成轻步走路、轻声说话的习惯,尤其是在大办公室。秘书应该以身作则,在办公室内不嬉笑喧闹。如需与同事讨论,则应到走廊或休息室、接待室去。

3. 光线、空气与温度

办公室要求光亮适度,空气清新,温度适宜。

白天办公当然最好是自然采光，但以太阳光不直接照射办公桌面为宜，以免影响视力。这要求办公桌不要靠窗摆放，或以白色或淡颜色活页窗帘调整光照。自然光不足时，必须以灯光补充或代替。可在办公桌上安放台灯，台灯应有灯罩，不直接照射人眼，也不可太亮，以20至25W为宜。也可采用整体灯光，以光线柔和的日光灯为宜，最好安置在室顶或天花板四周，采用室顶反射光，柔和、均匀，利于保护视力。如用集中光源，则应加磨砂或乳白玻璃灯面。办公室不宜采用五颜六色的光线。

空气清新有利于办公人员的呼吸与健康。因人员在办公室内每天要呆七八个小时，不比在户外或是在家走动较多，因而办公室的空气显得格外重要。春秋两季应经常开窗，保持空气流通。夏冬季节如用空调器，则应注意每天上班前、中午用餐时、下午下班时，至少三次打开门窗换取新鲜空气。办公室内放置绿色植物或盆景，固然既赏心悦目又利于空气调节，但不要忘记植物在没有光照时照样是吸入氧气，吐出二氧化碳的。所以，最好晚上下班时将盆景搬出办公室，早上再搬进来，或者一早就通风5至10分钟，让隔夜植物呼吸的浑浊空气排除出去。

人体感受最舒适的温度一般在摄氏20至25度。春秋两季自然温度适宜，夏冬就要靠空调器来调节了。但在酷暑或寒冬季节不要一下子把室内温度调到和室外反差太大，以免人员进出办公室时暴冷暴热，容易得病，而应逐渐升温或降温，让人们在上班后下班前有一段适应过程。

4. 色调与美化

色调视觉影响人的心理。办公室的色调总的要求是单纯和柔和，使人员的心理感觉平静和舒适，不要搞得色彩斑斓、光怪陆离，反使人感到烦躁不安。色调又有冷暖(对光的反射程度和由人的视觉影响到感觉)之分。黄、红、棕等为暖色，白、绿、蓝等为冷色，灰、紫等则为中间色。通常办公室的天花板为白色，有利于光线的反射，墙壁和地板则视需要而定，一般四面墙的色调应淡些，地面则可深些。讲究的办公室一年换两次色调，春末夏初，墙用冷色，铺绿色地毯；秋末冬初则墙用暖色，换紫红色地毯，室顶不变。如不随季节而改变色调，地毯则以浅灰色或米色为宜。

办公室除了上述整洁等要求以外，适当地美化也是必要的。美化当然包括办公桌椅、书架、柜橱、室顶、墙壁、地毯的色彩和布置格局等，也包括盆景、鲜花和主管人员办公桌上的精致小摆设以及陈列柜内的样品等，还包括墙壁上挂置的油画或大幅照片等。办公室美化应精心设计，不应只是某个主管或秘书的个人所好或心血来潮。办公室美化要与整个单位的性质或企业文化相适应。比如,政府机关的办公室以庄重、简洁为好,不宜多加装饰;商业企业办公室则可以华丽一些,以显示自己的财源丰盛;工业企业则应显示自己的技术先进、产品精良和实力雄厚。但不管何种机关和企事业单位的办公室,都应避免奢侈和俗气。

还有一点必须指出的是:新装修的办公室,其塑料家具、化纤地毯、油漆、地板蜡、粘合剂等等在日光照射下都会发出有毒气体。因此,最好先通风一段时期再进入使用,并每日要通风几次。

5. 设备与用品

较重要的办公设备,如桌椅柜橱、沙发、空调器、电话机、电脑、传真机、复印机等等,置办时一般在年初由秘书订出计划、作出预算,由主管上司批准后交秘书或总务人员购办。购买设备、用品必须有正式发票,票物齐全、相符,由秘书验收、登记后方可进入办公室。专用设备由使用人负责保管,共用设备由秘书负责。损耗、报废、添置等都应有账可查,防止因混乱而造成的浪费或资产流失。笔、墨、信纸、信封等易耗品自可按需要随时领用,但也应由秘书保管和登记。

第二节　通讯工作

通讯工作包括电话接打、邮件收发、电报往来、传真,以及计算机网络通讯等。这些是秘书人员每天都少不了的事务。据统计,通讯工作平均要花费秘书人员30%的时间与精力,而它们对工作联系、业务开展的作用又是不言而喻的。每一位秘书人员都应该正确、高效地从事通讯工作。

一、电话接打

秘书接打电话的要求有:

1. 正确、有效、礼貌

正确、有效、礼貌,是使用电话的总要求。正确,是指应了解各种电话机的性能和使用方法,如直线直拨电话、总机人工接线电话、总机自动接线电话、寻呼电话、投币电话、移动电话等，才能随便遇到哪种电话机都能正确、熟练地使用。

使用电话要讲究效率，能在最短的时间内说清所要说的内容，既可节省时间和费用，又不至于因长时间占用电话机而耽搁别人使用或业务往来。这就要求秘书人员拨号正确，接听及时，语音标准，口齿清晰，语意简明，不用电话闲聊，也不用电话谈及机密的内容，重要通话一定要做好电话记录等等。

电话，既是通讯工具，又是人际交往的工具，使用时应讲究礼貌。这就要求通话以“您好”开始，以“谢谢”或“再见”结束，语言规范、得体，不可粗俗无礼。

电话要保持清洁，多人使用的电话机应经常用酒精消毒话筒。

2. 接听电话的程序和要求

电话铃响两遍以后，四五遍以内就应接听电话。再长时间不接电话，既对打电话人不礼貌或使对方误以为无人接而挂断电话，又会因铃声而影响办公室其他同事的工作。

接听电话首先应说“您好”，紧接着自报家门，再说“请讲”，避免问来问去浪费时间。

秘书应养成一手摘机，一手拿笔，随时准备记录的习惯。电话记录应记清对方单位、姓名、回电号码、内容要点、来电时间(准确到几点几分)，最后是接话人签名。六个要素一个也不能缺少。电话记录单图示如下：

来电单位		来 电 人	
来电时间	年　月　日　时　分	电话号码	
内容摘要：			
领导批示			
处理结果		记 录 人	

在通话时，如果对方接连讲话，接听人应“嗯嗯”作答，不可不声不响，使对方误以为不再在听。重要的内容，特别是人名、地名、时间、数字等一定要记录准确，并由接听人复述一遍，让对方核实无误。

通话完毕,应说“谢谢”或“再见”,接听人等对方先挂断电话才可挂断,应贯彻“谁打出电话谁先挂断”的原则。

重要的电话内容应立即向主管上司汇报,电话记录单应保存备查。

如果电话是打给上司的,秘书应先了解对方的身份、意图,然后决定是否转给上司;或者先请对方稍等,将外线电话闭音,用内线电话请示上司后再作处理。转接的电话挂通以后,秘书应立即挂断,不应再听。

如果电话是打给同事的,秘书应轻轻放下话筒走近同事通知,或者用手捂住话筒叫人,切不可大声喊叫。

如果秘书刚接听一个电话,另一个电话铃声又响,秘书应请前者稍等,并闭音,再接另一个电话,区分轻重缓急,分别及时处理,切不可让一方听见秘书与另一方的谈话。

对打错的电话,秘书应礼貌地说明,而不可粗暴地挂断或加以责备。

3. 打出电话的程序和要求

打出电话前应做好准备,重要电话应列出提纲,人名、地名、时间、数据要核实无误,必需的资料应放在手边。打电话前应考虑对方上班时间,尽量找合适的时间。国外电话要考虑时差。

打电话前应先熟悉一下对方的号码,或在电话簿、名片上做记号,以免看错、拨错。境外或国际电话号码多达十几位,也应在 14 秒内连续、准确拨完,号码之间间隔不能超过 3 秒。

拨通电话后应先问好,接着自报家门、姓名或工号,要请谁接电话等。说话应吐音清晰,音量适中,速度不紧不慢。重要内容提请对方记录,记完再请对方复述核实。

如果要求的通话人不在或不便接电话,简单事项可请接听人记下转告,或者请转告回电或另约时间再打。通话结束,应说“谢谢”或“再见”,方可挂断。

二、邮件收发

秘书可能每天收到一大堆邮件,报纸、杂志、信件、印刷品、包裹等等,什么都有,也可能每天要寄出一些信函或包裹。这些收收发发看来容易,但要做得干净利落,不出差错,除了细心与熟练之外,也需要掌握一定的程序和方法。

1. 邮件收进的程序和要求

(1) 分类。邮件收进后第一步工作是根据其性质大体分为以下几类，然后按其轻重缓急分别处理。a. 电报、特快专递、航空信等急件；b. 政府部门或上级公司文件；c. 业务往来公函；d. 写明上司亲启的信函；e. 汇票、汇款单；f. 包裹、印刷品；g. 报纸、杂志；h. 同事的私人信件。

(2) 拆封。写明上司亲启和同事的私人信件，秘书不可拆开，应原封送交。万一无意拆开，应立即封口并注明“误拆”，还需秘书签字，一般会取得谅解。其他邮件均需拆去封皮，应注意原件的完好、整洁，不受破损。拆信时不可随手就撕，以免撕坏信笺、邮戳，而应沿边剪开或用裁纸小刀从封口裁开。抽出信笺后再看看信封内有无小附件，如单据、名片等，勿使遗漏。信封不可丢弃，因上有邮戳、地址、电话号码等。

(3) 登记。除私人信件外，其他公文、公函、汇票、包裹、杂志等均需分别登记，以便管理。登记时应写明：编号、收到日期、发出日期、发出单位、收阅人或部门、邮件种类、处理办法、办理日期等。

(4) 分送。上司亲收件应立即呈送，应归部门办理的文件信函要及时送交各部门，需由多人阅办的文件可按常规程序传阅或分送复印件。同事的私人信件可放入指定信袋或顺便送交。报章杂志则分别上夹或上架。一般邮件按常规或授权由秘书自己阅办。

(5) 阅办。秘书阅看文件、信函应仔细、认真。重点部分可用红笔划出，以提醒上司注意；还应为上司处理提供有关依据，如注明参阅某日来信、某某文件等；内容复杂的长信应做摘要，甚而提出拟办意见置于信前。每份信笺、信封及附件等应平整装订在一起，然后分送上司或有关部门处理，也便于办毕保管备查。

2. 邮件发出

规模较大的机关、单位往往有专门的信邮寄送部门或人员，小型公司则由秘书负责。但无论是秘书将邮件交专人寄或自己直接寄送，秘书都需在发出前完成下列工作程序。

(1) 内容校核。由秘书拟写的信函，在发出前必须仔细校核，务必格式正确，文句无错意，无错、别、漏字；签名、盖章清晰无误。如有附件，必须收齐无遗漏。

(2) 信封、封皮查对。凡寄出的信件和邮件，信封与封皮必须查对。如地址、收件人姓名或单位、邮政编码、寄方单位地址、邮政编码，以及附加符号如“急件”、“秘密”、“挂号”、“亲启”等。纸笺及附件折叠时应小于信封周边各一公分左右,不可撑满,以免对方拆封时损坏。信封封口及印刷品应包扎牢固,以免寄送途中松口、破损。

(3) 邮件寄发。秘书去邮局寄发邮件时应将邮件分类,如先将信件、印刷品、包裹等区分开;信件则进一步分为境内平信、境内航空、港澳台航空、国际航空、特快专递等。同等邮资的信件一起寄,这样计算邮资和粘贴邮票都更方便些。

3. 电子邮件的制作和管理

目前,电子邮件取代了大部分传统的书信、电话和传真,成为一种方便、经济和高效的沟通方式。电子邮件不像即时通讯需要在几十秒内立即回复,可使信息表达更清晰、完整和准确。秘书在处理电子邮件时,应重视电子邮件的操作规范,遵守相关的“网上礼仪”,才能使工作更有效率。

(1) 电子邮件的制作。秘书在选择邮箱名称时,应尽量用企业、单位或有代表性的名称命名,以表明自己稳定的身份。邮件“主题”栏应该一目了然,以提示收件人打开邮件。没有主题或主题不清楚的,很有可能被反垃圾邮件程序过滤掉,就是正常收到,日后检索也将造成很多麻烦。

与写传统书信相似,邮件的开头应该称呼对方,并给以恰当的身份提示。写电子邮件应注意语气,文字应规范、简洁、明了,应避免使用一些情绪激动、夸张搞笑的字眼,也不要因为强调而使用很多的标点符号。商务邮件的字数最好保持在数行以内。长篇的文章最好做成 word 文档,以附件的形式发送,并在邮件的正文里简单介绍一下附件的主要内容。

收到电子邮件应立即回信,最迟不能超过 24 小时。即使一时答复不了,也应该先回信告诉对方已收到来信,并给出大概的回复时间(也可设置自动回邮回复)。如果与对方是初次联系,最好在信尾附上自己全部的通信资料。邮件结尾一定要签上秘书自己的姓名、身份,或经授权签上上司的姓名、身份,并附上公司的名称和电子邮件地址。最后,要检查是否有打字错误、拼写错误。如有附件,应仔细检查是否附加上了。

有些单位规定,重要的电子邮件必须打印后保存,以作为档案或证据。

(2) 电子邮件的发送。邮件在发送前要仔细检查,如果存在错误,一旦发送,错误就很难纠正,甚至无可挽回。因此,发送前应认真确认收信对象是否正确。若要将邮件同时转送其他人员参考时,可使用抄送的功能,但仅限必要的人员。否则,就会混淆传送与复本转送的用途,同时也制造了一大堆"垃圾"。附件中的文件要有完整的名称,并在正文中说明附件名称和文件格式,有些附件最好打包压缩后传送。

重要信件可设置请求邮件送达收条和邮件阅读收条,这样做可避免因邮件丢失和延迟导致的信息不通和工作停滞的情况。与其他商务信函一样,电子邮件也需要保密。秘书可以在特定邮件中加上密码,并通过其他渠道把密码告知收件方。

(3) 电子邮件的接收。秘书在接收电子邮件时,应注意:每天至少检查一次电子邮箱,以免错失重要和紧急的信息。建立一些专门的文件夹,下载对工作有用的文件,分门别类存放下载的信息,或者根据公司规定保存邮件,以便进行进一步的归档和利用。安装病毒监控软件并定时更新,以保护信息的安全。

(4) 电子邮件的管理。不要因为电子邮件方便,就什么事都依赖它。比如,从上司那里收到一封"请向我汇报某某事"的邮件,这时先别忙回邮件,而应该先找上司当面汇报,简单地把结果和经过汇报一下。如果上司说:"好的,明白了。那你把刚才的内容写成报告交给我。"这时你再去回复电子邮件就比较好。

电子邮件的沟通缺乏太多人类熟悉的辅助沟通手段,如表情、肢体语言等。所以,回复邮件前,可以再思考一下,是否通过电话与对方聊聊或约个时间当面协商?也许面对面的、深入的交流更能得到理想的效果。

电子邮件沟通要遵守社交礼仪,更要遵守法律法规。比如,未经同意,不能将他人的电子邮件转送给第三者,而应该先征询来信者的同意。尊重知识产权也非常重要,不能通过网络来撷取、复制或篡改他人作品。凡引用或改编他人作品时,要对原作者、原作品的出处详加注明,以示尊重。

三、现代通讯事务

现代通讯事务是指传真、电脑网络通讯、移动互联网、即时通讯等通讯手段和工具,具有快速、准确、简便等特点,并在工作、生活中普遍使用。现代秘书应掌握运用这些技术。

1. 传真

传真机全称电话传真机,是利用电话线路来传输数字信号,使接收方获得文字、图象等信息。由于传真机能快速、准确无误地传示文字与图像,较之电话电报有更大的优越性,特别适用于传送批示件、签名、手稿、图像等等。使用传真机的秘书在办公室即可,甚至在无人值班的条件下也可自动发送和接收信函、图纸。

传真机按记录方式可分为热敏纸和普通纸两种记录方式。采用热敏纸记录方式的优点是费用便宜,缺点是文件保存时间不长,因此,用热敏纸接收到需要保存的重要文件时,务必复印备份。采用普通纸记录方式的成本稍高,但文件可长久保存,这也是传真机的发展趋势。传真机的使用要点有:

发送前要检查原稿的质量,纸张太厚或太薄的文件,有皱褶、卷曲、潮湿或切边不齐的文件不宜发送,以免发生堵塞、损坏等现象,还应将文件上的紧固件如回形针、订书钉、胶带等除去,以防出现机器故障。

发送公司文件应该用本公司的标准传真格式,并遵守公文的写作规范,在传真件的首页上标明总页码,并在每一页文件上标注页码。

如果传真件需要对方协助抄送时,应该在文件的正文前面加以说明,列明抄送范围。

传真机传输的文件容易被窃取,要特别注意保密。最好不用传真机发送一些私人或机密的图文。如果要发,应请对方站到传真机前去等待收件或发送到指定传真机上,而且在发送后应再与对方确认。

如果邀请德高望重的人物出席宴会,用传真发送通知会让对方觉得不受尊重。因此,感谢信、祝贺信或吊唁信等礼仪文书不适合用传真机传送,最好手写在信纸上,或寄明信片。

2. 电脑网络通讯

电脑网络通讯是将众多分散的用户的电脑终端、线路、外围设备和数据中心等连结在一起,形成网络,从而可以互相通信、信息共享和情报交换。秘书使用电脑网络通讯可以发送通知、召开会议、查询资料、传递信息,十分迅捷、方便,而且保密性能也好。

3. 移动互联网

移动互联网是将移动通信和互联网二者结合起来,成为一体,通过智能移动终端,采用移动无线通信方式获取业务和服务的新兴通讯方式,包含终端、软件和应用三个层面。通过智能手机、平板电脑、电子书等,可同时提供移动社交、移动广告、手机游戏、手机电视、移动电子阅读、移动定位服务、手机搜索、移动支付、移动电子商务等信息活动。

4. 即时通讯

在移动互联网系统支持的背景下，出现了大量的智能终端提供即时通讯服务。如微信、QQ、易信和飞信等，这些正成为人们工作、生活和娱乐的重要通讯工具。

(1) 微信。微信是腾讯公司于 2011 年推出的一个为智能终端提供即时通讯服务的免费应用程序。至 2013 年 11 月注册用户量已经超过 6 亿，是亚洲地区最大的用户群体的移动即时通讯软件。用微信可以通过网络快速发送免费(需消耗少量网络流量)语音短信、视频、图片和文字。

微信的主要功能有：聊天(支持发送语音短信、视频、图片和文字，支持多人群聊)、添加好友(通过查看 QQ 好友添加好友、手机通讯录和分享微信号、摇一摇、二维码和漂流瓶等方式查找接受好友)、实时对讲(通过语音聊天室和一群人语音对讲)、微信支付(通过绑定银行卡，在手机上完成快速支付)。此外还有其他功能，如朋友圈(可以发表文字和图片，或分享文章、音乐，并对好友新发的照片进行“评论”或“赞”)、查看附近的人(根据用户地理位置找到在附近开启同样功能的人)；语音记事本(进行语音速记，支持视频、图片、文字记事)；微信摇一摇(通过摇手机匹配到同一时段触发该功能的微信用户)；群发助手(把消息发给多个人)；微博阅读(通过微信浏览腾讯微博内容)；微信公众平台(个人和企业可以设立一个微信的公众号，群发文字、图片、语音等内容)等。

(2) QQ。QQ 是腾讯公司于 1999 年推出的一种即时通信软件。可以即时发送和接收信息和自定义图片或相片，语音视频面对面聊天。QQ 还具有与好友聊天、聊天室、点对点断点续传传输文件、共享文件、qq 邮箱、网络收藏夹、发送贺卡等功能。QQ 与移动通讯终端、IP 电话网、无线寻呼等多种通讯方式相连，是一种方便、实用、高效的即时通信工具。

(3) 飞信。飞信是中国移动提供的，满足三种不同形态(完全实时的语音服务、准实时的文字和小数据量通信服务、非实时的通信服务)的客户通信需求，实现互联网、移动互联网和移动网间的一种通信服务。

通过飞信可以向好友发送免费信息，好友如不在线，信息将以短信的形式自动转发到对方手机上，保证信息即时到达不丢失。还有多人通话、多终端登录(支持手机和电脑的多终端登录以及应用时的任意切换)、安全沟通(被用户授权为好友时，对方才可与自己通话和发短信，但对方未添加为好友也可发送手机短信)、三网沟通(联通和电信用户也可以注册和使用飞信)、飞信电话等功能。

飞信有PC客户端(个人版、企业版、校园版)、手机客户端、飞信公众平台、飞信附加产品(包括飞信同窗、飞信生活)等。

飞信的企业版面向企业客户,实现了企业内部网、互联网、移动网间的综合通信服务。秘书可以运用企业版的核心功能进行即时消息与短信的互通,利用手机进行企业公告、日程提醒、内部信息查询等,或利用异网跨地域沟通的功能,用多种通讯方式(即时消息、语音、短信、Email、文件传输、多人会议、多方会议、企业文件共享、企业日程共享)进行企业日常办公;或在企业专属的自管理平台(企业logo个性化定制、企业通讯录的更新和权限的分级管理,管理系统广播、企业mini页、新闻公告、文件共享、随时记录的工作便签,及时的日程提醒和邮件到达提醒等)进行辅助管理。

(4) 易信。易信是由网易和中国电信联合开发的提供免费聊天的即时通讯软件。秘书可以通过手机通讯录向联系人免费拨打电话和发送短信;向手机或固定电话发送电话留言;向好友发送语音、视频、图片、表情和文字;通过"朋友圈"拍照记录生活,上传文字、图片与好友们分享自己的近况,并对好友新发的照片进行"评论"或"喜欢";还可以通过易信专线电话免费呼叫全国任意手机和座机,邀请召开电话会议等。此外,秘书在易信的"问一问"里,可以提出疑难困惑,能立刻得到帮助,并找到志同道合的新朋友;利用"晒一晒"的图片社交功能可以满足秀生活的乐趣;"拼车族"功能可以找到同路伙伴,绿色环保;"偶遇"功能还可以满足私人社交生活的不足。

第三节 接待工作

政府机关、企事业单位经常有工作联系、业务往来、友好访问等。这些人来人往,作为东道主就有了接待的任务。中高级机关和大型单位往往设置有专门的接待部门负责此项工作,基层机关和中小型单位的接待工作就落在了秘书身上。

一、接待工作的类型与方式

接待工作纷繁复杂,可分为多种类型,各种类型有各自的特点和要求。秘书人员也应采用不同的方式去适应,才能圆满地完成各种接待任务,达到组织的目标和上司的要求。

1. 接待的类型

接待工作按来客的目的、任务来分,有上级检查、工作联系、业务往来、经验交流、召开会议、讲课、参观、访问等等。

按来客的地域可分:本地接待、外省市接待、境外及国外来客(通常称为“外宾”)接待。

按来客的人数可分为:个别接待、团体接待。

按是否预约联系则分为:随机性接待、预定性接待或计划接待。

不同的接待类型有不同的特点和要求,现择其重点作简要介绍,其余的结合接待方式讲述。

(1) 上级检查。上级检查的接待工作要求主管人员亲自出面并负责,秘书则配合做好各项具体工作。要求庄重、周全、细致,如汇报材料的准备,现场情况的如实反映等等。餐饮、住宿、用车等生活服务要体贴、周到,但不能超标准,不搞不必要的宴请、游览、赠礼等,不得奢侈、铺张,但应特别注意安全和保密。

(2) 会议接待。会议接待属于团体接待和预定性接待,重点在于事先要有周密计划,要作经费预算。接、送、吃、住、参观、用车等都应在规定标准之内,尽可能提高服务质量,注意对不同性别、年龄、身份、民族的与会人员给予必要的照顾,以保证会议目标任务的圆满实现。

(3) 外宾接待。外宾接待尤其要注重礼仪和礼节,事先应有计划并报上级主管批准,内容和标准应比内宾放宽一些。主要内容如会谈、演讲等应安排得隆重、得体,讲求实效。可增加些次要内容,如参观、游览,既要弘扬民族精神、民族文化,又要显示祖国大好河山和建设风貌。生活安排一定要顾及来宾的民族或地区的风俗和饮食习惯。

(4) 随机接待。这是指事先未经预约而突然来访的客人,如联络、咨询、推销、求助等人员,采访的记者以及其他各种不速之客。这类接待要求秘书随机应变、灵活处理,既要维护组织的利益与形象,又要以不得罪人、尽量广结良缘为原则。秘书首先要确认来客身份,摸清意图,然后按常规或上司授意分别处置,或婉言挡驾,或转达意图,或引见给上司,或转给其他部门接待、处理。

2. 接待的方式

秘书应掌握并熟练运用的接待方式主要有以下几种:

(1) 迎送式。迎来送往是接待客人的最基本方式,根据客人的重要程度和不同情况而有不同的形式。对于来访的客人,秘书应从座椅上起身迎接,招呼致意。客人离开时,秘书应离座相送(但有些外资企业规定可坐在原位接待),稍重要一些的应送至办公室门口或者电梯门口;对老人或带儿童者则应送至大门口。对随车接送的贵宾,秘书应坐在前排司机旁的助手席,而让客人坐在后排席位(按年龄、身份高低先右后左);秘书还应主动敏捷地开关车门,照顾贵宾上下车;对远道而来的客人,秘书应随车提前到车站、码头或机场迎送。

(2) 引见式。上司愿意会见的客人,秘书应加以引见。秘书领客人去上司办公室时应走在左前侧。穿越走廊,拐弯,上下楼梯时均应回头招呼客人。到达上司办公室时,秘书先敲门进入通报,然后侧身示意请客人进入。秘书为宾主作介绍,请客人就座,敬上茶水,便可告退。会见结束,秘书仍应代上司将客人送至办公室门口道别。

(3) 参与式。有些主宾会见或会谈,应上司要求,秘书也参与。秘书除了尽招待礼仪之外,主要任务是在上司身旁陪同,准备会谈资料,做好会谈记录,以及现场服务等等。除非上司授意,秘书通常不发表意见,切不可喧宾夺主。

(4) 陪同式。有些外地来的贵宾,主方安排参观、游览,需要秘书陪同,此时之秘书又充当“导游”的角色。秘书应提前到宾馆等候,陪同过程中要处处照顾,还要对参观的交通路线、用餐、休息点等作好事先联络安排,并对参观内容和游览景点作适当介绍。这就要求秘书熟悉本地的建设概貌、发展特色、历史演变、人文和自然景观乃至风土人情等。既有丰富的知识,又有生动、幽默的口才。

(5) 完全式。有些重要的宾客,上司会要求秘书承担完全式接待。这就是从事先联络、制定计划、作好准备、迎接、参与会见、陪同访问、送别客人直至事后小结、汇报,全过程都由秘书负责进行。这要求秘书应有丰富的经验和周到细致的安排。

二、接待工作的原则与要求

1. 文明礼貌

秘书常常是来客最先会见的也是最后告别的主人，接待态度和效果会影响来客对这个机关、单位的看法甚而工作的进展。因此，秘书对任何来客都应以礼相待，而不计其职务高低、衣着服饰、是否熟悉等情况。秘书应习惯地运用礼貌动作和礼貌用语，应放下手中的工作，专心听取对方的讲话并作必要的记录，如姓名、单位、职务、来访意图、要求等等。交谈时应注视对方，不要左盼右顾、心不在焉，也不要随便打断或自作聪明地接对方的话茬。如果来客要求见上司，上司也同意，秘书应加以引见。如果上司暂时不能会见，秘书应请来客到接待室稍候，敬上茶水，然后继续去做自己的工作，边等上司通知。会见结束，秘书应送客道别。

对经常联系或上司约请的来客，秘书应主动称呼，问候对方，及时通报或引见给上司，并视需要送上茶水或咖啡。

2. 负责

秘书在接待来客时要对本单位负责，也要对来客负责。对初次来访者，秘书首先应察看介绍信及身份证明，仅仅看介绍信是不够的，名片更不可靠。确认身份后才可进一步交谈。交谈中应注意必要的内容和范围，即使是熟悉的客人也要防止无意中泄密。在明确了客人来意之后，秘书应负责地办理，或提请上司解决，或转交有关部门处理，或记下要求日后答复。但不能故意推诿、拖延或敷衍了事。

3. 与人方便

秘书应尽可能给来客提供方便。或是引见，或是转告、转办，或是记录下来以后办理，或是介绍情况，提供资料等等。对外地来客，秘书应帮助办理膳宿以及指点交通路线，或代办车、船、机票等。俗话说：与人方便，自己方便。秘书多尽一点地主之谊，日后也会得到相应的回报。

4. 讲求时效

秘书接待时应注意不浪费客人的时间，也不浪费自己的时间，更要节省上司的时间。秘书与客人交谈，除了必要的礼貌交际用语和实质性内容之外，应避免无边际的闲聊：如果对方反反复复、喋喋不休，秘书可以插上一句："我能不能说一句我的理解，你的意思是……"，及时结束谈话。如果确认对方的事无关紧要,或是无理要求,自己又实在太忙,秘书可以站着与客人谈话,或者干脆说:“对不起,我还有些急事要办。”如果同时有几位来客,秘书可先简要问明来意,然后决定接待的先后次序。

秘书还要善于在上司会见客人出现尴尬局面或受到无理纠缠时替上司解围。

5. 按制度办事

秘书在接待工作尤其是规模较大、时间较长的会议接待或团体接待中应严格按制度办事。比如财务制度,不要搞超标准接待,避免计划外开支,更不可把开支转嫁给下级单位、部门。有时上司不熟悉有关财务规定,任意批条子,秘书有责任加以提醒、监督。

6. 遵守纪律

接待工作中秘书外出机会多,自由度也比较大,尤应注意自觉遵守纪律,比如保密纪律等。特别是接待外宾时,既要热情、大方、友好,又要注意内外有别,不泄漏各种机密。还有,秘书不得利用职权之便谋取私利,如:不私受礼品,不饮酒过量,不用公车办私事,不与外宾私下做交易等等。

三、接待工作的程序与内容

1. 内宾接待的一般程序与内容

预定性的内宾接待一般按下列程序进行:

①接受任务⟶②了解来宾⟶③制订计划⟶④预订食宿⟶⑤迎接来宾⟶⑥商议日程⟶⑦安排会谈⟶⑧陪同参观⟶⑨送别客人⟶⑩接待小结。

内容说明如下:

① 秘书从上司处接受接待任务。

② 秘书了解来宾的人数、身份、性别、来意、要求、日期、交通工具的班次与具体时间、内容和日程的初步要求、何时返回、返程交通工具等等。

③ 秘书按来客和上司的要求制订计划,包括接待规格、内容、日程、经费、人员、任务分配等等,经上司批准后逐项准备办理。

④ 秘书按计划在招待所或宾馆预订膳食、客房或床位、准备车辆等。

⑤ 秘书在预定日期、时间随车到机场、车站、码头去迎接客人。

⑥ 秘书将客人接至招待所或宾馆后,即与对方秘书或相应人员商定日

程安排。

⑦ 秘书将商定日程汇报上司,接着安排双方会见或会谈事宜,并应准备好会谈需用的资料。

⑧ 如安排参观访问,秘书应陪同、介绍,并负责交通、餐饮、休息、安全等。

⑨ 客人访问结束返回时,秘书应提前代办车船机票并将客人送至车站、码头、机场。

⑩ 重要的接待一结束,秘书及经办人员应认真进行小结并向上司汇报。

2. 外宾接待的一般程序与内容

外宾接待较之内宾通常要复杂一些,内容要求也有所不同,一般程序如下:

①接受任务⟶②了解来宾⟶③制订计划⟶④预订食宿⟶⑤欢迎来宾⟶⑥商议日程⟶⑦礼节性拜访⟶⑧宴请⟶⑨正式会谈⟶⑩签订协议书⟶⑪陪同参观游览⟶⑫互赠礼品⟶⑬欢送来宾⟶⑭接待小结。

内容说明如下:

① 接待任务由秘书接受,或由外事部门主办,秘书协办。

② 对来宾的了解除了人数、身份、性别、来意、要求等外,还应注意国籍、民族、生活及风俗习惯等等。

③ 制订计划应该更周详细致,政府机关的外宾接待计划需报上一级领导批准,重要外宾还需通报交通和安全部门配合。

④ 按计划规格在宾馆预订标准客房或套间,预订中式或西式餐饮,说明特殊要求或指定菜谱。

⑤ 按计划由主管亲自迎接或由秘书代劳,或需组织一定的欢迎仪式。

⑥ 秘书到宾客下榻处和客方商定日程。

⑦ 主方负责人去客方下榻处进行礼节性拜访,秘书随同。

⑧ 主方宴请客方,一般用固定席位的正宴、晚宴,不用酒会、自助餐等。

⑨ 双方主管进行正式会见或会谈,秘书应做好资料和物质准备,默契配合。

⑩ 如双方达成协议并签订协议书,秘书应事先拟写协议书草稿,并安

排好签约仪式。

⑪ 秘书陪同外宾参观、游览,弘扬民族文化,指点大好河山,宣传建设新貌。

⑫ 秘书准备礼品,要选有纪念意义但经济价值不过高的,并登记在册,宾客再度来访时应作变换。

⑬ 以与欢迎来宾相应的规格及仪式欢送宾客。

⑭ 一般应作书面小结,立卷存档备查。

第四节 日 程 安 排

富有经验并已熟悉业务的秘书往往由上司授权安排上司的工作日程和订约事宜。秘书做好这些工作能为上司节省大量精力与时间,也可使工作更有计划,更有效率。

一、日程安排的原则和要求

1. 服从于组织的总目标和整体计划

上司的工作只是整个机关、单位工作的一部分。秘书为上司,即使是主管安排日程时,首先应考虑的是服从于组织的总目标、总任务和整体计划,要顾及主管上司上下左右的工作配合、工作制约,如发现有冲突,应及时汇报上司,征得同意后进行协调、解决。

2. 区分轻重缓急

秘书应对上司的工作任务、各种会议、经常联系的同事和客人、计划中的出差、社会交往活动乃至休假等等大大小小的活动进行全面了解并作记录。然后,区分轻重缓急,先远后近,先重后轻,先外后内,按年、月、周、日作出初步安排。比如一年一度的董事会、年会,早就接到邀请的学术报告、出国访问等先安排在年度计划内;每月一两次的工作例会,预先通知的上级检查,兄弟省市、单位的经验交流、友好访问等再安排进月度计划内;经常性的工作、业务则安排在每周的计划内;再加上各种临时性的活动,于隔天排出次日的工作日程表。

3. 随时补充、调整

已排出的日程表尽管再仔细，也只是初步的，随时可能发生意外的事情。秘书不可墨守成规，而应随机应变，仍应根据先重后轻、先外后内的原则随时作补充、更改或取消。当然，对补充、更改、取消的内容应尽量提前告知上司，以做好准备，免得措手不及。

4. 提示和督促

秘书不仅要为上司排出科学、合理的工作日程表，而且还有责任帮助上司实施。这包括帮助上司记忆工作内容和时间表，及时提示和督促，将上司的重要活动通知有关的同事及汽车司机，并要求他们与上司密切配合等等。

5. 酌留弹性、劳逸结合

安排上司的工作日程切不可满打满算，一般不超过工作量的50%。既要考虑到临时增加的内容，又要留出足够的时间让上司作准备，免得穷于应付，反而达不到工作效果，也应该注意上司的劳逸结合，保护上司的身体健康和情绪稳定。

二、订约事宜

订约事宜是指秘书为上司接受邀请出访或同意客人来访所作的预先约定，属于日程安排的一部分，但也有一些特殊性。故为上司订约除了需遵循日程安排的原则和要求外，还应注意以下几点：

1. 事先征求上司意见

无论是发出邀请或是否接受来访要求，秘书都要事先征求上司的意见，做好记录，才可办理。发出邀请通常有两种形式：一种是对贵宾的正式邀请，应写请柬，可通过邮寄或派专人送达；另一种是对较熟悉的客人，可以电话邀请。但要注意的是，对地位较高的客人，秘书不可直接打电话找，而应通过对方的秘书转达。接到请柬或要求来访的电话，秘书也应征求上司意见后才能答应或婉拒。

有时，上司亲自决定了的约会却忘记告诉秘书，所以秘书应养成这样的习惯：每天下班以前询问上司次日有什么约会，将之排入计划和日程表。

2. 再次确定，及时提醒

凡超过三天的约会，秘书应在前一天打电话给对方再次确定一下。如有变更，应即刻禀告上司另作安排；如无变更，应及时提醒上司，准时赴约或等候来宾。

3. 善用台历和备忘录

许多秘书在自己的办公桌上放一本台历,以便每天都可随手记下电话约会的内容,这确实是个好办法。更多的秘书都有一本小小的备忘录,随身携带,可以在办公室之外的任何地方、任何时间做记录。如把备忘录和移动电话配套使用则更好。即使是年轻的秘书,也不可过分相信自己的记忆力,俗话说"好记性不如烂笔头"。订约和其他一些事,秘书应提醒上司,台历和备忘录则能提醒秘书。但要注意凡涉及机密的事宜,不宜记录在台历上。

三、差旅事宜

差旅事宜是指秘书为上司办理并随同出差旅行的一应事宜,主要有以下几方面:

1. 做好准备工作

这包括制订差旅计划;准备好文件、资料、合同等;领取经费(信用卡及小额现金);办理车、船、机票;预备上司生活用品和必要药品;与对方单位联系妥帖;预订目的地客房;办理护照、签证等等。

2. 旅途服务

对上司在旅途中的一应照顾,包括必要的生活服务,身体健康、人身安全的保护等等。

3. 随时联络

秘书应与本公司保持随时联络,既作必要的情况通报,又可及时获得帮助和支持。

思考题

1. 办公室管理包括哪些方面?
2. 接打电话有哪些要求?
3. 接待工作应遵循哪些原则?
4. 怎样做好日程安排工作?

第七章　日常工作(下)

第一节　督 查 工 作

督查,是指秘书协助领导,把已经布置却拖延不办或办理不力的工作自上而下地督促、检查,使之落实、妥善。领导的工作作风应该是“言必信,行必果”,只有“果”才有“信”。在这一方面,秘书也应是领导的直接助手。督查,又称督办和查办。

一、督查工作的作用

1. 督查对领导的作用

(1) 督查工作是贯彻落实领导决策、指示的后续步骤和保证手段。前几年,机关中曾流传这样一副对联:上联是“今天开会明天开会天天开会”,下联是“你也讲话我也讲话层层讲话”,横批是“谁去落实?”,这是针对某些领导干部只顾发号施令而不顾落实执行的极大的讽刺,如同医生给病人看病只顾开方发药而不问病人吃了药是否好转一样。理论上讲,督查工作原是领导人的职责,秘书只是协助而已。

(2) 督查是促进领导决策正确、科学的必要环节。任何决策的正确科学与否,只有通过实践来检验。而实践的不力,不仅只造成虚假的反馈,进而造成领导再决策的错误发展,其后果不堪设想。

(3) 督查是改变各级领导和干部工作作风、克服官僚主义的有效手段。领导层施政要求应该是:第一,不轻易说;第二,说了就要办;第三,办了就要查,而且要一查到底。如果高层领导说了不办,办了也不查,上行则下效,下面就会敷衍塞责,应付了事,甚至以假汇报蒙骗上级,结果造成上上下下一大群的官僚主义者。所以,督查工作既是查下面工作做得如何,也是对领导本身工作业绩、工作作风的检查与监督。

2. 督查对秘书的作用

(1) 督查是秘书的一项重要职责。秘书的督查职责自古就有,我国自汉代开始,中央职官就有“侍御史”和“监察御史”之分。侍御史是给皇帝办事的,监察御史是协助皇帝监督检察文武百官的,有弹劾权。1985 年,中央办公厅指出:“办公厅改变作风、提高工作效率和质量的另一项重要措施,就是加强‘查办’工作。”1990 年,江泽民说:“我们各级领导机关长期以来存在的一个比较薄弱的环节,就是布置多,检查少,或者说得严重一点,就是有布置无检查。我们应该下决心改变这种状况,做到布置一项工作就要把它落到实处,抓一件是一件。我看办公厅应该发挥这样的督促检查作用。”

(2) 督查是秘书发挥参谋、助手作用的重要方面。督查是秘书工作由被动服务转变为主动服务的有效手段。督查工作如能长期坚持,养成习惯,形成制度,成为秘书工作的有机组成部分,也就能使秘书人员形成传达指示、布置任务与督促执行、检查结果密切结合的自觉意识,形成“决策──→执行──→检查──→反馈──→再决策”的良性循环。秘书工作就能改变拨一拨动一动的被动状态,由被动服务转变为主动服务。

二、督查工作的原则和程序

1. 督查工作的原则

秘书督查工作必须遵循以下原则:

(1) 领导负责。秘书可能承担的督查工作任务范围甚广,来源渠道甚多,但无论是上级机关交办的、本级领导指定的、下级请示的、社会反映的或是秘书发现的,都需经本级领导批准或同意,都必须遵循领导负责、秘书承办的原则。领导负责包括:事前批准、事后检查,以及办理过程中必要的指导。秘书则应在事前、事后和办理过程中作必要的请示和汇报,重大事项不可独断专行。

(2) 分级负责。从政府机关和大中型企事业单位来看,督查工作也是一个系统工程。督查工作既要帮助下级完成因困难、忙乱、忽视、拖延等原因而未做好的工作,又不能挫伤下级的工作积极性。人们经常说,秘书做工作“不能越权”,这个不能越权,既是指不能越上级的权,也是指不能越下级的权。只能一级促一级,一级抓一级,形成自上而下逐级落实,都抓落实的正常机制。中央办公厅一位负责人就曾说过,查办工作“要健全分级责任制度,哪些事项由哪一部门、哪一级负责督促检查,要分清责任,既不能推诿扯皮,无人负责,也不要越权。”

(3) 实事求是。秘书督查工作的第一步是了解情况,只有查清了情况才有资格督促。所以,秘书决不能以“钦差大臣”自居,下车伊始就哇啦哇啦,而应该深入实际,做细致的调查研究。在查清事实、分析研究、找出症结的基础上,才能提出完成或整改未完工作的建议或意见。

(4) 不直接办案。秘书督查只是督促、检查、帮助下级工作,而不是越俎代庖。秘书提出的意见和建议(重要的还得经过领导同意),仍然得交给下级去办。既是尊重下级的职权,维护下级的威信,又可避免因隔手包办而产生新的矛盾。

(5) 讲求时效。秘书督查的内容往往是旷日持久未办的,或办而未果的。这更需要秘书以只争朝夕、锲而不舍的精神和作风去办理,按时按质办理,切不可再加拖延或半途而废。实在解决不了的问题,秘书也应及时汇报领导,由领导另想办法。

2. 督查工作的程序

领导临时交办的督查任务,秘书可随机进行,及时汇报;较重大的事项则需按以下程序进行:

(1) 查办立项。就是由秘书把查办的单位、内容和目的填写查办单。单内还应写明查办的具体指标、操作步骤、负责部门及人员,然后呈送领导批示。

(2) 查办通知。立项后由秘书将查办内容、要求与领导批示通知原经办单位、部门或人员,要求他们在规定时限内核实情况,予以处理。通知的形式有会议、发文、电话、派员四种。

(3) 催办。通知下达后,秘书应定时催办或查问,以了解办理的进程和结果,如有重大疑难,要及时向领导汇报。

(4) 直接调查。如经催办到限时仍无结果者,由秘书直接调查。其目的是为了摸清情况,不宜当场表态。

(5) 商讨处理。秘书对调查得来的情况进行分析研究,提出处理意见,经领导审核同意后,再会同原经办单位、人员商讨决定,仍由原经办单位、人员处理。

(6) 结案反馈。原经办单位、人员处理后,将结果反馈给秘书。秘书应审核是否正确、适当,然后将处理结果连同秘书审核意见呈报领导。

(7) 立卷归档。最后,秘书应将查办过程中形成的全部文件:立项单、领导批示、查办原件、调查报告、处理结果、审核意见等组成案卷,归档备查。

第二节 保密工作

秘书一词的古义是指秘密文书,后来指秘密文书工作者。所以有人说:秘书,秘书,姓"秘"名"书"。意思是说,秘书人员的职责一离不开秘密,二离不开文书。到了近代,秘书的职能有了极大的扩展,但保密仍是一条主线,几乎贯穿于秘书所有的工作之中。

一、保密的概念与意义

1. 秘密的概念与类型

在人类社会,大至国家、组织,小至家庭、个人,为了保护自身的利益,总有一些不愿为外界所知的事情,这就是通常所说的秘密。我国《保密法》对国家秘密下了明确的定义:"国家秘密是关系国家的安全和利益,依照法定程序确定,在一定时间内只限一定范围的人员知悉的事项。"秘密有多种类型,如:

(1) 按范围可分为:国家秘密、组织秘密、个人秘密等;

(2) 按内容性质可分:政治秘密、军事秘密、经济秘密、科技秘密、商业秘密、人事秘密等;

(3) 按秘密的产生可分:原始秘密、再生秘密;

(4) 按秘密的形态可分:有形秘密、无形秘密;

(5) 按秘密的等级又可分为:国内级、内部级、秘密级、机密级、绝密级等。

2. 保密的意义和作用

保密,就是知悉无形秘密或掌管有形秘密的人员保守、保护这些秘密,不向无关人员泄露或失密。保密的意义和作用在于:

(1) 关系到国家的安危。重大的政治秘密、军事秘密直接关系到国家政策、法律的制订和施行,关系到国家领导人的安全,关系到国防的安全,总而言之,关系到国家安危和命运,必须严加保护。

(2) 关系到经济、科技、文化教育等事业的发展。重要经济、科技、文教等情报的失密,就会造成国内、国际的不正当竞争,造成市场混乱、科技落后等等,所以也必须加以保护。

(3) 关系到领导工作的成败。领导决策往往带有范围和时间上的保密性,一旦泄密就会受到干扰甚至破坏。秘书作为领导的近身助手,又身处中枢,接触秘密较多,理应为领导把好保密这一关。

(4) 关系到社会的安定团结。公安、司法、人事以及个人隐私等秘密往往影响到社会的安定团结,影响到人际关系,影响到家庭和睦甚至个人的命运。世界上许多国家都立法规定保护个人隐私权,秘书接触同事、公众较多,更应注意。

二、保密工作的范围与方针

1. 保密的范围

我国2010年修订的《中华人民共和国保守国家秘密法》和其他相关规定,是秘书人员从事保密工作的根本准则。秘书工作涉及的保密范围主要有以下内容。

(1) 国家秘密。国家事务重大决策中的秘密事项;国防建设和武装力量活动中的秘密事项;外交和外事活动中的秘密事项以及对外承担保密义务的秘密事项;国民经济和社会发展中的秘密事项;科学技术中的秘密事项;维护国家安全活动和追查刑事犯罪中的秘密事项;经国家保密行政管理部门确定的其他秘密事项等。

(2) 商业技术秘密。我国《反不正当竞争法》中规定:商业秘密是指不为公众所知悉的,能为权利人带来经济利益,具有实用性并经权利人采取保密措施的技术信息和经营信息。主要包括:商业工作规划、计划、重要商品的储备计划、库存数量、购销平衡数字、票据的防伪措施和财务会计报表;军用商品的库存量、供应量、调拨数量、流向;商品进出口意向、计划、报价方案、标的资料、外汇额度、疫病检验数据;特殊商品的生产配方、工艺技术诀窍、科技攻关项目等。

(3) 领导工作和人事秘密。包括:领导人的住址、行踪、活动内容及个人隐私等秘密;员工的档案、升迁、调动等人事机密,以及涉及组织利益的其他秘密。对于领导层内部不宜公开或暂时不宜公开的事项,如正在酝酿而尚未确定的干部人事任免、领导人之间的意见分歧等,秘书人员也应严格保密。

2. 保密工作的方针

《保密法》规定:"保守国家秘密的工作,实行积极防范、突出重点、依法管理的方针,既确保国家秘密安全,又便利信息资源合理利用。法律、行政法规规定公开的事项,应当依法公开。"此方针也适用于保守单位、组织的秘密。

(1) 积极防范。保密工作应做好事前管理,严格管理,最大限度地减少以至杜绝泄密、失密事件的发生。

(2) 突出重点。要在密级、部门、人员等方面区别情况,确保重点,带动一般。如绝密、机密材料是重点,国家机密是重点,机要部门是重点,领导人、秘书和机要人员是重点。

(3) 依法管理。规定机关、单位要实行保密工作责任制,健全保密管理制度,完善保密防护措施,开展保密宣传教育,加强保密检查。保密部门的工作人员在履行保密管理职责中滥用职权、玩忽职守、徇私舞弊的,要依法给予处分;构成犯罪的,将依法追究刑事责任。

(4) 既确保国家秘密安全,又便利信息资源合理利用。保密和信息资源合理利用是一对矛盾。保密如果过分,将不利于信息资源的合理利用;但也不可为了便利工作,就降低了保密工作的要求,必须适当地统一。主要在于保密密级、范围、时间,都必须因需要而科学规定、及时调整。比如,国家秘密的保密期限一般为:绝密级不超过三十年,机密级不超过二十年,秘密级不超过十年。机关、单位应该根据工作需要,确定具体的保密期限、解密时间或解密条件。

3. 保密工作的具体规定

我国《党和国家工作人员保密守则》共有10条,企事业单位秘书人员可参照。

(1) 不该说的机密,绝对不说;

(2) 不该问的机密,绝对不问;

(3) 不该看的机密,绝对不看;

(4) 不该记录的机密,绝对不记录;
(5) 不在非专用记录本上记录机密;
(6) 不在私人通信中涉及机密;
(7) 不在公共场合和家庭、子女、亲友面前谈论机密;
(8) 不在不利于保密的地方存放机密文件、资料;
(9) 不在普通电话、明码电报、普通邮局传达机密事项;
(10) 不携带机密材料游览、参观、探亲、访友和出入公共场合。

三、保密工作的内容与要求

对于无形秘密,秘书要牢牢树立保密观念,时刻警惕并养成随时随地保密的习惯。有形秘密的保密有如下内容:

1. 文件保密

(1) 列入保密范围的文件,应在其产生的同时,由制文机关或单位确定密级和保密期限。涉及商业秘密和组织内部秘密的公文,其密级和保密期限由产生该公文的企业或组织确定。

(2) 审核、签发和审批公文时,如发现不符合保密范围,或密级和保密期限规定不当的,应予以纠正。密级和保密期限应在文件首页的右上角做出明显并易于识别的标志。

(3) 密件的打印和印刷应指定专人、专门印刷厂,并有专人监印。印刷密件时产生的废纸、校样等应彻底销毁。印刷和校对的场所不能让人随便出入。

(4) 密件应通过机要交通或派专人传递,并在信封上标明密级和加盖密封章。用电报传送密件,须使用密码。用电话传达密件,必须使用保密电话。用传真机和计算机传送密件,应采用加密装置。绝密件不得用传真机和计算机传输。

(5) 密件应实行严格的签收、登记制度。签收、登记、分文和传阅,要核对份号,确定范围。

(6) 密件应存放在保险柜中,翻印和复制密件应办理审批手续。翻印时应注明翻印的机关、时间、份数和印发范围。翻印和复制的密件,应按原件的密级和保密期限管理。

(7) 密件应当定期清退,任何单位或个人不得借故拖延留存。清退时应仔细检查有无缺页,份号是否一致。清退密件应填写清退报表,一式两份,由接收部门核对后退回一份备查。

(8) 销毁密件也必须严格登记,经主管领导批准后,至少由两人监销。销毁后,监销人在销毁密件登记表上签字。

2. 会议保密

(1) 密级较高的会议,会前应与保卫、保密部门取得联系,并采取防范措施。应加强对与会者的保密教育,规定严格的保密纪律,并在会中反复提醒。

(2) 健全会议保密制度,如入场检查制度(与会者凭有效证件入场,微型录音机、无线电话机、手提电脑等应交给工作人员临时保管);文件签收和清退制度(保密文件在分发的同时,附上清退目录,在会后严格按目录清退);人员登记制度(与会者和工作人员均应登记);离会清场制度和器材专用专管制度(保密会议专用器材会前应严格检查,会后应清除所有记录信息)。

(3) 尽量不在内、外宾混住的宾馆、饭店召开秘密会议。遇有特殊情况必须在宾馆、饭店召开的,要特别采取防范措施。应做到会场地点保密,会场环境保密,会场周围不设任何标志。

(4) 会场的基本设施应进行加密处理,如增设隔音和屏蔽装置。会前必须对会场的音响等设备进行保密检查,防止有线扩音设备泄密,严禁使用无线话筒。

(5) 会议期间的文件,一律标明密级,统一编号,登记分发。严禁印发会议的秘密文件。确实需要翻印上级文件的,必须请示并应征得原制发单位同意后才可印制。对领导在会上的讲话,记录整理后也不能随便散发。

(6) 与会人员不得以任何形式对外泄露会议秘密内容。新闻报道部门不得公开报道会议秘密事项。有些会议属于半公开会议,也应对报道的新闻稿或简报的原稿严格审查和把关。会议内容需要向下传达时,应明确规定传达的范围,并确定传达人。

(7) 会后,要对会议场所和与会者的房间进行检查,看有无遗失文件、笔记本等,有无可能造成泄密的物品或痕迹。

3. 新闻宣传保密

有关资料表明,目前国外情报机构收集到的80%以上的我国情报是从报刊等公开刊物中获得的。因此,加强对新闻媒体的保密工作尤其重要。

(1) 单位和个人需提交广播、电视、报纸、刊物、书籍、计算机网站以及在信息发布会上公开发表的消息、声明、启事、简章、论文、广告、照片、录像等,如可能涉及国家秘密、商业秘密或组织秘密,或者对其中某一内容是否需要保密没有把握时,应交保密部门进行保密审查,并由领导人审核签发。

(2) 新闻宣传涉及秘密事项的,应当做适当的技术处理,如采取删节、改编、隐去等保密措施。

4. 使用办公设备保密

(1) 使用复印机保密。复印秘密文件的复印机应当专用,而且应放置在机要室。复印内部文件应避免有他人在场。具有图像记忆功能的复印机,使用后应删除自动保存的图像,复印后将原件取回保存。复印坏的废纸要立即投入碎纸机粉碎,不得再次利用。

(2) 使用录音机、照相机和录像机保密。使用录音机、照相机和录像机记录秘密会议或文件,要事先征得领导、上司的同意。录音带、胶片、相片和录像带要同秘密文件一样妥善保存。

5. 通讯保密

(1) 电话通讯保密。涉及秘密的事项,必须使用具有保密功能的电话,不得在普通的固定电话、无绳电话、移动电话、电视电话、对讲机中传递秘密信息。负有秘密任务的人员,不得轻易使用移动电话,以防泄密。

(2) 用普通电话讨论内部工作时,应留意通话环境是否安全,不得透露秘密信息。应经常检查户外电话线是否被偷接,通话后应检查是否挂机,防止未挂机泄密。

(3) 传真通讯保密。秘书人员在传送或接收秘密级和机密级文件时,应当使用具有保密功能的传真机;绝密级的文件不得使用普通传真机传递或接收。文件传真后,应取回原件保存,不要遗忘在传真机上。带有图像记忆功能的传真机,在传递和接收秘密文件后,要删除图像,以免他人复制。

(4) 电报通讯保密。秘密事项必须使用密码传送。密码电报不得翻印和复制。拍发电报必须"密电密复"、"明电明复",不得明密混用。

6. 计算机及联网通信保密

科学技术的发展,秘密的存在形态和运行方式发生了巨大的变化,涉密载体由纸介质形式为主发展到声、光、电、磁等多种形式,泄密的渠道增多、风险加大、危害加重。因而,对现代通信和互联网条件下存储、处理和传输秘密必须加强管理。

(1) 计算机在使用过程中,要注意:用于处理涉密信息的办公自动化设备应当随机采购,计算机在启用前必须报请有关部门进行安全保密技术检测。处理涉密信息的计算机,必须拆除机内无线网卡等无线互联设备,切断无线联网渠道。无法拆除的,不得用于处理涉密信息。不用个人计算机及移动存储介质存储、处理涉密信息,也不要把个人计算机及移动存储介质带入重要涉密场所。

(2) 对放置条件和环境比较差而涉密较多的计算机,应采取三种保密措施:一是采取机房屏蔽,把电磁波控制起来,防止电磁波向外辐射时将计算机信息带出而产生泄密;二是用电磁干扰,用干扰信号覆盖计算机信息;三是对信息加密。此外,存有秘密信息的计算机应专人专用。计算机的显示屏不要直接对着门窗或通道。应设置屏幕保护程序,离开计算机前应关闭系统或加密后休眠。

(3) 计算机信息有可能被境外情报机构植入"木马"窃密程序进行窃密,因此,不得将涉密计算机及网络接入互联网及其他公共信息网络,必须实行物理隔离。不在普通传真机、电话机和手机通信中涉及国家秘密;不在与互联网及其他公共信息网络连接的计算机上存储、处理涉密信息。如果要传递秘密信息,应运用加密技术,绝密级事项不得使用计算机传递。秘密信息、数据软件及其存放介质,应标有密级标志。应建立和健全使用、借用、复制、移交、保管等保密制度。

(4) 严格遵守信息公开保密审查制度。对拟在政府门户网站上登载的信息进行严格的保密审查,确保涉密信息不上网。以提供网上信息服务为目的而采集的信息,除在其他新闻媒体上已公开发表的,组织者在上网发布前,应当征得提供信息单位的同意;在网上开设电子公告系统、聊天室、网络新闻组的单位和用户,应由相应的保密工作机构审批。用户使用电子函件进行网上信息交流,应当遵守国家有关保密规定,不得利用电子函件传递、转发或抄送国家秘密信息。互联单位、接入单位对其管理的邮件服务器的用户,应当明确保密要求,完善管理制度。

(5) 不得在涉密与非涉密计算机之间交叉使用优盘等移动存储介质,非涉密移动存储介质以及手机、数码相机、Mp3、Mp4 等具有存储功能的电子产品不得在涉密计算机上使用;不得在未采取防护措施的情况下将互联网及其他公共网络上的数据复制到涉密计算机及网络,应采取防护措施,如使用一次性光盘刻录下载,设置中间机等。

(6) 计算机中的数据要划分密级。涉密计算机应严格按照保密规定设置口令,处理秘密级信息的口令长度不少于 8 位,更换周期不超过 1 个月;处理机密级信息的应采用 IC 卡或 USB Key 与口令相结合的方式,且口令长度不少于 4 位;如仅使用口令方式,则长度不少于 10 位,更换周期不超过 1 个星期。设置口令时,要采用多种字符和数字混合编制;处理绝密级信息的应采用生理特征(如指纹、虹膜)等强身份鉴别方式。

(7) 涉密计算机安装软件或复制他人文件资料须经批准,并进行必要的病毒查杀,特别是对“木马”窃密程序的查杀。涉密计算机应使用有线连接的外围设备,不得使用无线外围设备。

(8) 应当认真执行保密管理规定,不得将涉密载体通过普通邮寄渠道寄运或违规交由他人使用、保管。不得擅自携带涉密笔记本电脑及移动存储介质外出,如确需携带外出的,要严格履行审批手续,确保电脑等始终处于严密监控下。同时采取强身份认证、涉密信息加密等保密技术防护措施。

(9) 处理涉密信息的多功能一体机,必须与普通电话线路断开;涉密场所中连接互联网的计算机不得配备和安装视频、音频输入设备。

(10) 由于被安装了窃听软件的手机,即使关机或待机,也可在无振铃、无屏幕显示的情况下转为通话状态,成为一部窃听器。因而,进入重要涉密场所之前,应将手机放入手机屏蔽柜内;也可使用保密会议手机干扰器对涉密场所进行手机信号屏蔽。

(11) 处理涉密信息的计算机及移动存储介质、传真机、复印机等办公自动化设备应当在单位内部进行维修,现场有专门人员监督。确需外送维修的,应当拆除信息存储部件或进行专业销密。在将涉密计算机等办公自动化设备出售、赠送、丢弃之前,应使用符合国家保密标准的设备对涉密信息或内部敏感信息进行清除,确保不被还原。准备淘汰的涉密计算机等办公自动化设备要送交保密行政管理部门授权的销毁机构或指定的承销单位销毁。

7. 涉外保密

(1) 涉外活动应注意内外有别,友好归友好,保密归保密。

(2) 涉密单位不得擅自接待外国人参观访问。

(3) 参加外事活动以及出国人员,未经主管批准不得携带秘密文件、资料、笔记本等。

(4) 凡有外国人常驻的单位(包括中外合资、合作企业),不得让外国人接触我方秘密文件或参加秘密会议,中方人员也不得在外国人面前谈论秘密事项。

第三节 印信工作

印信工作是指机关、单位公务印章和介绍信的管理、使用工作,属于秘书工作范围。公章是机关、单位职责权力的象征,介绍信则是证明本机关、单位员工的身份,介绍联系公务之用。如果管理使用不当,会给本机关、本单位乃至社会造成危害,秘书人员必须认真对待这项工作。

一、公章的样式、种类和刻制

1. 公章的样式

公章的样式由质料、形状、印文、图案、尺寸等组成。

(1) 质料。我国古代官印依品级高低分别用金、银、铜等金属铸成,帝王则用珍贵玉质,象征其地位。近代公章用过角质、木质,现代则多用橡胶和塑料刻制。另有一种专用于贴有照片的身份证明上的钢印。近几年还有将色油或固体色料热压而成的"原子印"和"渗透印",无须印泥可连续使用万次以上。

(2) 形状。古代官印为正方形。现代机关、单位公章则为正圆形,用于其他公务(如收发、校对、财务等)的印章也有长方形、三角形或椭圆形的。领导人和法人代表的印章一般仍为方形。

(3) 印文。按规定使用国务院公布的规范简化汉字,字形为宋体,自左向右环行排列。领导人签名章则由个人书写习惯而定,民族自治机关的公章应并列刊有汉字和当地民族文字。

(4) 图案。县以上政府机关、法院、检察院、驻外使馆的公章的中心部位刊有国徽;党的各级机关印章刊有党徽;企事业单位公章则刊有五角星图案。

(5) 尺寸。按国务院规定:国务院的公章,直径为 6 厘米;省、部级政府机关,直径 5 厘米;地、市、州、县机关为 4.5 厘米;其他机关、部门、企事业单位公章直径一律为4.2厘米(包括边框)。

2. 公章的种类

(1) 单位印章。代表机关、单位的正式署名,具有法定的权威和效力,多用于正式文件和介绍信、证明信等。上文所述五项样式均指这类印章。

(2) 套印章。指印刷单位经授权制版而成,用于印制大量文件,与正式印章具有同样效力。

(3) 钢印。不用印色,利用压力凹凸成形,一般加盖于贴有照片的证件上,起证明持证人身份之用。

(4) 领导人签名章。是根据机关、单位主管用钢笔或毛笔亲自签名制成的印章,为方形或长方形,由秘书保管使用,多用于签发文件、公告之用。

(5) 其他印章。还有会议专用章、财务专用章、收发章、办事章、校对章、封条章等等。

3. 公章的刻制

凡机关、单位的公务印章,一律不得私自刻制。刻制公章有两种情况:一种是由上级主管机关刻制颁发;另一种由本单位法人代表申请,经主管部门批准,公安部门登记后,由专门刻制厂刻制。

二、公章的保管和使用

1. 公章的启用

公章刻制后不可随便启用,必须选定启用日期,提前向有关单位发出正式启用通知,附上“印模”。还应填写“印模卡”,一式两份,一份留存,一份交上级机关备查。办妥手续之后,到了规定日期,方可启用生效。

2. 公章的保管

公章由单位主管指定专人(一般为秘书)保管并使用。公章应放置在机要室或办公室的装锁的抽屉或保险箱内,钥匙不可挂在抽屉或保险箱上,应由保管人随身携带,也不可委托他人代管。

3. 公章的使用

公章使用应专人专用,做到制度化、规范化。用印指在印制好的公文落款处加盖印章。与用印密切相关的是签署,指以领导人名义发出的公文,由领导人在公文正本的落款处亲署姓名。

盖用单位公章,必须由单位主要负责人或主要负责人授权的专人审核、签名批准,原则上是哪一级的公章,须经哪一级的负责人批准,并要将盖用文件名称、编号、日期、核准份数、签发人、领用人、盖章人等项详细登记。一般日常事务的用印,如在介绍信上加盖公章,单位领导人可委托管理印章的秘书人员具体掌握。

凡以单位名义发出的公文、信函等都必须加盖单位公章方能有效。普发性文件则使用专用印模,在公文印制过程中将公章以红色套印在文件落款处。

公章盖在文末落款处和日期上,要求做到"上大下小、骑年压月"。两个以上组织的联合发文,要分别加盖各自机关的印章。

盖章一般使用红色印油,应摆正位置,用力均匀,使印章端正、完整,不歪斜、更不能颠倒。印章要保持清洁,印油均匀,使字迹清晰、醒目。

需要领导人亲署姓名的公文,如一些以领导人名义发出的命令、指示、任免通知等,领导人的职务和签署的日期应事先标印好。只有正职或代理正职的领导人才可以签署文件。签署的公文不需加盖公章,如印制份数较多,可由秘书人员代盖领导人手书体签名章。

使用不同的印章,或加盖在不同的位置,其意义、作用是不同的,常见的有以下几种:

(1) 落款章。加盖于文书作者的落款处,用来表明作者的法定性和文件的有效性。加盖部位是在落款处的年、月之间,应"骑年盖月"。印章加盖之页,应有正文记载,以防止别有用心之人利用空白页,添加有害文字,使组织造成损失。

(2) 更正章。对文书中的错字、脱字、冗字、倒字,可以在改正后,用加盖更正章的办法作为法定作者自行更正的凭信。

(3) 证见章。对以他人名义出现的文书盖章作证。如两个单位签订合同,请双方上级主管机关加印证见。摘抄档案内容要由档案保管部门证见;旁证材料由旁证人所在单位证见。

(4) 骑缝章。带有存根的公函、介绍信,要加盖在正本和存根连接处的骑缝线上。以便对同及必要时查核。

(5) 骑边章。重要案件的调查、旁证,以及座谈记录等材料,很多是由调查人自作笔录。为完备手续,除由当事人盖落款章、所在单位盖证见章外,必须将同文多页沿边取齐后均匀错开,从首页到末页,骑各页边加盖一完整公章,可以证明文件各页确实是同时形成,以杜绝日后篡改之嫌疑。

(6) 密封章。在公文和其他重要文件封套的封口处加盖印章,以确保传递途中没有私自拆封。

(7) 封存章。在封条上加盖印章以封存账册、财物,以及文件橱、仓库等,常常在节假日前夕或特殊情况下使用。

4. 公章的停用与销毁

凡单位撤销,原公章应即停用,也应立即通知有关单位,并宣布原章失效。通知中仍应附上印模,并写明停用日期。

公章停用后即为废章,应及时送交原制发单位或经主管部门批准后销毁。经销毁的公章也应留下印模,以备日后查考。

三、电子签名和电子印章

1. 电子签名、电子印章的特点及作用

根据 2005 年 4 月 1 日实施的《中华人民共和国电子签名法》,电子签名是指数据电文中以电子形式所含、所附用于识别签名人身份并表明签名人认可其中内容的数据。而数据电文,是指以电子、光学、磁或者类似手段生成、发送、接收或者储存的信息。

电子印章是合法的数字化印章与数字证书绑定的,用其私钥进行了数字签名的权威性的电子文件,其中包含了用户身份、印章信息、公开密钥、有效期等许多相关信息。通俗地说,电子印章就是电子签名加上印章图片。安全电子印章是将电子签名技术与符合国家标准的印章印迹通过高科技手段捆绑而建立起来的国家级信用体系。

为使电子签名和电子印章具有与传统手写签名和盖章同等的效力,必须具备相应的保障条件。《电子签名法》规定,电子签名同时符合下列条件时视为安全的电子签名,具有与手写签名或者盖章同等的效力:电子签名生成数据用于电子签名时,属于电子签名人专有;签署时电子签名生成数据由电子签名人控制;签署后对电子签名的改动能够被发现;签署后对数据电文内容和形式的改动能够被发现。

电子签名具有三个作用:一是证明文件的来源,即识别签名人;二是表明签名人对文件内容的确认;三是构成签名人对文件内容正确性和完整性负责的根据。电子签名保障了在网络交流中各种行为主体身份的唯一性、真实性和合法性,方便了公安机关的管理。电子签名和电子印章可广泛应用于电子政务、电子商务活动中,如签发公文、网上报税、电子结算、企业网上年检、网上签合同和开发票等。

2. 电子印章的制作、使用和保管

安全的电子印章必须是符合国家标准的印章和印迹。党政机关和企事业单位如要申请,必须去国家认可的电子印章制作部门,填写单位信息、单位负责人信息、经办人信息、持章人信息、电子印章信息等,个人电子印章需填写经办人信息、持章人信息、电子印章信息等,完成订购手续后携带相关证明文件去有关管理部门审核验证、备案和批准后才能刻制。通过批准刻制的安全电子印章将会按照订购时确定的印章制作单位、交货日期、送货方式等信息进行,在制作时加密,捆绑经国家主管部门认可的数字证书,灌制在授权密码的密匙中,并可为印章加上水印、隐性编码等防伪标识,还可附加记录每次使用的时间、用途等功能。

秘书人员在使用电子印章时,首先在电子邮箱里接收制作部门发送的对应启用时使用的用户名和密码,用此用户名和密码登录系统,需将一个智能钥匙(私钥)与电脑相连,在键盘上输入相应的密码,用鼠标点击电子文件下方的空白处,就可加盖公章或合同章、财务专用章、发票专用章和法人代表章等。

党政机关、企事业单位为保证电子印章的安全使用,应做到以下几点:

(1) 确保电子印章私钥的完整性,防止私钥的泄露和损坏,禁止将电子印章交于他人使用。

(2) 一旦发现私钥丢失或泄露,立刻向有关电子印章审核部门报告。

(3) 如果发现电子印章数字证书内的信息发生任何变化,立即通知电子印章审核部门。

(4) 如要撤销电子印章,可以向电子印章审核部门提出申请并办理相关撤销手续。

3. 电子签名的使用及保管责任

机关或单位必须通过向第三方数字签名认证机构提出申请,由认证机构进行审查,颁发数字证书来取得自己的电子签名。秘书人员要携带有关证件到认证机构填写申请表并进行身份审核,审核通过后,可得到装有证书的相关介质(IC卡或密匙)和密码口令。使用时需要登陆认证机构的网站下载证书私钥,才可在网上操作时使用数字证书。

电子签名通过网络发送和接收,其发送可以有以下形式:经发件人授权发送;发件人的信息系统自动发送;收件人按照发件人认可的方法对数据电文进行验证后结果相符的也视为发送。

电子签名接收的时间、地点的确认方式是:

(1) 法律、行政法规规定或者当事人约定数据电文需要确认收讫的,应当确认收讫。发件人收到收件人的收讫确认时,数据电文视为已经收到。

(2) 数据电文进入发件人控制之外的某个信息系统的时间,视为该数据电文的发送时间。

(3) 收件人指定特定系统接收数据电文的,数据电文进入该特定系统的时间,视为该数据电文的接收时间;未指定特定系统的,数据电文进入收件人的任何系统的首次时间,视为该数据电文的接收时间。

(4) 发件人的主营业地为数据电文的发送地点,收件人的主营业地为数据电文的接收地点。没有主营业地的,其经常居住地为发送或者接收地点。

(5) 当事人对数据电文的发送和接收时间、地点另有约定的,从其约定。

秘书人员在使用电子签名时应密切注意,要妥善保管电子签名的制作数据,如果知悉电子签名制作数据已经失密或可能已经失密时,应当及时告知有关各方,并终止使用该电子数据。如果已经失密未及时告知有关各方、并终止使用的,未向电子认证服务提供者提供真实、完整和准确的信息,或有其他过错,给电子签名依赖方、电子认证服务提供者造成损失的,所在单位应承担赔偿责任。

4. 电子签名的认证

电子签名需要第三方认证,由依法设立的电子认证服务提供者提供认证服务。《电子签名法》规定,如需从事电子认证服务,应当向国务院信息产业主管部门提出申请,并持电子认证许可证书依法向工商行政管理部门办理企业登记手续。电子认证服务提供者应当制定、公布符合国家有关规定的电子认证业务规则,并向国务院信息产业主管部门备案。

电子认证服务提供者收到电子签名认证证书申请后,应当对申请人的身份进行查验,并对有关材料进行审查后才能签发电子签名认证证书。

四、介绍信的保管和使用

1. 介绍信的保管

正式介绍信通常为专门印制并有编号,如联系一般事务也有以单位信笺代替者。介绍信一般和公章由同一人保管并使用,与公章须同等重视,不可缺页或丢失。

2. 介绍信的使用

凡领用介绍信者须经主管批准,秘书不得擅自开具发放。开具介绍信时应由秘书自己填写领用人姓名、身份,去往何单位、联系何业务、领用日期、有效期限等项,正本和存根必须一致。与落款处及骑缝线上应加盖两次公章。秘书不得委托他人或让领用人自己填写盖章,尤其不得将空白介绍信或单位信笺加盖公章后交给领用人。否则,出了事故,秘书要负责任。

第四节　值 班 工 作

一般的政府机关、企事业单位的行政部门都是实行 8 小时工作制。白天工作,夜间休息。我国还实行每周双休日制。这样,一年 365 天,有 52 个星期六、日,再加上 11 天法定假日,共有 115 天是非工作日。可是交通、生产、医疗、安全等部门都是每日 24 小时连续工作的,何况业务联系、人来人往、信息传递、自然变化也不可能都限制在工作时日之内,尤其是国际交往、世界性业务还涉及不同时区,这些都需要行政部门采取补充办法,就有了秘书的值班工作。

一、值班工作的组织形式

1. 办公室值班

大多数基层机关和中小型企事业单位采用办公室值班形式,即在每日下班以后留下一至数名人员夜间值班,直至第二天上班,在节假日也安排人员值班,以维持机关、单位不停地运转,各项工作不至于中断或延误。值班人员一般由秘书和其他行政人员轮流担任。值班地点通常就在日间办公的室内,备有办公桌椅、电话机、文件柜、床铺等。

2. 值班室和总值班室

中级机关和大中型企业往往设立专门的值班室,有专职的值班人员,室内除办公用品之外,还放置床铺,以供每日 24 小时工作之用。值班室工作为办公室工作的一部分,人员、任务都由秘书长或办公室主任领导、安排。高级机关和某些要害部门(如防洪防汛指挥部、铁路局等)则设立权限更大、任务更为繁重的总值班室。总值班室实为独立的事务工作机构,通常由机关、单位的副职负责,专事联络、通讯、接待和领导临时交办事务,从无间断之时。

3. 首长电话值班室

这是近几年来各地政府机关开设的专线电话,由秘书值班接听、记录、汇报并处理,其目的是转变机关工作作风,加强领导干部与人民群众之间的联系,直接接受群众通过电话的申诉、意见、建议、批评、举报等。秘书人员区别情况,呈报首长,或转有关部门,或由秘书负责处理。大量事实已经证明,首长电话值班工作已取得相当的成效,获得社会公众的普遍好评。

二、值班工作的基本任务

1. 来访接待

作为办公时间以外和节假日接待工作的补充。值班室为完成此项工作必须配以司机、车辆值班,以及招待所、食堂等值班。

2. 通讯联络

接听并记录电话,接受并登记紧急文件,收受并转送电报等。值班室应保证各种通讯器材畅通无阻,应备有各部门领导人和交通、公安、消防、急救等常用电话号码表,应密切保持与机关、单位负责人的联系。

3. 安全保卫

这和机关、单位保安人员的任务不同。保安人员的任务是整个机关、单位里里外外的防火、防盗,而值班室主要是负责夜间和节假日机关内部机密文件资料和器材等的保护。当然,这两方面的人员和任务是密不可分的。

三、突发事件的处理

秘书人员要认识到,对于突发事件,不仅仅要及时应对、请示领导和妥善处理,更重要的是要有心理和思想准备。各级机关和部门应有完备的应急机制和预警方案,才能保障人民生命财产的安全,维护社会安定,并使事故所造成的损失减少到最低,最大可能地维护组织和领导的形象。

1. 突发事件的种类

突发事件,大到自然或人为灾害,如地震及“9·11”恐怖袭击事件等,一般称之为灾难;小到系统网络中断、磁盘出错等,因其破坏程度相对较轻,一般称为故障。一般而言,有以下几种:

(1) 自然灾害。如地震、洪水、海啸、风暴、自然林火灾、虫灾等。

(2) 人为灾难。有交通事故(车祸、海难、空难等)、人身伤害(凶杀、投毒等)、医疗事故、公共卫生事件(传染病或食物中毒、职业中毒、生物和化学污染、放射事故、医院或实验室感染暴发等)、生产事故(煤井坍塌、锅炉爆炸、工伤事故、计算机网络遭到黑客、病毒侵害等)、经济事件(盗窃、证券诈骗、传销诈骗等)、政治事件(罢工、罢课等)。

2. 突发事件的处理

处理突发事件的基本原则是加强组织领导,坚持实行统一指挥,分级、分部门负责。值班人员处理突发事件的基本要求是:详细了解事件发生的时间、地点、经过、人员伤亡情况和损失情况,及时报告领导和上级。及时处理突发事件,妥善处理善后工作。写出事件的处理经过,报领导审阅后归档备查。

突发事件的处理工作包括两个方面的含义:一是指本系统、本组织、本单位发生了比较重大的突发事故和突发事件,需要紧急决策处理,采取果断措施;另一是指为了防患于未然,或把突发事件消灭在萌芽状态,平时需要做好各项预防、准备性工作,设立自己的信息情报网络,建立预警系统。秘书人员应协助领导全面了解各方面信息,对来自内外环境的因素和组织可能发生的事故、事件做好预测工作,分析事件的性质、规模、后果以及可能产生的影响等。根据情况分析和有关部门共同制定出基本的应对方法、措施、步骤,并做好统一安排。把应急措施用通俗易懂的语言向组织成员进行宣传、教育,以提高预防和处理效果。或可进行模拟训练,提高在紧急情况下按计划、有条不紊处理危机的能力和心理素质,积累经验。做好应对突发事故、事件的精神准备、物质准备和行为准备。秘书处理突发事件的基本过程如下：

(1) 有思想准备和心理准备。突发事件虽然不是经常发生的，但应急预案却应该常记心中，如何应对突发事件的发生，是衡量秘书心理素质和综合能力的重要方面。如遇火灾、盗窃或暴雨、地震等突发事件，秘书人员应遇事不慌、处变不惊，沉着、冷静、机智地加以处理。

(2) 做好通讯准备。对处理突发事件的各种预案和措施，秘书应了然于胸，尤其是熟悉各种通讯方式和通讯手段，如各级领导、公安局、医疗机构、交通部门等的电话、地址。这样才可能在最短时间内联系到各方面。

(3) 问清详细情况。如秘书接到火灾的报告，应问清火灾的地点、火情、扑救情况等。如是食物中毒事件，应该问明中毒地点、人数、病情等。

(4) 采取应急措施。在非常紧急的突发事件发生后，要采取正确的应急措施。如发生大的火灾，应及时通知消防部门，应在报告领导的同时，通知公安部门派人到现场；了解消防力量是否够用，如不够应立即向上级部门报告。

(5) 及时向领导、上司和上级汇报、请示。如我国规定，有人员伤亡的公共卫生突发事件、重大事故和疫情必须在 12 小时内上报卫生部及有关部门，包括事件发生的时间、地点、伤亡情况、发生原因以及当地组织救护的领导、人员、救治能力、采取措施和需要解决的问题等。对此，秘书人员应严格按照制度办事。

(6) 根据领导指示及时处理。如就近组织人力抢救抢险；立即组织救护力量或专业防治队伍迅速赶赴现场进行救护和疾病防治；组织专家尽快到现场查明原因，并提出报告；或依靠邻近机关、单位、部队，或保护事故现场，或紧急转移机要文件和贵重物资等，并根据领导指示进一步做好善后工作。

如果属于刑事案件，必须及时拨打 110，并把事件移交司法、公安部门处理。譬如重大疫情及中毒事故在组织救治的同时，如属破坏事故，应及时报告当地公安等部门；发生计算机等高科技领域的突发事件，需要公安机关执行安全监察工作等。

四、值班工作的制度与要求

1. 交接班制度

由于值班工作是由秘书和其他行政人员轮流进行，有些事在一个班次内办理不完,有些事则要交给日间上班的部门处理,值班人员必须认真做好值班记录,并严格执行交接班制度。在每个班内来访的客人、打进的电话、收受的文件、电报,以及发生的事故等,值班人员都要将内容、情况、处理方法记录在案;需要下一班做的事情或注意的问题也应写明。接班人员应提前20分钟左右到达,双方进行认真的交接。交接的内容有来客登记表、电话记录、文件及登记册,原有的设备、器材、资料以及钥匙等。交接时双方应查明实物与记录是否相符,确认无误后,交班人员方可离开。

2. 请假制度

由于值班工作多在夜间和节假日,人员安排往往紧缩到最低限度,值班人员必须严格执行请假制度。当班人员如有病、事,应提前向主管请假,以便安排替代。接班人员如果迟到,上一班人员应继续坚守岗位,并电话请示主管,不得擅自离岗。

3. 安全、保密制度

值班人员还应严格执行安全、保密制度。在值班时应集中精力,保持警惕,与安全保卫人员密切联系,共同负责整个机关、单位的安全、保卫工作。除值班室外,其他关闭的办公室不得擅自进入,上锁的柜橱抽屉不得开启。不得把家属带入值班室,也不得接受私人来访,更不可在值班室内打牌、喝酒等。

值班室的电话号码表也属于保密范围,不得外传。

思考题

1. 督查工作应遵循哪些原则和程序?
2. 秘书保密工作主要有哪几个方面?有什么重要性?
3. 秘书应怎样管理并使用公章和介绍信?
4. 秘书为什么要做好值班工作?
5. 面对突发事件,秘书应如何行动?

第八章　信息与调查研究

信息，已被看作人类的第三大资源，是领导决策和一切行政工作的依据和基础。收集与处理信息也是秘书工作的主要内容。调查与研究则是人类认识自然的基本方法，也是秘书综合处理信息的重要手段。作为秘书人员，必须对本章内容牢固掌握并能灵活加以运用，工作才能游刃有余，得心应手。

第一节　信息工作

一、信息工作的意义与作用

1. 信息工作是一切行政工作的基础

二十世纪八十年代以来，信息这一概念在我国被广泛运用。它将过去称之为情况、材料、消息、情报、知识等等的东西都能一言以概之曰：信息。信息的定义众说纷纭，最简单的可以这样说："信息是人们对客观世界认识的反映。"一切生产、工作、科学实验活动都离不开信息。从秘书学角度来讲，信息也是一切行政工作、一切秘书工作的基础。比如办会的重要目的之一是交流信息，办文是为了表达和传递信息，调查研究是为了取得和研究原始信息，信访工作是为了收集和研究反馈信息，其他如接待、值班等工作也无不与信息有关。因此，可以说信息乃是一切行政工作的基础。

2. 信息是领导决策的依据

信息是人们对客观世界认识的反映，而决策则是人们对适应客观世界、改造客观世界所决定采用的策略和措施，后者必须以前者为依据。但任何决策又不可能百分之百地符合客观实际、适应客观实际发展的需要，这就要在决策施行之后收集反馈信息。反馈信息有两种:一种证明决策是正确的,需要加强,此种反馈称之为“正反馈”;另一种则证明决策是有缺点的,甚至是错误的,需要加以修改甚至推翻重来,此种反馈称之为“负反馈”。人们的认识过程是这样的:认识──→实践──→再认识──→再实践……而人们的决策过程则是:信息──→决策──→执行──→反馈──→再决策──→再执行──→再反馈……依次循环,以至无穷。当然,人们期望是呈螺旋形上升的良性循环,而不是原地兜圈或倒退的恶性循环。信息、决策、执行、反馈的良性循环可以用以下简图来表示:

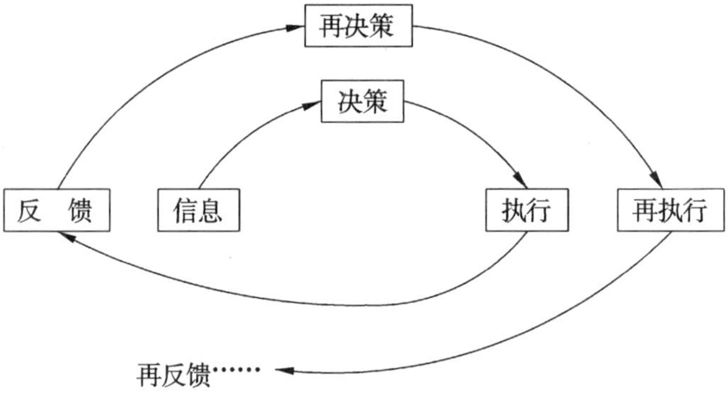

秘书是帮助领导者收集、整理、研究、提供原始信息和反馈信息的。秘书做好信息工作,则起着支持和辅助领导正确决策和再决策的重要作用。

3. 信息工作是增进秘书才能的最佳途径

信息工作涉及的面很广,既需要广泛的知识,又需要多种能力才能做好。比如阅读能力、理解能力、分析能力、综合能力、写作能力以及运用电脑的能力等等。所以说,从事信息工作乃是培养和增进秘书多方面才能的最佳途径。

二、秘书收集信息的主要内容和形式

1. 信息的主要内容

信息的数量和规模浩如瀚海,又无穷无尽,随着知识经济的到来,信息呈爆炸式渗透到我们每个人的生活中。政府机关和企事业单位需要的信息在内容、性质、层次、要求等方面都不一样,也即各行各业需要的信息应有所侧重。作为秘书，应收集的信息内容可以概括为以下几个方面：

（1）政策法规信息

这主要是指中央领导人的有关方针、政策的重要讲话，国家和地方政府颁布的法令、法规、条例等等，通常以文件形式下达或在报纸杂志上公开发表、刊登。这些宏观的指导性、规范性的信息是每个机关或企事业单位都必须遵循、遵守的，是每一个主管都必须理解、掌握的，秘书应认真地加以收集。

（2）指挥性信息

这是指上级机关、单位有关工作、生产的指示、指令、通知、计划、批示以及政府主管部门的管理性、业务指导性的办法、细则等，通常以内部文件、公函等形式下达。这些微观性但有针对性的信息对工作、生产有具体的指挥作用，往往是主管部门和主管领导必须熟知并遵照办理的，秘书也不可掉以轻心。

（3）本单位信息

这包括本单位内部的、来自上下两方面的信息以及本单位和外单位各种直接业务往来的信息。来自上面的如工作计划、单位主管的指令、批示、会议记录、会议纪要等，业务往来的如合同、协议书、工作函件等。这些都是单位决策和直接的经营管理性信息。来自下面的如各种工作报告、总结、生产报表、业务记录、账目等等。这些是操作层执行决策的反馈信息，也是领导层加强或修改，或者重新决策的依据，秘书自然需用心加以收集的。

（4）社会反馈信息

这主要是指人民群众对政府机关，顾客、客户对企业的信件、访问、电话中所反映的正反两方面的反馈信息，也包括报纸杂志、电台、电视台等新闻媒介对本单位的评论。这些信息反映了机关、单位工作的社会效果和社会声誉，关系到组织的生存和发展，也是秘书所不可忽视的。

（5）可比信息

这是指不同地区、不同国家的同类事务可作横向比较的信息，以便参照学习，取人之长，补己之短。比如上海的城市交通建设可与北京、香港、东京、纽约等大城市比较。因为这些城市的规模、人口数量、经济发达程度、科学技术水平都有相似之处，都存在着可比性。可比信息还包括同一单位在不同时期的情况、指标、数量、质量作纵向比较，以便看出进退盛衰，自我总结经验，找出失误和教训。比如某商品销售额本月与上月相比，某地区物价某时期与上年同期相比等等。秘书应注意收集这些可比信息。

(6) 相关信息

这是指粗看起来各不相干,当为研究某一课题时却相互有关联的信息。比如新建企业第一步是选址,在选址时不能只考虑土地位置及面积大小等几个简单的因素,还得顾及周围的道路交通、产业结构、社区环境、原料产地、人才市场、销售地区等相关因素。政治风云、经济形势、社会动态、突发事件,甚至领导人的健康、性格、素质等构成相关因素以致发生重大事件、重大变革的例子也是屡见不鲜的。秘书就应该注意收集本机关、本单位的相关信息。

(7) 未来信息

现代社会的决策者,不能只看过去,也不能只看目前,而应目光远大,看到将来,富有预见性、前瞻性。秘书就应辅助领导、上司注意收集社会发展、经济发展、科技发展、科学推断和预测的未来信息。

过去的秘书往往只重视收集前三种信息,它们大都是送上门来的,秘书坐在办公室里只要花很少精力或不花代价就可收集。而后四种信息却是满天在飞,满地在跑,它们出现在报纸、杂志上,出现在广播、电视中,出现在人们的交谈中,出现在社会每一个角落里,既无处不有,又稍纵即逝。这些信息是要秘书随时留心,随时动手,并且花一定的代价才能收集到的。

2. 信息的形式

信息的形式,或称表现形态有三种,即文字形态、声像形态、记忆形态。

(1) 文字形态信息。即以书面形式,包括文字、数字、图形、表格等等形式表达的信息资料,一般为以下类型:

报纸、杂志中的社会信息、反馈信息、动态、行情等等;

政府机关、主管部门下达的文件,公开发表的法规、宣传资料等等;

各种有价值的图书、专著、译著、图录、地图等等;

国外的专业杂志、科技文献资料、新产品说明书等等;

本地区、本机关、本单位的内部资料,如档案、总结、报表、大事记、地方志等等;

专业文献、词典、百科全书、年鉴等综合性的资料;

名人录、企业名录、电话号码簿、名片等等。

秘书在收集和使用这些信息时必须注意:报纸、杂志、文件、图书、档案等信息通常为原始信息,或称为“一次文献”,价值较高。词典、百科全书、年鉴、名录等信息则是经过整理、摘编的，往往不能显示其全貌，又可能掺杂有编者的意图，是所谓“二次文献”或“三次文献”，价值相对较低，只能作为参考或索引。但这些信息资料的优点是信息量大、面广、综合性强，可为信息收集者节省不少时间和精力。

(2) 声像形态信息。即各种图文并茂的图书、照片、录音带、录像带、电影片、模型、实物所表达的信息。这类信息的优点是声、形、色、像并举，给人视觉、听觉或感觉的强烈印象，具体、真实而且栩栩如生。缺点是往往不够全面、深刻，有些观念、心态、思想等抽象的内容以及未来的、想象的、预测的事物不能很好地体现。所以，秘书最好是将声像信息与文字信息配合使用，可互相补充、相得益彰。

(3) 记忆形态信息。即存在于人们脑海中还未以文字或声像表达的信息，又被称为“零次文献”或“零次情报”。秘书收集这类信息只能通过采访、交谈才能获取。其优点是尚未发表过，有新鲜感；缺点是往往不成熟，具有不确定性。

3. 信息的渠道

信息的渠道是以信息的产生、发出(信源)和信息的到达、收存(信宿)之间的传播渠道(信道)。可分为机关、单位的内部渠道和外部渠道；外部渠道又可分为国内渠道和国外渠道。

(1) 内部信息渠道与对象。即机关、企事业单位内部领导层、管理层、操作层之间的上下信息沟通与传递；各部门、科室、车间、班组之间的横向信息沟通与传递。这样纵横交错的渠道，必然形成大大小小的信息网络和信息系统。具体信息对象如：

工作、生产、经营、教学、科研的计划、总结；

统计数据、生产报表、销售记录等具体的原始资料；

各种会议记录、工作日志、大事记；

正式形成的文件，如决定、决议、请示、报告、简报、通知、合同、协议书、诉状等的原稿及存本；

调查报告、分析报告、预测报告；

员工名单、登记表、情况表、奖惩、任免、调动记录等人事档案；

产品分析、工艺流程、试验过程、技术资料、技术开发与引进等科技资料与档案；

领导和重要员工活动的发言、讲话的录音带、照片、录像带、奖品、奖状等等。

(2) 国内信息渠道和对象。如:

中央、省市党政领导机关和主管部门的来文,如指示、决定、批复、通知、通报、条例、规定、办法、细则等等。

有工作或业务往来的来文和信息性文件,如信函、合同、协议书、简报等等;

有工作或业务往来的电报、传真、电话等;

政府的信息网络、各种网站;

电台、电视台、报社等新闻媒介单位;

各种会议,如研讨会、座谈会、新闻发布会、记者招待会、展览会等;

图书馆、博物馆、档案馆、咨询中心、调查研究机构等专业信息机构;

高等院校、科研机构、各种专业学会、协会、研究会等;

有业务合作的代理机构,如企业销售、维修网络等;

社会信息源地,如茶楼、酒馆、饭店等。

(3) 国外信息渠道与对象。如:

国外的各种有关报纸、杂志、专著、影视片等;

国外有关咨询机构、企业集团、公共关系公司等;

国外代理机构及有业务往来的单位;

驻外使领馆、驻外办事处、商社的新闻发布和研究报告等;

各种专业性的国际会议;

友好人士往来与组织、团体的互访、交流等等。

三、信息工作的程序和方法

信息传播的基本形式是由"信源"发出信息,而信息的内容由"载体"(声、光、电波、文字、图像等)通过"信道"传递至"信宿"(信息的归宿,即接收处)。秘书则既是信宿,又是信源,是信息的集散地和传播者。信息工作的程序主要有收集、整理、加工、提供、传播、储存及管理等。

1. 收集

前文已述,秘书信息的来源有文件、信函、报纸、杂志、书本、电话、广播、电视、互联网,以及人们的口头传播等。与此相应,秘书收集的方式方法则有:

(1) 收存。各种文件、信函的收受、登记和保存。

(2) 复印。报纸杂志和书籍上的信息，可以择其需要者复印。

(3) 记录。电话、广播、口头传播（包括会议发言和各种交谈、讲话等）都可采用现场文字记录或回忆记录。

(4) 录音。电话、广播等信息也可采用录音，但口头传播录音需征得讲话人的同意。

(5) 录像。现场、实物、电视中的信息可采用摄影、录像等方式。

(6) 电脑。电脑收集信息的方式主要是秘书自己制作软件，或利用一些信息检索工具收集和筛选，或进入国际互联网，通过网络达到国内、国际间信息的共享。

除此之外，秘书还可以通过购买、交换等方法收集信息。

2. 整理

现代科技的发展使秘书收集信息无须只凭耳听手记，收集的信息量几乎无可限制，但信息也并非“韩信将兵，多多益善”，过多的信息也会白白浪费精力和物力。即使收集时已注意初选，但一段时间之后，累积起来的信息仍会大大超过实际的需要量，这就需要进行整理和加工。整理的方法主要有：

(1) 分类。对大量的信息，第一步工作就是分门别类，理清头绪，俗称“梳辫子”。分类应有科学的标准，为了和档案工作连接，一般参照“档案系统类目表”，如企业信息初步分为：行政管理、经营管理、生产技术管理、科学研究、企业产品、基本建设、设备仪器等大类。行政管理大类又可细分为：行政事务、法纪检察、审计工作、人事管理、教育培训、治安保卫、医疗卫生、后勤福利、外事工作等小类。经营管理大类又可分为经营决策、计划工作、统计工作、财务管理、物资管理、产品销售、综合对比（本企业与竞争对手）分析等小类。每一小类还可分为若干细类。

(2) 筛选

信息筛选的第一步是甄别，就是秘书运用知识和经验将已经初步分类的信息（经过分类的信息便于比较和区别）甄别，将其划分为真实信息、虚假信息；真实信息又应划分为有效信息和失效（过时）信息。第二步是剔除虚假信息和失效信息，保留真实且有效的信息，达到筛选的目的。

3. 加工

加工信息有三种基本要求：

(1) 充实与综合。信息按其对决策的重要程度可分为依据性信息(如政策、法规、决议、重要计划、主要数据、关键技术、典型事例等)和参考性信息(如一般通知、信函、会议记录、社会消息、科技知识等)。对依据性信息,秘书应认真查对出处、核实原件,地名、人名、时间、事实、数据等都要准确无误,注明旁证材料和补充材料,使之得到充实提高。对参考性信息,则进行综合和概括,从数量中求其质量。

(2) 提炼与摘要。对篇幅较大、含量多而分散的信息材料,秘书应加以提炼,挤出其水分,留下其精华,重新加以编写;对篇幅较小、重点信息表达比较集中的信息材料,秘书可以采用择其要点、摘录原句、重新编排的方法。

(3) 归纳与分析。对叙述性信息,秘书应找出其事实中的要素并加以归纳;对评议性信息,秘书应先找出其主要论点与主要论据,然后分析其论点是否正确,是否有新意,核查其主要论据是否确凿、有力,论证方法是否科学、合乎逻辑,最后再确定该信息的有效价值。

4. 提供

秘书收集、整理、加工信息,最终目的是提供给领导、上司和同事利用。提供信息应注意以下几点:

(1) 适事。这是指提供信息应有针对性、适用性。领导、上司要解决什么问题,秘书就应提供什么样的信息,既不可牛头不对马嘴,也不可泛泛而论,或老生常谈,看不出重点和新意,而应提供最本质、最新鲜、最典型、最能说明问题的信息。

(2) 适时。领导、上司要解决或处理的问题往往有时间性,秘书提供信息也应把握适当的时机和时间。迟了,放马后炮固然不行;但过于早了,领导、上司马上就看,会造成分心;暂时搁在一边,又容易造成贻误。所以有经验的秘书应看准时机提供信息,能帮助上司提高工作效率。

(3) 适度。适度包括两方面的含义:一方面是指信息要全面,不能片面,既要提供正面信息,也要提供反面信息;既要提供上面的信息,又要提供下面的信息;既要提供本单位的信息,又要提供外单位、外省市甚至国外的信息,以供领导和上司全面考察,取得正确的结论。另一方面是指信息要适量,过分少了,当然不能正确解决问题;过于多了,又会使领导或上司无所适从,不得要领,最好是能恰如其分。

5. 传递

有些信息需要秘书传播出去,传播的方式,如前所讲述有口头、书面、电讯、电子邮件等方式。传递的途径则有单渠道和多渠道之分:单渠道传递信息有利于保密,多渠道传递有利于信息的印证,保证其准确性。信息传递的要求是:

(1) 迅速。信息的传递应尽量减少周转,简化手续,尽可能采用直达的、先进的传递方式,使信息传递迅速、及时,充分发挥其时效性和共享性。

(2) 准确。信息传递无论是用口头方式、书面方式、电讯方式或电子邮件方式,都要发挥人为的和机器的积极因素,避免差错,排除故障或干扰,达到尽可能地准确。

(3) 保密。有些信息具有共享性,无须保密,只要求准确和迅速,谁先抢到谁就能先发挥作用。另有些信息则具有专用性,就需要保密。一旦泄密就会失去优势,甚至造成损失或危害。信息传递的保密包括传递人员的保密,传递方式的保密,传递内容的保密,传递时间的保密和传递过程的保密。

6. 储存

暂时不用但将来有用或可能有用的信息就要加以储存,储存的方式和要求是:

(1) 原件储存。如文件图纸的原稿、正本、录音带、录像带、胶卷底片、实物等的储存。

(2) 目录、索引储存。大量的信息资料,秘书应另外编制目录、索引置于原件之前一并储存,以便检索、查找。

(3) 软件储存。使用电脑的秘书可将信息资料制成软件,储存于软盘、光盘或其他电子介质中。

(4) 储存的要求是必须有专用的柜、橱或保险箱,要具备防盗、防火、防潮、防虫的功能和条件。

(5) 信息储存应科学地存放排列:可按信息资料的来源地区或篇名排列,或按信息产生的时间排列,或按信息资料的内容分别排列,也可按信息的形式排列。

7. 检索

信息储存的目的是为了日后需用时可以迅速而准确地提取,因此储存时就应考虑检索问题。信息检索分为手工检索和计算机检索两大类。手工检索就是将信息制成"文摘"、"索引"或"目录",本机关、本单位可用簿式或卡片式,也可汇编成"信息资料指南",既有近期资料,又有历史资料;既有国内资料,又有国外资料。“信息资料指南”往往由专业机构编印成书刊,以供社会各界利用。计算机检索,又称电脑检索,可由本机关、本单位秘书编排存储,自存自索,也可进入互联网,与其他机构、单位交换信息或共享信息。

第二节　调查研究的含义和作用

一、调查研究的含义

调查与研究,是既有密切联系又有区别的两个不同的概念。调查,是指采用种种科学的方法和手段以取得客观世界材料的过程;研究,则是指对调查得来的材料进行分析、比较、归纳、演绎等一系列过程。调查是前提,是基础;研究是后续,是深化。调查是为了掌握事实,是手段;研究是为了从事实中发现问题并找出解决问题的办法,是目的。我们经常说的“实事求是”,就非常清楚地说明了调查与研究的关系。“实事”就是查清事实,“求”就是寻求,“是”就是正确的答案。

有一种传统的观念认为,秘书是领导的助手,应该帮助领导做调查工作,但只是停留在调查这一步,而研究工作乃是领导者的事。现在这种观念被打破了,秘书既要当助手,又要当参谋;既要收集、提供信息,又要综合处理信息,包括研究信息,得出结论,提出方案,领导的主要工作则是审核和选优。由秘书亲手调查得来的材料,再由秘书自己加以研究,更具有直接性、形象性和丰富性,只要秘书具有一定的研究能力,也就更容易得出正确的结论。

二、调查研究的作用

调查研究的重要而又普遍的作用是很明显的,可以说,要做好任何工作、要进行任何成功的活动都离不开调查研究。大而言之,人们只有充分认识了世界,才能进一步改造世界。一个国家、一个政党、一个企业为谋求生存和发展,需要制订方针、政策、法规、计划等等,必须先进行调查研究;小而言之,写一篇内容充实的文章,正确使用一个人,开一次有效的会议,也必须事先作调查研究。其主要作用可概括为以下几个方面:

1. 收集原始信息,以支持领导决策

马克思主义认为,实践是检验真理的唯一标准。领导作出任何重要的决策,都必须以经得起精确的客观检验的事实为基础。而这些“经得起精确的客观检验的事实”,只能来自于领导者亲自调查研究,只有精力、时间不济,或次要问题才授权或委托秘书去做。通常是大量的面上的情况由秘书去调查、分析或综合,领导者再从中选择重点的或典型的进行深入研究或复审,务求达到“精确”,才能作为决策的根据。

2. 取得反馈信息,作为修订或重新决策的依据

决策之后的下一步就是执行,也就是由秘书辅助领导者制订具体计划,组织人力物力去实施。实施过程中又必须有领导的指挥、秘书的协调和辅助控制。实施的过程也就是“检验”的过程。而调查研究又正是检验政策执行结果的主要手段。秘书应帮助领导收集反馈信息。反馈信息可分为正反馈和负反馈两类:凡证明政策基本可行,有利于促使政策完善的信息,称之为正反馈信息;凡证明政策基本无效甚至有害,必须加以修改或者重新修订的信息,称之为负反馈信息。秘书必须坚持实事求是的原则,是喜报喜,是忧报忧,才能为领导修订或作出新的决策提供正确的依据。

3. 解决常规各种问题,处理突发事件的必要手段

机关与企事业单位为解决日常工作、管理、生产、营销等问题,尤其是处理一些突发事件,都少不了调查研究。比如撰写计划、报告、总结,编发信息简报,确定会议议题,收集会议资料,人事任用,原料与人才市场,产品质量,消费品市场与消费者心理,新工艺与新科技,以及突发事件与意外事故等等,都需要做一些临时性的、具体的调查研究。

4. 提高秘书人员自身素质的主要途径

调查研究的水平和能力,是秘书人员理论修养、政策水平、专业知识、业务能力、社会交往乃至处理人际关系能力等综合素质的体现。调查研究也是一个文员或办事员能否提高到成为一个称职秘书的主要标志之一。机关、企事业领导人如果委派某秘书对重大课题作调查研究,本身就意味着信赖程度较高,秘书应抓住这种机会尽最大努力去做好它。通过调查研究活动,秘书可以提高理论修养和政策水平,可以扩大知识面,加深某些专业知识,可以更广泛地深入地了解社会、了解人,积累并丰富工作经验和人生阅历,可以提高分析问题、研究问题和解决问题的能力,从而为承担更重大的工作责任、作出更多的贡献做好准备。

第三节 调查研究的内容、类型与方法

一、秘书调查研究的内容

秘书进行调查研究的内容主要有以下几种：

1. 基本情况调查

秘书人员应主动地、经常地对本地区、本机关、本单位的基本情况做调查，以掌握全面确凿的资料。比如县级机关的秘书，应对本县的山川地貌、土地面积、资源分布、历史、人口、工农业生产、文化、教育、卫生、科技、交通、城镇设施、经济规划，乃至风俗人情等作全面的调查，还应对本机关的行政机构、党团工妇组织、干部配备、人员状况、主要工作和规章制度等进行调查。

工商企业秘书应调查的基本情况有：组织机构、生产设施、工艺流程、固定资产、流动资金、原材料、能源动力；职工人数、年龄性别状况、文化程度、技术水平、工种分布；科技人员、管理人员的数量、专业、分工、技术等级、智力、健康状况；产品的产量、销售量、质量、市场动向；新产品试制、工艺和科技发展方向；生产成本、利润、职工工资、福利水平、规章制度；以及广告、宣传、竞争对手的情况等进行调查。

以上所举情况既是现状的，又应该有历史的，便于比较、分析，看得出变化、发展。秘书人员通过调查研究掌握这些基本情况，便可密切配合领导工作并备领导咨询之需，便可掌握工作的主动权，变被动服务为主动服务。

基本情况调查可采用实地观察、个别访问、查阅书刊、文件、档案、统计报表等方式。一般情况下，基本调查应在平时利用工作之便或工作之余，分散地进行，日积月累，终有成效。

2. 专题性调查

这往往是上级机关交办的、或本级领导指定的、或配合中心工作进行的对某个专题进行的调查。如对某一政策、法规、主要会议的反映；或是对干部状况、知识分子状况、住房状况、青少年教育、健康状况进行的调查；或是对企业产品质量、销售状况、市场供求状况进行的调查。

专题性调查通常要求秘书在短时间内集中力量进行，掌握专题有关的一般情况和特殊情况。专题性调查可采用召开座谈会、个别访谈、查阅资料、书面问卷等方法进行。

3. 经验性调查

这是指对某个单位、部门、班组、个人的工作或生产经验进行深入地调查、总结，以便宣传、推广。经验性调查要求选准调查对象，确是先进单位或先进个人，其经验比较成熟，具有一定的代表性。秘书进行经验性调查，可采用访问单位、部门负责人，听取介绍，采访当事人，召开群众座谈会听取意见等方式。

4. 突发事件或事故的调查

这是指地区、单位内突然发生的事件或事故，或是政治性的、或是经济性的、或是生产性、技术性的；有发生于集体的，也有发生于个人的；有人为的，也有自然因素造成的。事件或事故性调查，要求秘书人员迅速查明事实真相，查明原因及后果，分清责任并尽可能提出处理的办法，以便领导决策解决。这类调查特别需要认真、仔细，注意某些关键性细节，尤其是应注重对材料的分析研究。

事件与事故调查，可采用现场察看、访问当事人和知情人、查阅技术资料和档案材料等方式进行。重大事件、事故往往由秘书人员配合保卫、公安部门共同进行。

二、调查的类型

根据调查研究内容、性质、目的、要求的不同，调查分为不同的类型，主要有：

1. 普遍调查

普遍调查，简称普查，它是指对总体对象中每个具体的单位无一例外地进行调查。它适用于重大的基本情况调查。比如，我国对人口、土地资源、工业企业都是实行普查。普查得来的资料全面、客观、精确，但缺乏生动性、具体性。由于普查范围广、对象多，工作量也大，只能采用书面问卷和数学统计方法。大规模的普查还需要统一的时间限度，否则会发生明显的偏差，如我国进行的第五次人口普查把时间定在 2000 年的 11 月 1 日零点整。

2. 典型调查

典型调查,就是从总体或不同类型的对象中选择个别有代表性的单位进行调查。它适用于经验性调查。其调查结果往往被用以推断、推广到总体或同类对象。在我国历史上,典型调查曾被广泛使用。在人力、物力等条件不足时,典型调查不失为一种有效的方法,因为它的对象少,便于集中、深入地进行调查,得来的材料生动而具体。但典型是调查者"选定"的,有人为的主观因素,一旦选错了对象便可能前功尽弃。而且,典型调查侧重于定性分析,有特殊性,如果硬性推广至总体,容易犯"一刀切"的毛病。因此,通过典型调查以树立典型,适合于思想品质、精神道德因素方面,而不适合于工农业生产、科技或商业活动等方面。

3. 个案调查

个案调查,就是对个别的对象进行调查,如前面讲过的突发事件或事故调查。它有明显的针对性,发生什么问题,调查什么问题,解决什么问题。但个案调查又往往不局限于当地、当事人本身,常常涉及历史背景、社会环境及其他种种因素。因此,调查时应充分加以注意,不能就事论事。

4. 重点调查

重点调查,就是对调查对象总体中部分起主要作用或决定性作用的单位作调查,再将其结果推论至其他一般单位。它与典型调查的最大区别就在于:典型是人为选择的,而重点是客观存在的。如要调查我国轿车生产情况,上海大众汽车公司就首当其冲,因为上世纪末行驶在全国道路上的汽车将近一半是上海大众生产的。要调查上世纪末我国彩电的生产销售情况,必须把四川的长虹电子集团放在主要位置,因它被称为"中国的彩电大王",每年生产彩电数量为近千万台,在全国的市场占有率达25%以上。从长虹的发展历史看,早在1973年就开始研制名品电视机;1979、1985年从日本松下公司引进两条彩电组装线,通过自己的仿制、研究和改进,使市场能力急速提高;1986年生产电视机32万台,利润2亿元;1996年销售彩电480万台,市场占有率27.4%。长虹集团是我国民族家电企业的骄傲。从以上事例可以看到,重点调查既可作定性分析,又可作定量分析。调查方式也多种多样,确是花费小而成效高。但如果各单位彼此之间情况相差不大,也不能硬从"矮中拔高",如此,就犯了与盲目选典型同样的错误了。

5. 抽样调查

抽样调查,就是从总体中抽取部分样本进行调查,将其结果推断总体。

可以说，它是典型调查与重点调查的放大，是普遍调查的缩小，介于两者之间，兼有两者的优点，在现代社会使用最为普遍。

有些课题，如“状态性”或“倾向性”的调查，不需要全面或生动、具体的资料，而只要了解一般状况或倾向，那就不必进行普查，采用抽样调查就能达到目的。如要了解某城市居民的生活费用、电视节目的收视率等等。西方国家常用的调查对某一政党倾向的民意测验，也属此类。

抽样调查又分随机抽样和非随机抽样。随机抽样，是对总体采用同样的“概率”（各个体单位机会均等）抽取样本。如果总体数量很大，可采取分段、分层或整体抽样。非随机抽样又称立意抽样，是调查人根据需要确立不同的意图，如选择不同的地区、范围、时间，或先将总体对象分类然后对不同类型对象采用不同概率抽样。随机抽样和非随机抽样各有所长，视调查者的要求而定。

三、调查的方法

调查的方法主要有观察法、访问法、文献法、问卷法等。

1. 观察法

观察法，就是调查者对调查对象（人、事、物、环境、场所等）的状态、变化进行直接凭肉眼或借助于工具、仪器（照相机、望远镜、放大镜等）作观察、记录。

观察法侧重于了解调查对象的外观、形态、动作或变化的特征及过程。观察法可分为局内观察和局外观察，又称参与观察和非参与观察。对于一些可预计的事物，调查者应尽可能采用参与观察，比如了解某先进人物事迹或某工艺流程，调查者随同参加工作或操作，同时作比较细致的跟踪调查。而对一些突发事件，那只能在事后作非参与观察。参与观察是动态的，便于了解发展变化的过程；非参与观察是静态的，只能了解某一个片段。

实施观察法，要求调查者首先要确立观察的重点，不能浮光掠影，走马观花。其次要用心。所谓用心就是善于专注，边观察边思考。重要的应做记录，事后再仔细研究。当然，还有一点就是要懂行。调查者对观察对象应有一定的知识和经验，才能从中得到需要的信息。

2. 访问法

访问法比观察法更进了一层。它除了看之外还可以问。观察的对象可以是人，也可以是物，或是景，而访问的对象就只能是人了。观察法的深度全凭观察者对观察对象的分析、理解,而访问法却可以通过与对象的交流、讨论,了解更深层的内容。但是,也正由于访问法的对象是人,要与人打交道,想取得预期的效果,访问法实施起来也比观察法复杂得多。最重要的一点就是调查者要取得被访问者的信任和合作,其次是要掌握一定的策略和技巧。

访问的对象可以是个体(犹如记者采访),也可能是群体(通常以召开座谈会的方式)。访问的个体对象通常是当事人或知情人;群体对象则往往是知情人或能做分析、议论、评估的人。

调查者进行访问时,首先必须态度诚恳、和蔼、谦虚,与被访者建立良好的人际关系。我国著名的社会学家费孝通教授在他的《社会调查自白》中说过:“访问的基础是与被调查者搞好关系,使自己成为他们可以信赖的朋友。历次调查经验告诉我们,没有一定的关系之前,缺乏信任感,连搭上话都困难,更不要说谈出真实情况了。”

其次,提问要讲究策略。根据提出的直接和明确程度有结构式访问、无结构式访问、半结构式访问三种。结构式访问就是调查者根据事先拟就的提纲或问题直截了当地提出,一般适用于比较熟悉或有了一定基础的被访者,适用于与被访者没有直接利害关系的问题。被访者可以无顾忌地直接、明确回答。无结构式访问就是调查者将问题做些隐蔽,或采用委婉的方式提出,或以聊家常的形式交谈。这种方式可使被访者少些顾忌,适用于比较生疏的被访者或是比较敏感的问题。半结构式访问则介于两者之间。但无论采用何种方式,调查者都应注意不要问及被访者的隐私或不幸的事。如果无意问及,应立即致歉。

结构式访问可以当场记录,非结构式访问则不宜当场记录,而只能事后作回忆笔记。

访问法可以是个别访谈,也可以采用座谈形式。召开座谈会要控制人数,一般以三五人,至多十来人为宜。人太少了不能集思广益,人过多了则影响发言面。调查者要善于启发、引导,又要注意不要轻易打断别人的话或过早地做结论。座谈会的优点是参加者可以互相启发,反映的情况与意见比较全面;缺点是容易产生随声附和的现象。调查者应做冷静、客观分析,不要盲目相信多数。另外,涉及机密的内容不能在座谈会上讨论,防止人多嘴杂而泄密。

访问法的优点是与被访者面对面地交谈,可以追问,可以讨论,了解情况能够全面、深入。又是边问边看，察言观色，容易辨别情况的真伪程度。缺点是费时费力，难以作大规模的调查；而且问题难有统一、科学的标准，所得情况不易作定量分析。

3. 文献法

文献法，是指调查者查阅有关的书面资料（包括报刊、文件、档案以及照片、图表、录音、录像、影片等），以获取所需要的材料。

文献，按其加工程度而分为一次文献、二次文献、三次文献。一次文献又称原始文献，是指作者的直接创造，如首次发表的文章、公布的文件、出版的著作、讲话及会议记录稿、原始档案等。这是最真实、准确、可靠，也是最有价值的文献。二次文献是指非一次文献作者对一次文献进行加工、转引、摘录、摘要、编译而成的文献，如各种教科书、简报、文摘、综述等。二次文献比较容易阅读，重点突出，但往往不够全面。三次文献则是在一次、二次文献基础上经综合、分析、高度概括并整理有序的文献，如词典、百科全书、年鉴、索引等。三次文献涵盖面宽，内容简明，适于了解各种基本知识或信息来源，但不宜作为重要依据。文献的形成程序由一次而二次而三次，查阅文献则逆向而行。常常先查三次文献，由三次文献提供的线索再找二次文献，最终还是以一次文献（原始资料）为准。

搜集文献的顺序一般应先近后远，先小后大，先具体后抽象，先简单后复杂，先当代后古代，先正面后反面，不能眉毛胡子一把抓，以致陷入瀚海不能自拔。

具体方法可以做摘录笔记或卡片、写内容提要、重点页面复印、翻拍照片或图纸、复制录音或录像等等。

文献法的优点是资料丰富，时间、空间跨度大，可以上下几千年，纵横数万里，搜集观察中受制约少，花费也低；缺点是所获得的信息总是滞后于现实，也往往缺乏生动性、具体性。

4. 问卷法

问卷法就是调查者把需要了解的情况设计成不同类型的题目并组合成书面问卷（又称调查表），由被调查者做书面答案。

问卷的题目有两种类型：一种称为开放式问卷，另一种则称为封闭式问卷。开放式问卷题型是填充题和问答题，由被调查者自由填写、回答，不受限制。封闭式问卷的题型则为选择题和是非题，被调查者只能在有限的范围内选择答案作或肯定或否定的判断。封闭式问卷的优点在于用数字或符号表示答案,便于计算机统计;缺点是答案有限定,只有几种大体类型,无法调查特殊及深层的情况。开放式问卷便于答卷人各抒己见,答案比较丰富、具体,既有共性,又有个性;缺点是无法用计算机统计,只能由人工阅卷。

问卷法可以大规模进行,比较省时省力,但其质量的关键在于题目和答案的设计。因此,调查者决不能想当然地闭门造车,最好事先作些典型调查(可采用访问法),了解切实情况之后,再由个别扩大至一般,设计出符合一般情况的问卷。

秘书人员作调查时,应把调查目的、课题、项目和调查类型、调查方法结合起来。根据调查目的、课题、内容、性质、范围、对象以及项目等确定调查类型,再由调查类型选用调查方法。比如典型调查和个案调查可用观察法、访问法和文献法;重点调查可用观察法、访问法、文献法和问卷法;普查和抽样调查则以问卷法为主,辅之以文献法。

四、研究的方法

调查得来的材料往往只是一些表象、事例、情况和数据,必须加以研究,才能了解事物的特征和本质,了解其内在联系和规律,才能发现问题并找出解决问题的答案。

研究的方法主要有:

1. 归纳法

归纳法就是将多件同类的个别事物归在一起,从中概括出共同属性或特征以加深认识的研究方法,也是常用的逻辑推理方法之一。例如 1997 年下半年中国人民大学社会学系在北京地区进行了一次职业声望的抽样调查。调查选取了能反映中国职业结构的 100 种职业,按各职业在公众中声望的高低进行排序,顺序排列的前十名为:科学家、大学教授、工程师、物理学家、医生、经济学家、社会学家、法官、飞行员、检察官。研究者归纳得出“这是公众对这些职业工作者的社会功能、社会贡献、知识水平和专业水平的综合肯定,也是对知识价值、脑力劳动的充分肯定”的结论。而职业声望排位较低的后十名依次是乡镇企业工人、进城经商的农民、单位保安人员、进城打工的农民、搬运工、保姆、包工头、废品收购人员、人力车夫、传达室人员。又可归纳出:服务性行业和劳动强度高、工作环境差的职业仍然受到人们的轻视,其中又和改革开放后社会保障、福利待遇等的变化因素有关。

2. 综合法

综合法就是将众多的零散事物进行横向组合或纵向串联，视作一个整体进行研究。它比归纳法具有更大的概括性，也更为复杂。例如二十世纪九十年代初，上海为了准备市九届人大三次会议的召开，通过各区、县、局自下而上征集的意见和要求近2000条。这么多的意见、要求怎样才能反映到会议上去？市政府只能作综合研究，将这些意见组合、串联、比较、筛选，区别轻重缓急，分清主次，取重点、取多数、取有代表性、取有可行性，最后提出十项工作安排。又将市民最普遍关心、也是城市发展最重要的内容综合概括为“交通、住房、菜篮子”三件大事七个字，确是抓住了要害。

3. 统计法

统计法就是运用统计数据来描绘社会经济现象的状况和变化，认识社会经济规律的方法。一切客观事物都有它的量和质两个方面，而且量变可以导致质变。因此，研究量的方面，多作数量分析至为重要。比如要了解上海人的生活水平，取典型则两头悬殊太大，不能说明问题，只能取平均数，取数量，又可作纵向或横向的比较。上海2000年人均国内生产总值超过4000美元，而同时期全国人均为800美元左右。又据对上海500家常住居民的抽样统计表明：1986年7月，人均月生活开支为67.5元人民币；1989年12月为99.6元人民币；1996年3月为380元人民币；1999年年底为408元。市民中有76％收入在平均数以上；24％的居民收入不足平均数。以上几个简单的数据，已可对上海人的生活水平及其发展变化有个大概的了解。

4. 比较法

比较法就是把两个或两个以上即同类又有不同之处的事物放在一起比较、分析，可以更深刻地认识各自的特征。在进行比较时必须注意：作为比较对象应该具备某一方面或某些方面的共同性质。这种同质性越高，可比性越大；如没有同质性，比较就不能成立。比较对象的各种因素还必须具有可分解性和可度量性，各种因素既要有联系性，又要有独立性，可以进行独立的考察和比较，并且通过多种量化的、技术性的指标来显示、说明。运用比较法，必须从客观、逻辑、历史、辩证、总体的角度看问题，才能抓住事物的实质。如：根据一年一度的CMMS（即中国市场与媒体研究）的调查数据，对同处大城市的北京人和上海人的生活形态进行了比较，这项调查于2000

年3—6月进行,涉及5000余名15—64岁的被访者①。结果显示:

上海人与北京人的生存状态比较,京沪两地的女性比例都略少于男性比例;上海已婚、离婚人士比例略高于北京;上海老龄化领先"一岁";转型期的上海待业失业下岗人口比例高于北京,而企业管理人员比例却明显高于北京,且上海平均个人月总收入、平均家庭月总收入都高于北京(表一):

表一 京沪两地家庭月收入

%	无收入	999元或以下	1000—1999元	2000—2999元	3000—3999元	5000—7999元	8000元以上	拒绝回答/不详
北京	0.22	7.43	29.76	28.02	17.16	4.32	0.83	12.26
上海	0.47	6.91	24.18	22.79	18.9	5.88	1.76	19.11

上海人每月在为未来投资、文化教育和休闲娱乐方面的花销在700元以上的比例高于北京;上海人更喜欢参加家庭商业保险,更喜欢利用银行卡理财,更喜欢参加球类运动(表二):

表二 京沪两地参加运动的比例

%	打保龄球	打篮球	打网球	打羽毛球	登山	骑自行车	散步	踢足球	游泳
北京	19	12	6	21	21	54	66	11	25
上海	38	16	13	25	6	44	58	15	23

上海投资过股市、外币的人的比例远高于北京,但投资国债的比例远低于北京;上海有购房打算的人的比例远高于北京,虽然京沪两地购房资金大头主要还是寄希望于家庭储蓄,但寻求住房公积金贷款及商业贷款的人的比例,上海远高于北京,而寄希望于住房补贴及拆迁补偿的人的比例,北京则远高于上海。

根据以上比较,联系京沪两地历史、文化、政治、经济、社会情况的综合分析,作者得出了如下结论:上海人比北京人更现代。

5. 分析法

分析法就是将复杂的事物进行分解,联系其他有关因素,从而辨析、认识事物的本质和规律。1989年公安部曾进行过全国范围的"公众安全感"

① 郑志:《上海人比北京人更现代》,《中国经营报》,2001年1月23日。

抽样调查。其中表明:我国城镇居民不敢单独走夜路的比例将近50%,而我国向外披露的年犯罪率只有万分之八。相比之下,美国的数据显示为38%和6%;德国则是44%和8%。美、德两国大体相当,而和中国相比就不易解释。中国的犯罪率这么低,而胆小者如此之多?经联系其他有关因素进行分析,还有以下四个原因:一是我国量刑标准与西方不同,许多小罪不算在内;二是部分地方公安部门对犯罪隐瞒不报或少报,或破了案才上报;三是我国警力严重不足;四是由于传统和习惯,我国公众互相保护意识和自我防卫能力都较差。这样从社会、历史、法律、心理等主客观因素分析,我国公众的不安全感就比较容易理解了。

6. 演绎法

演绎法也是逻辑推理的方法之一。它以公理为大前提,以求证的事物为小前提,如果小前提符合大前提的前项,那么小前提的结论必然符合大前提的后项。比如:

大前提:联合国把中等发达国家(地区)的标准定在人均GDP(国内生产总值)3800美元;

小前提:上海2000年人均GDP超过4000美元;

结论:上海已达到中等发达国家(地区)的产值水平。

以上六种研究方法中,归纳、综合、统计三种方法适于作定量研究;比较、分析、演绎三种方法则宜于作定性研究。当然,某一重大课题的研究不能拘泥于某一种方法,而应该几种方法同时使用。

五、调查研究的程序和步骤

重大的调查研究必须有科学的程序,这是做好调查研究的前提和基础。调查研究的程序和步骤大体如下:

1. 确定调查研究的课题

调查研究的课题,就是机关、单位或领导层在决策、管理、推行工作、生产以及科学实验中需要掌握的信息资料主题或必须解决的问题。提出课题是很重要的,因为事物总是在不停地发展,社会总在不断进步的。任何工作都不能因循守旧,墨守成规,总有新的情况、新的问题等待人们去调查、去研究、去解决。爱因斯坦曾说过:“提出一个问题往往比解决一个问题更重要。因为解决问题也许仅是数学上或实验上的技能而已,而提出新的问题、新的可能性,从新的角度去看旧的问题,却需要有创造性的想象力,而且标志着科学的真正进步。”

提出课题通常是领导层的事,但是秘书作为辅助人员比一般职工更接近领导,又比领导更接近实践,应该也有可能从工作实践和反馈中发现问题,提出后经领导批准而成为调查研究的课题。至于日常工作中小型、分散的调查研究则无须提出待批,而是随时可主动去做的。

课题必须既是“必要的”,又是“可行的”,否则,调查研究就会徒劳无功,白白浪费人力、物力。通常,领导层更多地考虑必要性而提出课题,秘书则更多地考虑可行性,去实施课题的调查研究。秘书人员必须深刻领会课题的重要性和必要性,领会领导的意图,即调查研究的目的和要求,才能把意图变为现实。

2. 确立调查的对象、类型和方式

秘书接受课题以后,首先应考虑课题的性质和要求,即课题对信息、资料的要求属于哪种性质、类型。譬如,是侧重历史资料的复述性调查,还是侧重现实状况的描述性调查;是反映某种或几种事物特有属性的比较性调查研究,还是反映事物主客观因素及相互作用的因果性调查研究;或是反映事物的社会价值或经济价值的评价性调查研究。

秘书只有真正了解这些以后,才能确定调查的范围大小,对象的多少,应该找哪些单位、部门、人员,才能确定用何种类型、何种方式去调查和研究。

3. 拟定调查项目和题型

课题是调查研究的总体内容和要求。在实施调查时,秘书人员应将课题分解成大小、粗细不等的项目,即要求被调查者回答的问题和提供的具体内容。同时还应考虑设计适当的题型,即题目的形式。访问法通常都是提问题,书面问卷则有多种题目形式。

拟定调查项目和题型,同样应遵循“必要的”和“可能的”两个原则。“必要的”原则是指与课题无关的项目不应习惯性或想当然地列入。《解放日报》曾登载过一封读者来信:两名干部反映,单位做计划生育调查,调查表中有“家庭出身”、“个人成分”、“是否党团员”、“何时何地受过何种奖励或处分”等项目。他们请问这些项目和计划生育究竟有什么关系?不必要的项目既浪费了调查研究的人力、物力,也容易引起被调查者的反感。“可能的”则是指项目要切合实际,有这方面的资料或被调查者能够回答;也是指设计题目时要考虑到被调查者的文化程度和知识面，尽可能使人容易理解，便于回答。

另外，拟定调查项目和题目时，应尽可能使其具有可测度性或可度量性，即尽可能有科学的衡量指标，便于做定量研究。还应考虑题目的直接性或委婉性，以适应被调查者的心理状况。

4. 规定调查的时间和地点

调查时间有两个概念：一是指调查研究所需用的时间，包括开始的时间和完成的时间；二是指调查内容、项目中的时间限度。比如，我国已进行的四次全国人口普查，时间限度都规定在当年的7月1日零点整，而第五次人口普查的时间是2000年11月1日零点整。许多重要的统计资料也都要考虑时间因素。否则，事过境迁，调查研究就会失真，甚而失去价值。

地点是又一个重要因素。我国地域辽阔，东西南北中发展很不平衡，各地区之间差异很大，调查者应注意到地区特点。比如前文所举的中国人民大学的“职业声望”调查，就不一定符合上海或深圳的情况。

5. 制订调查研究计划

在明确了上述程序与因素之后，便可着手制订调查研究计划。计划一般包括调查研究的主题、目的、内容与要求；调查的对象、范围、方法；调查的步骤与时间安排；调查研究的人员和组织安排，以及经费和物质保证等等。

计划不宜太紧，要适当留有余地，以应付各种预想不到的情况。

6. 组织调查研究实施

调查研究计划制订之后，便应有组织地去实施。重大的调研活动可以分成几个小组或几个阶段进行。可以是先调查收集资料与情况，而后集中力量作研究；也可以边调查边研究，可使调查与研究互相促进，步步深入。实施既要按计划进行，又不可过于拘泥于计划。如果情况发生变化，则应修改计划以适应客观实际，而不是将客观实际削足适履，硬性纳入主观的轨道。

一切调查研究都不能事先设置框框，正确的结论只能是在客观冷静地分析事实之后得出，还应注意深入和全面，不能走马观花、浅尝即止，也不可感情用事、偏听偏信。

7. 研究调查资料

调查所得的各种信息资料先要经过整理，如核实、筛选、誊清、分类，然后进行研究。研究时要注意资料的全面性，与考虑资料的重点性并重。全面性指的是既要注意正面的,又要注意反面的;既要注意现实的,又要注意历史的;既要注意本地区、本国的,又要注意外地的、外国的;既要重视书面的,也不可轻视口头的。重点性是指某些资料是少数甚至是个别的,或是某个细节,却又是很重要的,不可忽视的,应把它们挑选出来单独研究,或进一步求证。这种重点资料通常具有突破性,有新的价值和意义。

有些资料的研究往往超过调查者的知识和能力水平,必须邀请专业人员指导或协助进行。

8. 撰写调查研究报告

调查研究的最后一道程序就是将调查研究的结果写成书面报告,供领导参阅使用。调研报告一般包括:调查过程(必要的或概要的)、调查结果(主要的及重要的事实、情况、资料或数据等)、研究结果(原因、因素、评价、问题的症结、解决问题的办法、意见或建议等)三个组成部分。可以按照调查研究的先后顺序写,也可以将结论提前写,也可以按问题分类和轻重主次写。最重要的是一定要实事求是,如实反映情况,不隐瞒调查者自己的观点。

思考题

1. 秘书应注意收集哪几方面的信息?
2. 秘书应怎样综合处理信息?
3. 秘书向领导提供信息应注意哪些问题?
4. 调查有哪几种主要类型、方法?试比较其优缺点。
5. 研究有哪几种主要方法?试比较其侧重点。
6. 重大课题的调查研究应该用怎样的程序和步骤?

第九章　秘 书 写 作

秘书人员都要从事文书写作与文书处理，但秘书写作与文艺创作、新闻写作或其他写作不同，有自己特定的内容与要求。写作能力是人的思维能力、文化程度、知识和文字表达能力的综合体现。提高写作能力决非学一两门课所能奏效，也并不是百日之功。秘书的文字成稿之后，必须经过审核、签发，制作成正式的文书，进入登记、传递、承办程序，以发挥其效用，直至最后的立卷或销毁等处理过程。文书处理也有特定的方法与要求。本章作为秘书学的一个组成部分，只是概要地讲述秘书写作和文书处理的内容、特点、过程、方法与要求等等，作为秘书人员提高写作与文书处理能力的起始。

第一节　秘书写作概述

一、秘书写作的内容

秘书写作的内容相当广泛，题材多样。政府机关和企事业单位的秘书因工作和业务需要，各有所侧重。大致如下：

1. 公文类

按照 2012 年 4 月 16 日中共中央办公厅、国务院办公厅联合印发的《党政机关公文处理工作条例》的规定，公文种类主要有 15 种：

①决议；②决定；③命令(令)；④公报；⑤公告；⑥通告；⑦意见；⑧通知；⑨通报；⑩报告；⑪请示；⑫批复；⑬议案；⑭函；⑮纪要。

2. 法规类

主要有：规定、条例、办法、细则等。

3. 经济类

主要有:经济合同、协议书、市场预测报告、经济活动分析报告等。

4. 事务类

主要有:信函、计划、总结、讲话稿、简报、调查报告、声明、启事、条据等。

5. 礼仪类

主要有:贺词、祝词、请柬、讣告、悼词等。

二、秘书写作的特点

1. 代单位立言,非个人意愿

秘书写作与文艺创作或论文写作相比,有一个最大的特点就是非个人意愿,而是代机关、单位立言。文艺创作是作家在生活或读书中有所感受、冲动而动笔,论文写作是作者在科学研究或实验中有所领悟、发现而著文,秘书却是秉承机关、单位主管的旨意才撰拟成文的。即使是新闻写作,记者采访也往往是奉主编之命行事。但采访之后究竟值不值得写?或者写成什么样的作品?是消息还是通讯?是特写还是综合报道?记者多少有些自主权或建议权。可是秘书连这点权力都没有。比如,我国党政机关规定公文是党政机关实施领导、履行职能、处理公务的文书,是传达贯彻党和国家方针政策,公布法规和规章,指导、布置和商洽工作,请示和答复问题,报告、通报和交流情况等的重要工具。它不仅具有特定效力,而且还有规范体式。代笔立言,这是秘书的职业特征所决定的。

2. 集体成果,非个人创作

秘书写作有一定的程序。即使是小单位的一封简单的信,也要有①上司授意⟶②秘书拟稿⟶③上司审核三个程序。较大单位较重要的文章往往还得加上集体讨论、部门会商、反复修改才可定稿;定稿之后还得经过签发、打印、校对、缮印才能成为正式文件。一份文件往往要集中多人的智慧,要经过好几个人的手笔和努力才能完成。秘书在其中也许起着主要作用,但绝非个人创作和个人功劳。所以说,秘书所写的文章都是集体的成果,秘书不能个人署名,也没有著作权,也谈不上文责自负。

3. 内容真实、实用、客观,符合政策

秘书写作的内容要有新闻那样的真实性,决不允许文艺创作的虚构;要求实用、有针对性,能解决实际问题,而不能像文艺作品或新闻那样追求感染或宣传效果，也不允许如某些论文那样纯理论化和抽象化；要求客观，排除个人情绪或好恶；要求符合党和国家的方针政策、法律法规，不允许随心所欲。

4. 语言要求流畅、平实、简洁、规范

秘书写作的语言要求明明白白，通俗流畅，不要求像文艺语言的含蓄、独特或科技语言的深邃、理性和抽象；要求平铺直叙、实实在在，不要求曲折、华丽；要求简洁和扼要，反对啰唆；要求规范的词语和句法，不允许用方言俚语或作家所谓的语言风格个性化。一般多用单句和复句，少用排比句、对偶句和反复句；多用陈述句和判断句，少用疑问句和反诘句；讲究字斟句酌，多加推敲，而不用夸张、拟人等修辞手法。

5. 讲究文体格式

凡是正式公文都应遵照国家规定的公文格式，既要齐全，又要按规定的位置落款和操作。如：文件名称、文号、编号、密级、缓急标志、横隔线、标题、受文机关、正文、附件、发文机关、发文日期、主题词等等。其他应用文也有约定俗成的格式，讲究的是统一、规范，不存在什么百花齐放。因而，秘书写作不可标新立异。

三、秘书写作的过程

秘书写作的过程大致有立意、选材、组织结构、文字表达、修改、审核六个步骤。

1. 立意

立意，就是确立文章的主题或中心思想。学生作文是教师命题，学生必须审题以后才可立意。文艺作品、科技论文、新闻写作都是作者自己立意，唯独秘书写作却是机关领导或单位主管"授意"。但有时的授意不一定是成熟的主题思想，只是一种大概的意图，或只是一个目的，或是一个简单的结论，仍需秘书加以酝酿、提炼，使主题思想明确、完整、丰富起来。

2. 选材

文章的主题犹如人的灵魂，它要附于躯体、有血有肉，才能体现出来。这些血肉就是材料。秘书选用的材料通常有四种：

(1) 典型事例。也就是有时间、有地点、有名有姓、有原因、过程、结果，既有代表性又有个性的具体事实。典型事例具体、生动、形象，在文章中用于逻辑中的类比推理。其公式是：A＝B，B＝C，A必然＝C。公式中的B

是典型事例,它作为中介来证明命题 A 和结论 C。

(2) 概括事例。这是不一定写具体的时间、地点,也无须写详细过程,只要是确实发生过的事即可,表述简明扼要。但文章中使用概括事例要求在三个以上,还必须是同类事例。这合乎逻辑中的归纳推理,其公式是 $AX+BX+CX=X(A+B+C)$,其中 X 就是归纳出的结论。此结论可再用于演绎推理。演绎推理的公式是 $A\geqslant B$,$B\geqslant C$,则 A 必然$\geqslant C$。其中 A 是大前提,B 是小前提,C 是求知项。

1946 年毛泽东与美国记者安娜·路易斯·斯特朗谈话中曾把俄国沙皇、希特勒、日本帝国主义、国民党反动派的下场归纳成一个结论:“帝国主义和一切反动派都是纸老虎。”再用这个科学结论作为大前提演绎小前提:“美国也是帝国主义”,“美帝国主义也是纸老虎”;“原子弹只有美帝国主义所拥有”,因此得出“原子弹也是纸老虎”的结论。当时,这真是大胆的预言,因为美国在世界上还没有被打败过,原子弹已在日本的广岛和长崎投了两颗,杀伤了数十万人。然而,没过几年,美帝国主义的纸老虎本性在朝鲜战争、越南战争中一再显示出来了。至今又过去了 50 多年,世界上几个大国储存的原子弹足以毁灭地球几十次,可哪一个狂人敢动用第三颗原子弹呢?历史已证明了毛泽东预言的伟大,也证明了逻辑推理的科学性。

(3) 统计数据。这是大量同类事实的数学概括,也适用于归纳推理,又可用于定量分析。它和典型事例、概括事例相辅相成,典型事例用于定性分析,说明或证明事物的质的存在与变化,统计数据则说明或证明事物的量的存在与变化,概括事例则既能说明事物的质又能说明事物的量。三者又有密不可分的辩证关系,因为“量变引起质变”,新的质变之后又是不断的量变,到了一定程度又会发生更新的质变,依次循环无穷。

(4) 理论依据。这是指党和国家的方针、政策、法律、法规、名人名言等等。用于文章作为论点或主题的依据,也可作为旁证,或作为演绎推理的大前提。前文所举毛泽东以“帝国主义和一切反动派都是纸老虎”为大前提,以“美国是帝国主义,原子弹又只为美国所拥有”为小前提,演绎出“美帝国主义和原子弹也是纸老虎”的结论,这就是一个很好的例子。

以上四种材料小部分来自上面,如上级的各种政策、方针、指示、计划、公报、通知等文件;大部分来自下面,如基层的报告、总结、报表、公众反馈、秘书向社会做调查研究或自己读书读报所得。所以要写好公文和应用文，有“吃透两头”的说法。意思是秘书既要深刻领会上面的意图，熟悉自上而下的各种材料；又要广泛收集、深入研究来自下级、基层和社会的各种材料。能用于文章的材料应有根有据，不能道听途说，故而以书面材料为主。

收集材料当然多多益善，只要是真实的、新鲜的、有用的都可以收集。但选用材料却不在于多，而在于精了。选用材料只有一个标准，就是能为表现主题服务。即所谓“材料为观点服务，观点与材料相统一”。与主题无关的材料，即使再生动有趣，秘书也应该忍痛割爱。

3. 结构

材料基本选定之后，秘书就要把材料根据主题的驾驭加以组织、组成结构。结构就是框架，就是文章部分与部分之间，部分与整体之间的构造、位置和比例的关系，犹如人体的骨骼。应用文的结构讲究的是完整、匀称、平稳、层次分明，连接自然。通常有以下几种：

(1) 串联式。以记叙为主的应用文，一般按时间的先后、地点的变化以及事情的过程，即起因、发展、变化、结果为线索、顺序来组织结构。即通常所说的“顺叙”，而不采用倒叙、插叙、补叙等方法。以论说为主、主题单一的应用文，一般按事理的逻辑关系，如由远而近、由此及彼、由表及里、由现象而本质，由浅入深，或先立论，再举例或引用，再论证或说明，后结论的方式，一环扣一环，一条线贯穿到底。

(2) 并列式。内容比较复杂的应用文，可先将内容分门别类，或条分缕析，然后按主次轻重分段写来。或可标以序数，或立小标题，使看来条理清楚，听来也层次分明。各种口头宣讲的报告底稿多采用这种结构形式。

(3) 总分式。就是开头先总述，中间再分述，最后再总结。这种结构方式在应用文中用得最多。

(4) 综合式。就是把上面三种方式综合运用于一篇文章。传统写文章讲究“起、承、转、合”。起，就是开头；合，就是结尾、总结；中间的承，就是连接、过渡或发展、深入；转，就是转折，可以是串联的转折，也可以是并列的转折。当然，一篇复杂的文章可能不止一次用“承”和“转”，也可以多次使用“承”和“转”，而每一次的“承”和“转”都是较小的串联或并列或总分结构，从而形成较复杂的结构。如毛泽东有篇文章，名为《什么是知识》。开头提出一个问题：什么是知识？接着回答：知识有两种：一种是自然知识，一种是社会知识，下面合起来说：哲学则是这两种知识的总和。似乎已经说完了。可作者又提出一个问题:什么是完全的知识?接着写道:实践知识和理论知识都是不完全的知识,只有两者结合才是完全的知识。最后才提出:工农干部要多学习理论,知识分子干部要多参加实践,才能取得完全的知识。其结构就是综合式。简图如下:

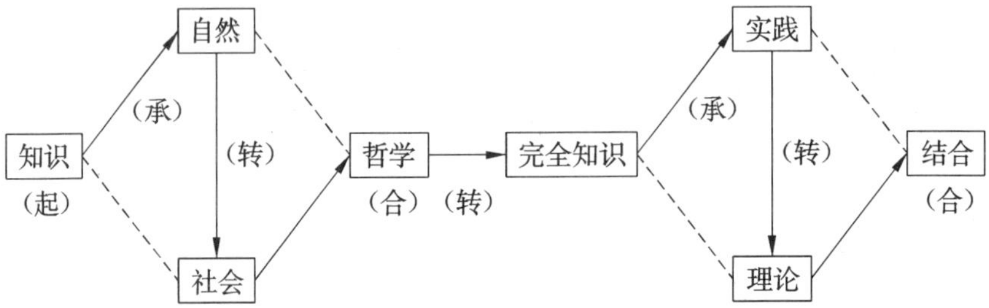

(注:实线和箭头表示文章的结构连接,虚线则表示文章意思的连接。)

4. 文字表达

在立意、选材、组织结构之后,写作的第四个过程就是文字表达。一切在头脑中形成的东西最后都要形诸于笔端。人们常说:语言是思维的工具,也是思想的外壳,它犹如人体的肌肤。文句,则是书面的语言,是文章内容的表现形式。文章的好坏最终也是看文字的表达如何。前文提及,秘书写作的语言特点是"流畅、平实、简洁、规范",当然要和内容的要求"真实、实用、客观、符合政策"结合起来。文字专家们曾提出过,使用语言文字要"纯洁、健康、准确、鲜明、生动"。对所有的写作形式这些要求都是正确的,但是从秘书写作的特点来说,特别应该强调的综合起来的要求还是两条:一是实用,二是简洁。

(1) 实用。就是实在、有用。实在的第一要求是"真实",说真话、不说假话;第二要求是"准确",即恰如其分,不夸张、不缩小、不说大话;第三要求是"充实",不要说空话、套话。即使是真话、实话,还要看它在文章特定的时代背景、特定的主题要求、特定的场合中是否有用。如:上海是个什么样的城市?小学生也能回答出几十句来:"上海是我国最大的经济中心"、"上海是我国人口最多的城市"、"上海是我国重要的交通枢纽"、"上海是中国共产党的诞生地"、"上海是既古老又年轻的城市"、"上海是帝国主义列强侵略我国的历史见证"等等。可是,凡是写到上海的文章是否把这些话都用上去呢?肯定不需要!这里就要考虑哪些真话、实话对表达文章主题有用。比如说上海人口最多,在谈计划生育的文章里就有用;上海是党的诞生地,在纪念党的报告中才有用;上海是列强侵略的见证,在谈到改革开放、引进外资的文章中就不宜用。

(2) 简洁。就是要以最少的文句表达最多的内容。一句话说够了,不要写第二句;一个形容词够了,决不再多用一个。这首先要求作者的思维要清晰,思维不清晰,说话、写文章容易反反复复,甚而颠三倒四。简洁又和准确有关,作者找准了字、词、句,就不会再添加一些可用可不用的字句。第三是与作者的语文修养有关,包括掌握的词语和句型多少有关。掌握得越多,就越容易选到最合适的字句。比如,汉语中丰富的成语,都是经过千锤百炼的,文字生动形象而含意丰富深刻,真是言简意赅。又如有些习惯使用于应用文,带有文言色彩的词语也是相当简练的,如"欣闻"、"惊悉"、"呈请"、"奉告"、"倾接"、"盼复"等等。秘书写作中可以多用成语和习惯用语,不仅简洁,而且显得典雅。

当然,简洁不只是指用词遣句,也包括整篇文章的思路和表达。我国应用文源远流长,三千年的历史留下了许多传世名篇,如诸葛亮的《出师表》、李密的《陈情表》、魏征的《谏太宗十思疏》、韩愈的《原毁》和《祭十二郎文》、文天祥的《〈指南录〉后序》等等,都是只有几百字,即使写成现代文也不会超过1500字。在此,我们提倡秘书应有些古文功底,以提高文字修养。但不应有复古倾向,即不宜写得半文不白。除了使用于特定地区(如香港、台湾等)的文字,不应用繁体字。还要防止另一种倾向,即随意滥用外来语、方言、俚语、合成词等等。

5. 修改

修改,就是文章在初步形成之后再作修饰、改动。以上立意、选材、结构三个步骤都可以在作者头脑中进行酝酿,有些不足千字的小文章或书信之类,连文句也可在脑子中完成。这种酝酿,又称为"构思"或"打腹稿"。较为复杂的文章可将构思的大略写成"概要"或"提纲",再作改动,或者等全部初稿写完之后再作修改、润色。修改的方法主要有:

(1) 提炼。提炼是针对主题的修改而言的。构思文章时由大到小,即由主题,而材料,而结构,而文句。写文章时却由小到大,所谓"积字以成句,积句以成章,积章以成篇"。修改文章时又反过来,应"从大处着眼、小处着手"。即不是先改文字、标点,而是首先应考虑主题是否需要改动。由于秘书所写文章的主题总是再三酝酿而定的,修改时彻底推翻重来的情况毕竟是极少的,除非是领导、上司另有意图。但是,事先基本确定的主题在文章写成以后,或由秘书自己复看再思,或经上司审查,或集体讨论之后局部改动却是常有的事。这里主要的是“提炼”,即所谓“去芜存精”。主题思想应集中,不应芜杂;应精确,不应模糊;文字表达应精练,不应冗长、繁复。最重要的当然是完全忠实于领导意图,符合党和国家的方针政策。文字表达上要反复推敲、斟酌。

(2) 调整。调整的内容主要是指材料和结构。以充分表现主题为标准,再次衡量文章中所使用的各种材料是否确实,是否新鲜,是否符合主题的需要,从而确定是否要增加点什么,或删除些什么,或替换些什么,或是否需要调整一下位置。结构上主要考虑各章节段落的衔接是否得当,起承转合、过渡、照应是否自然妥帖,篇幅大小比例是否匀称,是否要作位置上的调整,是否要作文字上的扩充或压缩。

(3) 改、删、增。最后着手于字、词、句的修改。即改正错别字和标点符号的错误,改换用得不够准确、鲜明、生动的词语,改正病句。改的过程中同时要考虑文句的增或删。一般说来,用删除比较多,删去可有可无的句子,删去多余的字。通常说,改文章是“十篇文章九篇删”。当然,经常也会发现不该删的删了,那就要恢复,也可能要增补一些字句。

(4) 誊清。秘书修改文章,和教师、编辑的要求一样,应使用规范的修改符号,如删除、恢复、增补、换字、换位、移行、增大或缩小间隔,改换字号、字体等等。切不可乱涂乱改,一般也不使用橡皮或修正液。改过的底稿一定要重新打印或誊清。有时会改几次,秘书就得誊清或打印几次,于是就有了“一稿”、“二稿”、“三稿”,或“草稿”、“修改稿”、“讨论稿”、“定稿”等名称。重要文件的草稿及修改稿,秘书都要保存备查。秘书也可用电脑中的相应软件程序、文件处理功能进行文件的起草、修改和定稿。

6. 审核

秘书所写的文件、文章、信函等,都应由上一级人员审核,主管签字后才能印发。审核者通常是中高级秘书、秘书科长、处长、办公室主任等,或是机关、单位的主管。审核的标准共有六条:

(1) 是否需要行文;

(2) 是否符合现行政策和法律,是否符合领导意图;

(3) 是否符合客观实际,要求和措施是否明确、具体、可行;

(4) 重要的事实、引文、人名、地名、日期、数据是否都经过核实;

(5) 涉及其他部门的问题是否经过协商而取得一致;

(6) 文字表达和格式是否规范。

经审核不合格者，或取消原文，或退回由秘书修改，或重写。

四、秘书写作的表现手法

1. 一般写作的表现手法

一般写作的表现手法共有六种，即：记述、叙述、描写、抒情、说明、议论。

(1) 记述。就是从特定的角度对人、物、景的存在、形态、数量、特征、位置等，以及事情的结果作“静态”的表述，相当于拍摄的黑白照片。记述讲究的是逼真、确切。记物的名篇如《核舟记》，是记一个核桃刻成的小舟，有船舱、船篷，船首上有人物眺望，船尾上有船夫在做饭等等。一一写来，位置确切，形象逼真。记事的名句如《左传》中有：“陨石于宋五。”意思是：有人看见或听见天上有陨石落下来，去寻找，发现在宋国，一数是五块。如说：“五石陨于宋。”就不贴切了。白天看不见陨石，夜里看见流星，也数不清是几块，也可能落下一大块、着地碎成五块呢？

(2) 叙述。就是从多角度对事、物的变化、发展过程作“动态”的表述，相当于黑白的影片。叙述的特点在于它的连接的动作，所以写作上提到记述有“记人”、“记物”、“记事”，讲到叙述却只有“叙事”，而没有“叙人”、“叙物”。但一般文章总是把记述和叙述结合使用的，称之为“记叙文”。记叙文的典型就是游记，如《登泰山记》。作者登泰山的过程为叙，到了泰山顶上眺望四周景色，是为记。

(3) 描写。就是对所记、所叙进行形容、夸张、比喻、拟人等修饰，使之形象化、生动化。犹如把黑白照片、影片着色，使之成为彩色照片或影片。描写的手段主要是在名词、代词前加形容词，在动词前后加副词，或使用积极的修饰手法。比如：“我读了一本书。”经描写修饰以后成了：“我津津有味地读了一本非常精彩的书。”

(4) 抒情。就是作者在文章中直接或借用景、物、事间接抒发感情，这在诗词与散文中尤为明显。如毛泽东有词：《沁园春·长沙》，先是写景：“独立寒秋，湘江北去，橘子洲头。看万山红遍，层林尽染，……鹰击长空，鱼翔浅底，万类霜天竞自由。”接着是抒情：“问苍茫大地：谁主沉浮？”

(5) 说明。就是对人、物、事、理的特征、原因、结构、性质、作用、联系等作“客观”的分析、介绍。说明的对象往往不是表面感觉的东西，而是深入理解的东西；不是表象的特征，而是内质的特征，是“客观的”、“有条理的”介绍。所以,同一对象由几个人来写,只要都理解透了,写出来应该是大同小异的。比如说明一块手表,不能把圆的说成方的,不能把金黄色说成银白色,不能把三针说成两针,不能把机械的说成电子的,等等。

(6) 议论。就是对人、物、事、理等发表并证明自己“主观”的看法、评价、意见等。发表的议论,必须是作者的主见,而不是人云亦云。议论和说明的区别在于:说明是客观的,议论是主观的;说明的目的是使人“知”,议论的目的是使人“信”;说明只需平心静气,如实道来;议论则要证明、反驳,时而慷慨激昂,时而讽刺反诘。议论经常和说明合用,称为“论说文”。

2. 秘书写作的表现手法

秘书写作的表现手法有如下特点:

(1) 多用说明,少用议论。秘书所写的公文和事务应用文、信函,多为说明体,说明方针、政策,说明某种道理、理由,说明某件事情、某种措施、某项要求等等。比如,用得最多的“通知”,基本上都是说明文。又如“报告”,要求“直陈其事”,就是说明加上简要的叙述,不要求详细的记叙,也不要求讲大道理,反复论证等。倒是有些“请示”,为了使上级能批准,需要阐明理由,需要一些论据、论证。

(2) 多用记叙,少用描写。秘书写作中常用到记叙,但是简单的记人叙事,基本上是平铺直叙。比如“报告”中需要一些记叙,信函中也常有叙事;“通报”中常要写好人好事,坏人坏事或有教育、教训意义的事实情况;“简报”中大多数文章类似新闻体,也是多用简明的记叙,但一般都是要求朴实无华地写清事实,写明人物、时间、地点、事因、过程、结果,而不要求多加修饰。所以说要少用描写,而不是不用描写。用描写也是淡淡几笔,写意式的或是画龙点睛式的,而不是浓妆艳抹或工笔细描。

(3) 基本不用抒情。由于秘书写作主要是公文和应用文,又是代机关、单位立言,故应该尽量排除个人感情色彩。所以说,秘书写作的表现手法中基本不用抒情。

第二节　秘书写作的原则和要求

前节讲述秘书写作的特点、过程、表现手法中已经述及秘书写作的要求，本节则是再强调某些基本原则并通过例文分析再申述某些要求。

一、秘书写作的原则

秘书写作必须坚持遵循三大原则：一是符合方针、政策、法令、法规；二是忠于机关制文意图；三是坚持实事求是的精神。

1. 符合方针、政策、法令、法规

秘书写作，尤其是撰拟公文，必须符合党和国家的方针、政策、法令和法规，不得违反或有所抵触。这就要求秘书平时应加强学习，深入理解并相当熟悉以上内容，才能在写作中正确把握文章的思想性和政治性，不至于犯大的过错。当把握不准时，应及时请示领导，争取指导，切不可自以为聪明，自作主张，信手写来铸成大错。坚持这一原则是秘书的政治修养、政治觉悟和职业道德的集中体现。

2. 忠于机关制文意图

秘书在接受机关领导制文授意时，应当场记下并事后仔细揣摩制文的目的、根据、理由、观点、篇幅、时限，以及引用哪些文件、采用哪些材料、提出哪些措施，直至所想到的关键词句等，先形成初步提纲，征求领导意见或由集体讨论，务求忠实于机关制文意图。

3. 坚持实事求是的精神

应用文的价值归根到底在于它的实用性，所以秘书写作必须坚持实事求是的原则，切合实际。理论讲得再好，如果不切实际，还不是一纸空文？当秘书发现领导意图与实际确实不符时，应本着对国家、对人民、对单位负责的精神，敢于提出，当然也应讲究方式方法。切不可违心顺从，认为反正不是自己负责而将错就错。坚持实事求是，就要求秘书平时多眼睛向下，多做调查研究，多了解基层、群众和社会的情况，而不能一切等上级指示，唯上司的马首是瞻。

二、秘书写作的要求

秘书在写作中应注意并做到：

1. 信息量大，措施具体，指示性强

机关秘书撰写指示、指令性公文时，要求提供确切、有效、全面的信息，提出适时的政策、适事的具体措施,以便下级遵照执行,不必再反复请示,延误时机。如中共中央、国务院曾联合发出:"关于防御特大洪水的指示"。指示一共只写了四段。第一段小结了前阶段长江中下游抗洪抢险工作,并表示慰问,要求再接再厉,夺取全胜。第二段即通报了全国的洪水信息并提出了防洪要求:

"当前长江洪水险情未过,黄河、淮河、海河和松花江、辽河都进入大汛时期,珠江流域仍有发生洪水和台风灾害的可能。据气象部门分析,今年我国许多地区降雨偏多,一些地区可能发生大水,对此必须有高度警惕。……要求各省、市、自治区都要做好防御特大洪水的充分准备,认真检查落实各项防汛措施,做到有备无患,力争在发生不可抗御的特大洪水时,尽可能减少损失。"

第三段则直截了当地提出了"分洪"、"蓄洪"的措施和要求:

"根据我国目前大江大河防洪工程的能力,如遇特大洪水,为了保全大局,减少损失,需要在一些地方有计划地采取分洪、蓄洪措施。各有关地区要及时做好组织群众安全转移的各项准备,同时向分洪区、蓄洪区的广大干部和群众做好宣传教育工作,……特别是各级领导干部,必须以身作则,加强组织性、纪律性;对不服从指挥调度而造成恶果的,要严格惩处。"

第四段则对可能发生的破坏、犯罪行为提出针锋相对的政策和措施:

"各地区防汛抗洪斗争中,必须大力加强治安工作。对制造谣言、聚众哄抢的为首分子,对乘机抢劫、盗窃国家、集体和个人财物、破坏防洪抢险设施,以及其他破坏防洪救灾工作的犯罪分子,可采取特别措施和必要手段坚决镇压,严厉打击,依法从重从快惩处,以确保防汛工作的顺利进行。"

全文不用过渡句、段,也没有人为的开头、结尾,简洁明快、干净利落、极其紧凑。

2. 内容高度概括,语言表达实用、精确

1990年,朱镕基在上海市九届人大三次会议上作的《政府工作报告》,堪称是秘书写作的楷模。

报告一开始即简要明确地提出总论点:

"展望本世纪最后十年,上海面临着国际和国内竞争的双重挑战。在严峻的挑战面前,上海既充满希望,又困难重重。"

接着就将上海四十年来的建设与发展概括为五个有利条件：

"一方面，上海作为全国最大的经济中心和太平洋西岸有影响的国际城市，经过四十年来特别是近十年来的发展，经济实力有了新的增强，而且有着地理位置优越，工业基础较好，科技实力较强，对外联系广泛等优势，在经济发展和改革开放等方面完全有条件走在全国前列。"

这几句话毫不夸张，完全是实事求是，恰如其分。对上海，不敢号称世界大城市，因为除了人口之外，其他如城市建设、交通、住房、居民收入、绿化面积、空气清新度等指标的综合评价，上海在世界大城市中排不进前20位，只能说是"太平洋西岸有影响的国际城市"。五个有利条件中，"地理位置优越"和"对外联系广泛"两个是实实在在的，另外三个都用了"增强"、"较好"、"较强"等比较级形容词。而他谈到不利条件时说：

"另一方面，上海作为一个传统的加工工业城市，基础设施落后，城市改造受到空间和财力的制约，经济发展受到技术装备陈旧、资源短缺等因素带来的严重影响，兄弟省市与上海经济结构趋同带来的市场压力，国际政治和经济形势变化带来的新的困难，上海原有的优势正在逐步削弱。"

这几句话对上海的评价是立足于和同时期世界经济发达城市比，和国内先进省市比，横向比较才能看出上海的落后，而不是和40年前比，只看到成绩而沾沾自喜。前几句说上海的劣势，毫不缩小，更不掩饰，且高度概括，相当确切，最后一句由于人所共知的原因才用了一句模糊语言。最后，朱镕基说：

"因此，上海要摆脱困境，走向振兴，必须走发展外向型经济的道路，这是历史的抉择。"

他把开发浦东的原因和作用归结为"摆脱困境，走向振兴"，也是百分之百的实在话，并没有说什么豪言壮语，可是却能鼓舞人心，它促使上海人憋足了一口气，非要把浦东开发好不可。最后一句"这是历史的抉择"，既是高瞻远瞩，又胜过庄严的宣告。

3. 用材精要，语言深入浅出，主题富有个性

秘书写"规划"、"计划"或"总结"很容易流于一般，说些套话，犯公式化、概念化的毛病。福建省原省委书记项南1984年在福建省三级干部会议上谈"发展规划"时，很注意抓"个性"。他说：

"如何发挥福建省的优势，这就要找到福建自己的个性。毫无疑问，福建跟兄弟省市在许多方面是相同的，但有三点不大相同。这个

‘不同’就是福建的特点,或者叫福建的个性。”

他把福建的“个性”归结为三个特点:一是“福建面对台、澎、金、马”;二是“福建华侨多”;三是“福建山多海阔”。

在论述第一个论点时,他并没有引用专门性的材料,而是直接说明,因为这些都是普通的常识。“福建面对台、澎、金、马”,这是打开任何一本中国地图都能一目了然的。接着说:“金、马本来就是福建的行政管辖区,台、澎在一百年前也是归福建管辖的。1885年才从福建分出去,建立省治”,这也是任何有点历史知识的人都能明白的。接着又说:“台湾的居民大部分是福建去的。闽台两省血缘相亲,语言相通,风俗相近。”后三句概括力相当强,读起来也整齐有力。这就从“地理”、“历史”、“行政”、“人缘”四方面论说了福建和台湾的亲密关系。最后的结论是:“福建在统一祖国工作中自然负有特别的责任。”

在论述第二个论点时,他先说福建华侨“大概有五六百万,数量仅次于广东”,接着又找了个特点,就是:“但福建华侨资产多,经营范围广”。这里,作者用了一个典型的材料:

> “香港《大公报》1983年7月曾登载,全世界有12个最富有的银行家,其中沙特阿拉伯占4个,泰国、德国、阿拉伯联合酋长国各占一个,其余5个都是华裔。这5个人中,福建籍的占了4个。”

这一个典型、有力的材料就足以说明论点了。接着作者说:“把五六百万华侨华裔的工作做好,其作用之大是不言而喻的,所以福建必须搞好华侨工作。”

论述第三个论点,作者是用了两个简单的数据:“全省耕地只有2000万亩,而总面积有1.8亿亩;海域面积又比可耕地面积大得多。一个山,一个海,这是福建真正的潜力所在。”最后作者风趣地说,“福建要振兴,必须念好‘山海经’。”

4. 讲究文明礼貌,语言得体,多一点人情味

公文写作要求严肃、规范,可是秘书写信函,尤其是与顾客业务往来的信函含有感情沟通的因素,要讲究文明礼貌,语言得体,多一点体谅,多一份人情味。下面是引自美国《韦氏秘书手册》中的两封信。一封是催款信,一封是关于停止使用票据改用现金购货的注销信。

下面是一家汽车销售公司写给客户的催款信。

亲爱的霍普金斯夫人:

　　您曾经不得已写过催款信吗?现在我们竟面临着这种情况。

近一年来，您总是准时给我们寄来按月摊付的钱款。可是，我们发现您在9月1日和10月1日应支付的钱款(购买帕克特汽车分期付款，每月305美元)，却至今没有寄来。

也许，您支付的款项已在寄往我们的邮途中了，如果是这样，那么请您忽略此信吧。另外，在这件事情上您如有困难，请立即告诉我们，也许我们能提供些有用的建议。

能否很快听到您的回音?

您真诚的(签名)

贷款经理人：约瑟夫·托马斯

1996年10月8日

这封信一开始用了小说式的开头，说明自己写催款信是不得已的，并让对方设身处地地想想。这样能很快引起收信人的注意，取得收信人的谅解。

第二段先肯定对方一年来一直是准时付款的，表达了对收信人的信任和尊重。接着，具体地指出哪两次(日期)、什么款项(购买帕克特汽车)、多少金额至今没有收到，确切地提示给对方。

第三段设想几种可能性，也许，收信人只是晚寄了几天，催单刚发出，钱就到了，那就应该招呼打在前面。也许，对方确有什么困难，也让她说出来，共同商量解决。总而言之，不能把客户看成是存心赖账而出言不逊，而是要抱着体谅的态度多为对方考虑。当然，根本目的还是要对方把应支付的款项早日寄来。

最后是有礼貌地请求答复。

这封信在语气、措辞上客气，在字里行间还体现着既维护本组织的利益——为公司催讨欠款，又能处处替客户着想。为了企业长远的利益，不是理直气壮地要对方"过期几天，罚款多少"，而是尽力争取每一个顾客、客户，体现出公共关系的效果。

企业之间的往来中，难免会发生不得不终止交往或改变业务往来方式的事情，下面就是某公司代表写给另一家公司经理的，关于停止使用票据改用现金购货的注销信。

亲爱的安得逊先生：

我们评价了过去的7年中你们与我们所结的账目，认为它是我们最好的账目之一。

近来，商业萧条，我们注意到你们每月票据的贴现业务已经停止，你们上次支付的款项晚了3个月。

保持我们应收账目的流通是绝对必要的,因此,很遗憾,请你们今后用现金购买,直至结清你们的账目为止。

请收下所附的以便今后用现金购买的特别优待贴现券,这将给你们3%现金贴现的权利,以帮助你们度过这个眼前的困难。

安得逊先生,我可以很快听到您的回音吗?

至诚的(签名)

贷方经理:艾伯特·特兰克福

1995年11月5日

写这样的信,目的是为了收回货款,保护本组织的利益,但是,也应顾及与对方多年的友好往来,以及改变结账办法后给对方带来的困难。更何况,业务往来并未完全停止。这里,无论从商业道德或公共关系准则来说,都还需要一种与人为善的态度,在不损害自己利益的前提下伸出援助之手。

信中首先肯定了对方以往的积极行为,不能一笔抹杀。接着尽量客气地指出对方存在的现实问题。

下面,为了维护本公司的利益,坚决而明确地提出改变业务往来的理由和方法。

随后,又提议帮助对方渡过难关,给予某种优惠。

最后,要求对方迅速作出答复,措辞坚决而又有礼貌。

秘书如何写信函,也许能从这两封信中得到一些启示。

思考题

1. 秘书写作有哪些特点?
2. 秘书写作的过程、步骤是怎样的?
3. 秘书写作有哪些原则和要求?
4. 秘书怎样才能写好业务信函?

第十章　文 档 管 理

第一节　文书处理概述

一、文书处理的内容与要求

通常所说的文书工作，是指机关、单位在使用文书，处理日常公务的活动中，围绕着文书的拟制、办理、管理以及立卷归档所进行的一系列衔接有序的工作。文书处理工作具有政治性、时限性、机要性和规范性等特点。其内容和基本任务包括：

1. 发文：从文书起草、修改、审核、签发到印制、发出的一系列处理环节。

2. 收文：从来文的签收、登记、分办、传阅、拟办、批办到承办、催办以及答复的一系列处理环节。

3. 管理：平时管理、发挥公文的效用，公文保密的一系列管理环节。

4. 立卷归档：整理立卷、归档保存的处理环节。

5. 基本任务主要是：

(1) 文件的收发、登记和分送；

(2) 文件的拟办、批办、承办和催办；

(3) 文件的拟写、校核、签发、缮印、校对和用印；

(4) 会议、汇报、电话的记录和整理；

(5) 文件材料的平时归卷，提供借阅与保管；

(6) 文件材料的系统整理、编目和归档工作；

(7) 处理群众来信；

(8) 为机关领导准备有关资料并完成机关领导人交办的其他文书工作的任务。

二、文书处理工作的组织

1. 文书处理工作的组织机构与专职人员

文书处理工作应有专门的组织机构或专职的人员负责。如机关与企事业单位的办公室、秘书处、秘书科、文书处(室)、机要室、打字室、收发室、通讯科等,或在主管办公室设置专职或者兼职的文书工作人员。

2. 文书处理工作的组织领导

(1) 全国,由中共中央办公厅、国务院办公厅分别负责领导和指导党和政府系统的文书工作。主要是通过制定、颁发有关的条例、制度和办法,作出有关的指示和决定,负责召开有关的会议等形式、途径,对文书工作进行领导,以及业务上的指导。

(2) 地方政府机关,由机关的秘书长或办公厅(室)主任负责领导。

三、文书处理工作的基本原则与要求

文书处理必须准确、及时、安全、保密,加强集中统一管理,坚持实事求是,按要求和规定进行的原则。

文书处理工作的具体要求是:

1. 必须准确、周密、确保质量。
2. 必须及时、迅速,注重时效。
3. 必须做到安全、可靠,确保国家机密。
4. 必须加强集中统一管理。
5. 必须坚持实事求是,按要求和规定进行。
6. 精简文件,深入实际,反对官僚主义和文牍主义。

第二节　公文的行文规则

一、公文的行文关系

指发文机关与受文机关之间的文件往来关系。

各级党政机关在对上行文时，必须按照隶属关系上报给上一级机关，一般不得越级行文。在对下行文时，按照隶属关系和职权范围逐级下达、多级下达或直接下达到基层机关。有隶属关系的上下级机关之间可以互相行文，没有隶属关系的机关之间以及同级机关之间也都可以互相行文。

二、公文的行文方式

1. 下行文

下行文有三种情况：

(1) 逐级下行文，如"批复"，只用于对"请示"的直接下级。

(2) 多级下行文，如"决定"、"通知"，可同时用于不同层次的下级。

(3) 直达基层组织和群众的下行文，如"公告"、"通告"。

2. 上行文

上行文通常有两种情况：

(1) 逐级上行文，如"请示"，一般只用于向直接上级行文。

(2) 越级上行文，如"报告"和"请示"，在一些特殊必要的情况下才可以采用。比如发生战争或严重的自然灾害；经多次请示直接上级机关，长期没有得到解决的问题；上级机关交办的并指定越级直接上报的问题；对直接上级机关进行检举、控告的问题；直接上下级机关或领导之间有争议而无法解决的问题等。

3. 平行文

指凡是互相没有隶属关系的机关、单位之间或同级机关之间的一种行文，如"函"、"通知"。

三、公文的行文规则

秘书在具体行文时，要遵守以下的规则：

1. 行文应当确有必要，讲求实效，注重针对性和可操作性。

2. 行文关系根据隶属关系和职权范围确定。一般不得越级行文，特殊情况需要越级行文的，应当同时抄送被越过的机关。

3. 向上级机关行文，应当遵循以下规则：

(1) 原则上主送一个上级机关，根据需要同时抄送相关上级机关和同级机关，不抄送下级机关。

(2) 党委、政府的部门向上级主管部门请示、报告重大事项,应当经本级党委、政府同意或者授权;属于部门职权范围内的事项应当直接报送上级主管部门。

(3) 下级机关的请示事项,如需以本机关名义向上级机关请示,应当提出倾向性意见后上报,不得原文转报上级机关。

(4) 请示应当一文一事。不得在报告等非请示性公文中夹带请示事项。

(5) 除上级机关负责人直接交办事项外,不得以本机关名义向上级机关负责人报送公文,不得以本机关负责人名义向上级机关报送公文。

(6) 受双重领导的机关向一个上级机关行文,必要时抄送另一个上级机关。

4. 向下级机关行文,应当遵循以下规则:

(1) 主送受理机关,根据需要抄送相关机关。重要行文应当同时抄送发文机关的直接上级机关。

(2) 党委、政府的办公厅(室)根据本级党委、政府授权,可以向下级党委、政府行文,其他部门和单位不得向下级党委、政府发布指令性公文或者在公文中向下级党委、政府提出指令性要求。需经政府审批的具体事项,经政府同意后可以由政府职能部门行文,文中须注明已经政府同意。

(3) 党委、政府的部门在各自职权范围内可以向下级党委、政府的相关部门行文。

(4) 涉及多个部门职权范围内的事务,部门之间未协商一致的,不得向下行文;擅自行文的,上级机关应当责令其纠正或者撤销。

(5) 上级机关向受双重领导的下级机关行文,必要时抄送该下级机关的另一个上级机关。

5. 同级党政机关、党政机关与其他同级机关必要时可以联合行文。属于党委、政府各自职权范围内的工作,不得联合行文。

党委、政府的部门依据职权可以相互行文。

部门内设机构除办公厅(室)外不得对外正式行文。

第三节　公文处理程序

2012 年 4 月颁布的《党政机关公文处理工作条例》中规定:“公文处理

工作是指公文拟制、办理、管理等一系列相互关联、衔接有序的工作。”“公文处理工作应当坚持实事求是、准确规范、精简高效、安全保密的原则。”

一、公文拟制

1. 公文起草

公文拟制是文件承办人根据领导的交拟或批办意见草拟文稿的过程，包括公文的起草、审核、签发等程序。公文起草的要求是：

(1) 符合国家法律法规和党的路线方针政策，完整准确体现发文机关意图，并同现行有关公文相衔接。

(2) 一切从实际出发，分析问题实事求是，所提政策措施和办法切实可行。

(3) 内容简洁，主题突出，观点鲜明，结构严谨，表述准确，文字精炼。

(4) 文种正确，格式规范。

(5) 深入调查研究，充分进行论证，广泛听取意见。

(6) 公文涉及其他地区或者部门职权范围内的事项，起草单位必须征求相关地区或者部门意见，力求达成一致。

(7) 机关负责人要主持、指导重要公文起草工作。

2. 公文审核

公文文稿签发前，应当由发文机关办公厅(室)进行审核。审核是指拟稿人员的上级负责人对初稿的审查和核实。审核的重点是：

(1) 行文理由是否充分，行文依据是否准确。

(2) 内容是否符合国家法律法规和党的路线方针政策；是否完整准确体现发文机关意图；是否同现行有关公文相衔接；所提政策措施和办法是否切实可行。

(3) 涉及有关地区或者部门职权范围内的事项是否经过充分协商并达成一致意见。

(4) 文种是否正确，格式是否规范；人名、地名、时间、数字、段落顺序、引文等是否准确；文字、数字、计量单位和标点符号等用法是否规范。

(5) 其他内容是否符合公文起草的有关要求。

需要发文机关审议的重要公文文稿，审议前由发文机关办公厅(室)进行初核。

经审核不宜发文的公文文稿,要退回起草单位并说明理由;符合发文条件但内容需作进一步研究和修改的,由起草单位修改后重新报送。

3. 公文签发

公文签发指机关领导人对文稿的最后审定、签字发出。签发是发文过程中最关键程序,是领导人行使职权的重要形式。公文应当经本机关负责人审批签发。重要公文和上行文由机关主要负责人签发。党委、政府的办公厅(室)根据党委、政府授权制发的公文,由受权机关主要负责人签发或者按照有关规定签发。签发人签发公文,应当签署意见、姓名和完整日期;圈阅或者签名的,视为同意。联合发文由所有联署机关的负责人会签。

二、公文办理

公文办理包括收文办理、发文办理和整理归档。

1. 收文办理程序

秘书人员收到文书以后,必须按照一定的程序对所收文书进行处理,这些程序包括:

(1) 签收和拆封。签收指秘书对收到的公文逐件清点,核对无误后签字或盖章,并注明签收时间。在《文书投递单》或《送文登记簿》上签字,需要认真核对和清点,做到四个"查清":

① 查清信封或封筒上的收文机关名称,是否确属本机关的收文,以防错投、错收;

② 查清信封号码与递送人在签收登记簿上所登的号码是否一致;

③ 查清文件封口是否破损,包装是否牢固;

④ 查清文件的登记件数与实有件数是否相符。

秘书只是对写明由本机关或本部门收启的封件进行拆封;写明某某领导人"亲收"、"亲启"的封件,则应由领导人本人拆封或由其委托的人代拆。

拆封文件要细心,不要撕毁封内文件,要将封内的文件取干净,然后检查文件是否齐全。对于重要作者的亲笔信封,应予以保存。对封内文件的发文机关、发文日期不详的,应根据封皮上的发文机关和邮戳日期予以注明。

(2) 登记。是指对公文的主要信息和办理情况做记录。对文书进行登记,便于进行收文数量统计及以后的查考利用。收文登记的形式分为簿册式、联单式和卡片式三种。登记项目主要有:顺序号、收到日期时间、来文单位、来文字号、标题、密级、份数、承办单位、签收、复文号、归入卷号、备注等。

(3) 初审。对收到的公文应当进行初审。初审的重点是:

① 文件是否应当由本机关办理;

② 文件是否符合行文规则。其中的常见问题是:请示中一文多事,报告中夹带请示事项,将下级机关的请示事项原文转报上级机关,党委、政府办公厅(室)之外的业务部门擅自向下级党委、政府发布指令性公文。

③ 文种、格式是否符合要求。常见问题有:该用“请示”的用了“报告”;主送、抄送机关标注不规范;上行文未标注“签发人”;主附件分离,附件不全;缺页、错页、中间有空白页;印制歪斜,等等。

④ 涉及其他地区或者部门职权范围内的事项是否已经协商、会签。常见问题有:未经协商就报文;已协商未达成一致意见且没有说明情况就报文;多个机关联合行文未会签完毕就报文等。

⑤ 是否符合公文起草的其他要求。

初审不符合规定的公文,要及时退回来文单位并说明理由,可以在退文时附退文单注明退文原因,或者将退文原因电话告知来文单位。

(4) 拟办。文件的拟办是指文秘人员对来文的处理提出初步意见或建议,供领导人批办时参考。为方便领导人查阅有关政策性文件,文秘人员可将有关文件(预先标出需要参阅的内容)或文件的摘要卡片连同公文一并送上。

拟办意见应抓住关键,力求明确。说明可能涉及的工作或问题,过去办理的简要情况,提出由哪个部门办理、如何办理、办理时限、由谁归档等。对一份文件有两种以上的处理方案,应一并提出,同时提出倾向性意见和理由。拟办意见写在《公文处理单》上,署上姓名、日期。

(5) 批办。是指机关领导人对送批的文件如何处理所作的批示。签署在《公文处理单》的“领导批示”一栏中。批明传达的范围、方法和时间;或批明承办部门、人员和期限、要求;或提出具体措施和步骤。批办应写明姓名和日期。文秘人员根据批示内容,拟定办文程序。

(6) 承办。公文的承办,一是从业务工作角度,指按来文内容、要求具体执行办理;二是从文书工作角度,对需要办复的文件根据领导批办意见办理回复,有电话答复、当面答复和复文答复等形式。

承办过程往往需要拟制新文件,针对来文发出复函、批复,或批转、转发来文等,因此,承办也往往是发文程序的开始。承办应该注重时效,分清主办与协办,分清复文与不复文。

阅知性公文应当根据公文内容、要求和工作需要确定范围后分送。批办性公文应当提出拟办意见报本机关负责人批示,或者转有关部门办理;需要两个以上部门办理的,应当明确主办部门。紧急公文应当明确办理时限。承办部门对交办的公文应当及时办理,有明确办理时限要求的应当在规定时限内办理完毕。

(7) 传阅。根据领导批示和工作需要将公文及时送传阅对象阅知或者批示。传阅包括运转、送批、送阅。传阅是要随时掌握公文的去向,不得漏传、误传、延误。

按顺序传批,适用于只有一份文件且需多人阅批的公文传阅。在文件份数少,阅办阅知部门(或领导)多的情况下,应按先办理、后阅知,先主办、后协办,先正职、后副职的次序分别审阅处理。在进行文件传阅时,应以秘书为轴心,进行轮辐式传阅,即一位领导阅后直接退回给秘书,注销后再由秘书送给另一位领导阅读,而不是让领导与领导之间直接传阅。

(8) 催办。指秘书人员及时了解掌握公文的办理进展情况,对必须办理答复的文件,根据承办时限的要求,及时对文件承办的情况进行督促和检查,督促承办部门按期办结,防止文件的延误、积压。紧急公文或者重要公文应当由专人负责催办。可采用递交催办单、电话催办或派人催办的办法,并作好催办记录。

(9) 答复。文件办理完毕后,应将办理结果及时答复来文单位,并根据需要告知相关单位。主要有书面答复、口头答复、电话答复和面谈答复。书面答复的流程为:

① 制发答复公文;

② 印送批件,将机关负责人在办件上的批示复印或抄清后交来文单位和相关单位;

③ 发《办文通知》。

(10) 注办。秘书人员在《公文处理单》上或文尾的下角注明公文办理的结果,内容有承办单位、时间、结果、承办人、回复的方法、日期等项。

2. 发文办理程序

秘书人员根据单位需要向外或向内发文,包括两种情况:向外单位或者本单位的各部门发出文件,称为制发;将收到的文件转送至有关部门,称为转发。发文办理从文书的复核、登记、印制、核发到传递等一系列处理环节。

(1) 复核。已经发文机关负责人签批的公文,印发前再由秘书部门对公文进行复核,查审批、签发手续是否完备,内容是否正确,附件材料是否齐全,格式是否统一、规范等,以确保质量;如果公文需要作实质性修改的,应该报原签批人复审。

(2) 校对,即将文件的誊写稿、打印稿或清样按定稿核对校正。普通文件应两校一读,重要文件三校一读,校对符号及其用法应该按照《中华人民共和国专业标准》执行。公文印好后还应认真校对,以保万无一失。

(3) 用印和签署。用印是在印制好的公文落款处加盖印章,签署指以领导人名义发出的公文,由领导人在公文正本的落款处亲署姓名。盖印是公文生效的一种标志,但有些公文如会议纪要和以电报形式发出的公文等可以不盖印而同样有效。普发性文件使用专用印模,在印制过程中将公章以红色套印在文件落款处。要注意:

① 领导人亲署姓名的公文,如以领导人名义发出的命令(令)、指示、任免通知等,领导人职务和签署日期应事先标印好。只有正职或代理正职的领导人才可签署文件。签署公文不需加盖公章,如印制份数较多,可由秘书代盖领导人手书体签名章。

② 印章必须与发文机关一致。文件用印时,必须以机关领导人或部门负责人签发的文件原稿为依据,经核对无误后始得用印。

③ 文件用印要端正、清晰,要端正地盖在成文日期上方,上不压正文,下要骑年盖月。

④ 文件用印一定要与制发文件的机关、部门或单位相一致。

⑤ 要核实份数,超过份数的不能盖印。

(4) 登记。复核后的定稿由秘书部门统一编排发文字号。发文字号的机关代字是统一编制,且长期稳定。由领导人签署的公布性公文可按领导人的任职期限连续编号,其他公文一般按年度编排序号。此外,还要确定并详细记载分送范围和印制份数。

一切发出的文件,均应进行登记,主要是为了便于对文件的管理和查找等。发文登记用簿式登记,项目为:顺序号、发出日期、发文字号、文件标题、附件、成文日期、密级、缓急时限、份数、主送机关、抄送机关、签收人、归卷日期、归入卷号。

(5) 印制。公文印制要注意:

确保质量。公文印制必须以经过机关负责人签发的定稿为依据。

确保时效。尤其是对于标注特急或要求限时发出的公文,要严格按照时限印制完毕,不得延误。

确保安全保密。涉密公文应当在具有国家秘密载体印制资质的单位或机关内部非经营性印刷厂、文印中心印制。

(6) 核发。公文印制完毕,应当对公文的文字、格式和印刷质量进行核对、分装和发送。应注意:

分装之前先要看发文稿纸注明的发送单位、密级、有无附件等。入封文件要折叠平整,并略短于信封长度。

邮政编码、地址、名称要在发送文件的信封上写准确。机关的名称要写全称或者通用的简称。

发文如系密件、急件、亲启件必须分别注明,文件的封口要用糨糊或胶水封实,不要用书钉封口,绝密文件应盖专用密封章或贴密封签。

文件装封后,应及时发送。

(7) 传递。涉密公文应当通过机要交通、邮政机要通信、城市机要文件交换站或者收发件机关机要收发人员进行传递,通过密码电报或者符合国家保密规定的计算机信息系统进行传输。

3. 整理归档

需要归档的公文及有关材料,应当根据有关档案法律法规以及机关档案管理规定,及时收集齐全、整理归档。两个以上机关联合办理的公文,原件由主办机关归档,相关机关保存复制件。机关负责人兼任其他机关职务的,在履行所兼职务过程中形成的公文,由其兼职机关归档。

三、公文管理

按照2012年《党政机关公文处理工作条例》的规定,“公文管理是指以安全保密和充分发挥公文效用为目标,在公文形成、传递、运转、存储、利用、整理归档、清退销毁等环节中所进行的规划、组织、控制、监督、保管、整理、统计、提供服务的职能活动。”秘书人员应该参照此条例,在做好收文和发文的基础上,进行公文管理,包括对涉密公文的管理、公文的印发传达,以及公文的撤销、废止管理。

1. 涉密公文管理

（1）党政机关的公文由文秘部门或者专人统一管理。设立党委（党组）的县级以上单位应建立机要保密室和机要阅文室，并按照有关保密规定配备工作人员和必要的安全保密设施设备。

（2）公文确定密级前，应当按照拟定的密级先行采取保密措施。确定密级后，应当按照所定密级严格管理。绝密级公文应当由专人管理。

（3）公文的密级需要变更或者解除的，由原确定密级的机关或者其上级机关决定。

（4）复制、汇编机密级、秘密级公文，应当符合有关规定并经本机关负责人批准。绝密级公文一般不得复制、汇编，确有工作需要的，应当经发文机关或者其上级机关批准。复制、汇编的公文视同原件管理。

（5）复制件应当加盖复制机关戳记。翻印件应当注明翻印的机关名称、日期。汇编本的密级按照编入公文的最高密级标注。

（6）涉密公文应当按照发文机关的要求和有关规定进行清退或者销毁。

2. 公文的印发传达

公文的印发传达范围应当按照发文机关的要求执行；需要变更的，应当经发文机关批准。

涉密公文公开发布前应当履行解密程序。公开发布的时间、形式和渠道，由发文机关确定。

经批准公开发布的公文，同发文机关正式印发的公文具有同等效力。

3. 公文的撤销、废止

（1）公文的撤销和废止，由发文机关、上级机关或者权力机关根据职权范围和有关法律法规决定。公文被撤销的，视为自始无效；公文被废止的，视为自废止之日起失效。

（2）不具备归档和保存价值的公文，经批准后可以销毁。销毁涉密公文必须严格按照有关规定履行审批登记手续，确保不丢失、不漏销。个人不得私自销毁、留存涉密公文。

（3）机关合并时，全部公文应当随之合并管理；机关撤销时，需要归档的公文经整理后按照有关规定移交档案管理部门。

（4）工作人员离岗离职时，所在机关应当督促其将暂存、借用的公文按照有关规定移交、清退。

第四节　公 文 立 卷

一、公文立卷的概念与意义

公文立卷,是指机关文书部门将已经办理完毕的、具有一定查考利用价值的文件材料,按照它们在形成过程中的联系和一定的规律组成案卷。

案卷,也称卷宗,指有关某一问题或某一工作活动的系统的、具有密切联系的文件材料的组合体。

公文立卷的意义是:

1. 公文立卷能够保持文件之间的历史联系,便于文件的查找利用。

2. 公文立卷可以维护文件的完整与安全,也便于文件的保管。

3. 公文立卷,为档案工作打下了基础。

二、公文立卷的组织

1. 文书部门立卷制度

指由机关的承办和处理文书的部门负责进行立卷的制度。文书部门立卷制度是与机关档案室立卷相对而言的,由文书部门负责立卷,是文书工作与档案工作实行科学分工、相互协作的重要标志。文书部门立卷制度的优越性表现为:

(1) 可以充分发挥文书部门熟悉本职业务和文书处理过程的长处,便于提高案卷质量和立卷工作的效率。

(2) 可以有效地避免和防止文件的散失,有利于文件的齐全完整,保守党和国家的机密。

(3) 可以暂时保存当年的文件材料,文书承办人员查阅文书就比较方便。

(4) 按年度集中归档,可以确保案卷质量。

2. 公文立卷的范围

(1) 应以国家档案局 1987 年 12 月颁发的《关于机关档案保管期限的

规定》、《文书档案保管期限表》和《机关文件材料归纳的范围》等文件的基本思想为指导。

(2) 还要明确文书立卷的分工，是指哪一级的文件由哪个机关立卷。应该立卷归档的文件材料，应以本机关、本部门为主。原则上以什么名义发的文件就放在哪里立卷，是哪个部门承办或主办的文件，就放在哪里立卷。

三、公文立卷的原则与方法

1. 公文立卷的原则与要求

公文立卷的原则是：保存文件之间的历史联系，区分保存价值，便于保管和利用。

秘书和文书管理人员必须对卷内文件的数量有一定的限制，卷内文件的数量是 50 张到 200 张之间，国标文件规定案卷的厚度为 10 毫米、15 毫米、20 毫米三种。

2. 公文立卷的基本方法

主要有三种方法：

(1) 根据文件的特征组卷，即问题特征、时间特征、文种特征、作者特征、地区特征和通讯者特征。

按问题特征立卷，即将有关同一事件、同一人物、同一事物、同一问题或同一工作性质等所形成的文件材料，组合在一起进行立卷。按问题特征立卷，是一种自然的分门别类的方法。

按时间特征立卷，形成于同一时间的文件或内容针对同一时间的文件组合在一起立卷。

按名称特征立卷，指公文文种的名称，如决定、报告、请示、会议记录等。文件按名称特征立卷，就是把相同文种名称的文件组合在一起进行立卷。

按作者特征立卷，作者特征是指制发文件的机关、单位或个人。按作者特征立卷就是将反映同一作者制发的文件组合在一起立卷。

按地区特征立卷，就是将内容涉及同一地区的文件组合在一起进行立卷。

按通讯者特征立卷，即针对一个或几个问题双方机关的回复往来的文件，组合在一起进行立卷。

(2) “六个特征”在组卷时应灵活运用，即在一个案卷之内结合使用两个、三个甚至四个特征立卷,是比较科学可行的办法。

(3) 适当照顾文件的保存价值组卷,划分文件的保管期限,分为永久保存的、长期保存的(保管期限为 16—50 年)、短期保存的(15 年以下)三种形式。

四、公文立卷的准备

1. 立卷类目的编制

立卷类目是指机关文书部门在一年的实际文件没有形成以前,根据本机关工作活动的规律,预测该年可能形成的文件,按照立卷的原则要求和方法,事先拟制出来的归卷条目。

立卷类目主要由类名和条款两部分组成:

(1) 类名。即类别,是综合概括归卷文件材料的类属名称,如组织类、宣传类、工交类、城建类、财贸类、文教类、综合类等等。

(2) 条款。即条目,是类名之下按照立卷要求和方法概括出来的一组文件的总标题。

条款顺序排定以后,依次编上顺序号。如第一类第一条为“1—1”、第二类第二条为“2—2”等等。

立卷类目的类别和条款的排列呈表格式,是平时文件归卷的“索引表”,指导文件“对号入座”、“定点归宿”。

2. 平时归卷工作

指机关的公文立卷人员依据已经编好的立卷类目,将已经处理完毕的文件,随时按类目上的有关条款归入卷内。要做到:

(1) 注意做好文件材料的收集工作;

(2) 对已经归卷的文件材料,要进行定期检查和调整;

(3) 事先预编的立卷类目,要注意调整修改;

(4) 可以确定组卷的,也可以提前进行编目装订。

(5) 一些文件不便归卷,可单独设立一个卷夹,注明“待归文件”。

五、案卷的组合

案卷的组合,简称组卷,指年终或第二年上半年对归卷的各个条款内的文件材料进行调整立卷、卷内文件排列和编号以及拟写案卷标题等一系列工作。

1. 调整立卷

是指在平时归卷的基础上，详细检查每一条款中所积累的文件材料，进行适当地调整，并且最后确定组合案卷的一项工作。

2. 卷内文件排列和编号

(1) 卷内文件排列，指将每个案卷内的文件按照一定的规律和顺序进行系统化排列，可以按时间、问题、重要程度、文号、作者、地区、通讯者、文种名称、人名的姓氏笔画或拼音字母等顺序进行排列。

(2) 卷内文件的编号。应当用阿拉伯数字给卷内文件编页号，以固定它们的排列顺序。

3. 拟写案卷标题

案卷标题是案卷的名称，也称案卷题名，是对卷内全部文件内容的总概括。

(1) 案卷标题的结构及标法。通常应当标明卷内文件作者、问题、名称三个基本部分，中间用“关于”、“的”来连接，例如“某某省府关于农村工作的决定、指示、通知”。

标明卷内文件的作者，可用通用的简称，如“中共某某市委”，对本机关可简称“本局”、“本委”、“本厂”等。

标明卷内文件的问题是案卷标题的核心，必须使问题概括得全面、准确、简练。

有些文件名称相近或卷内文件名称过多，可以进行概括，或举出二三个有代表性的文件名称后面加“等”字。

标明卷内文件时间。一般的案卷标题不需标明时间，只有计划、报告、总结、预决算和重要文件以及跨年度文件组成的案卷才需要标明时间。

标明卷内文件针对的时间要准确，不可随意简化。

标明卷内文件通讯者。可将问题要素插入通讯者此方与彼方之间，并将同一性质的机关概括为总称，例如“某某市航运公司就制止货轮搭客问题与某某线各航运公司的往来文书”。

标明卷内文件涉及的地区。对于同属较大地区范围的若干作者，可以用大的地区概念加以概括，如“某某地区各县关于减轻农民负担情况的报告”；可以列举一二个后加“等”字，如“某某地区行署关于某某、某某等五个县(市)防汛救灾情况的调查报告”。

(2) 案卷标题的拟写要注意:

政治上的正确性;

文字表达要精练通顺,概括准确;

案卷标题的基本结构要力求完整,合乎语法,标点符号要正确。

六、编目成卷

编目成卷指在组合案卷的基础上,对卷内文件进行编目、装订,以及案卷的排列、编号等一系列工作。

1. 案卷的编目

指在卷内文件排列编号的基础上,填写卷内文件目录、备考表和案卷封皮等工作。

2. 案卷的装订与装盒

一般来说,案卷都需要进行装订,对于某些特殊珍贵的手稿、照片、图纸在不便于进行装订时,也可以采用卷盒、卷袋进行保管。

案卷装订的要求是:整齐、牢固,不影响阅读。在装订之前,要去掉文件上的金属物,以防年久锈蚀文件。注意不要有倒置、脱漏的页张。凡书写未留装订线的要补贴加边,残破的文件要修补裱糊,大张的文件要折叠以后才能装订。

3. 案卷排列与编号

指案卷经过编目装订以后,将一个年度、一个组织机构的案卷进行系统化排列、编号,以固定其顺序。

(1) 案卷的排列。案卷先按保管期限分开,即按永久、长期、短期分别排列。也可按重要程度、作者、名称、时间、地区等体现条理化和一定的规律。

(2) 案卷的编号。编号的顺序如:永久卷 1—50、长期卷 51—100、短期卷 101—150、副卷 151—200。

七、案卷归档

1. 案卷目录的编制

案卷目录的项目有"案卷号、立卷类目号、案卷题名、卷内文件起止日期、卷内文件份数、页数、保管期限、备注"等等。

编制案卷目录一般有两种方法:一种由各部门的公文立卷人员编制移交目录,然后由档案室汇总编排卷号,编制正式的案卷目录。二是由机关档案室统一组织,指导各部门的文书立卷人员统一分类,编排卷号,直接编制案卷目录。

2. 文件检索工具的编制

文件检索工具指用来查找、利用文件材料的目录、卡片等等。其编制内容主要有:

(1) 文号索引,又叫文件作者目录。目录设置的项目一般有:文件作者(加标题)、文号、文件日期、所在卷页号。

(2) 文件分类目录,又叫文件综合分类目录。设置的项目一般有:类别、顺序号、文件作者(加标题)、文号、文件日期、卷页号,并加封面和底页。一年编制一本,编制号后付印装订成册。

3. 案卷的归档

文书部门立好的案卷,必须逐年移交给机关档案室集中保管,称为"归档"。

(1) 归档范围,也即文书立卷的范围,指机关在工作活动中形成和使用的文件以及其他有关的材料(包括照片、图表、印模、录音带、录像带等)。

(2) 归档时限。一般应在第二年上半年向档案部门移交档案。

(3) 归档要求:

应归档的文件材料必须齐全、完整;

文件和电报按其内容的联系,合并整理、立卷;

归档的文件材料,要保持它们之间的历史联系,区分保存价值、分类整理、立卷,案卷标题应简明确切。

机关档案室在接收案卷时,应按照以上要求对案卷检查验收。

移交目录一式二至三份,一份经签字后留公文处理部门使用,另外一至二份交机关档案室保存。

第五节　文书整理归档新规则

前节所述的公文立卷与案卷归档是有关某一问题或某项工作活动的系

统的、有密切联系的文件整理成组合体。整理时的方式主要采取按“六个特征”的分类方式,即按“作者特征、问题特征、文种特征、时间特征、地区特征、通讯者特征”进行。这种方式有一定的科学性,也曾对文档利用发挥了很大的作用,但在具体工作中也有不足,主要是这种分类方式比较复杂,不易把握。不同秘书人员根据自己的判断采用不同的特征组卷,给文档的借阅、查找、复制、保密等带来不便。面对大量运用计算机操作和管理的现实,传统的文档整理归档工作也应与时俱进,进行必要的改革。

一、文书整理归档新规则的主要内容

2002 年 12 月 6 日,国家档案局发布了《档案文件整理规则》(以下简称《规则》),对归档工作进行了改革。《规则》提出:文书整理工作以“件”取代“卷”,即对文书实行文件级管理;并以“案盒”取代“案卷”,以“案盒”作为保管单位;以“年度、机构(问题)、保管期限”的文书整理分类方式取代过去“六个特征”的分类方式,取消硬卷皮和软卷皮;用“归档文件目录”代替“卷内文件目录”,取消“目录号”,增设“保管期限”;取消案卷目录,增设归档文件目录,作为移交清册。对文档管理工作影响比较大的主要有以下内容。

1. 以“件”取代“卷”为整理单位

以“件”为单位进行整理,即以文件本身固有的客观特征为整理标准。以“卷”为单位进行整理,是以秘书人员的主观判断(六个特征)为标准。将归档文件以“件”为单位进行装订、分类、排列、编号、编目、装盒,使之有序化。一般以每份文件为一件,文件正本与定稿为一件,正文与附件为一件,原件与复制件为一件,转发文与被转发文为一件,报表、名册、图册等一册(本)为一件。来文与复文可为一件。

2. 以“案盒”取代“案卷”为保管单位

过去文书整理工作就是将文书整理,然后进行装订。装订案卷的工作量较大,要花很多时间。现在以“案盒”取代“案卷”,将文件装盒,以“件”取代“卷”,节省了装订的时间,同时也减轻了秘书人员的工作负担。《规则》规定档案盒封面标明全宗名称,根据摆放方式的不同,在盒脊或底边设置全宗号、年度、保管期限、起止件号、盒号等必备项,并可设置机构(问题)等选择项,盒内文件不必装订。

3. 以“年度、机构(问题)、保管期限”取代“六个特征”为分类方式

传统的文书整理分类方式是按“六个特征”,标准不易掌握,工作难度较大,且有一定的主观随意性。而以“件”为单位按“年度、机构(问题)、保管期限”的标准进行分类整理,降低了难度,简化了程序,使文书整理工作更简便易行。同时,因以“件”为单位进行整理,只使用年度、机构(问题)、保管期限、时间、收发文等一些客观标准,并不用归纳案卷标题,避免了人为因素的影响,因此,即使不同的人来整理,其整理结果也基本一致,这就使文书整理的结果更具确定性。

(1) 按保管期限分类。保管期限分为短期、长期、永久三种。短期保管的期限为 1 至 15 年,长期保管的期限为 16 至 50 年,永久保管即需永久保存。在每个期限内根据预测形成文书的数量,准备相应数量的档案盒。需归档的文书先按保管期限分开整理,然后再考虑其他分类。

(2) 按组织机构分类。即按机关内部各部门名称分类,组织机构也即问题。如直接采用总经理室、销售部、财务处等名称作为类名。每类中如形成的文件较多,可再编制一定的具体条目。适用于较大型的机关或内部组织机构相对稳定的组织。这种分类较易掌握,也方便归档,还可看出某单位内部机构设置及其职能、任务等。

(3) 按问题分类。即按工作性质及内容分类,如人事类、宣传类、财经类等。这种分类不受机构的限制,但要注意各类别之间应标准清楚,不能互相包含,类名也应清晰明确。各类别之间可以按重要程度和系统性排列,每类也可以再编制一定的具体条目。这种方法比较灵活,可长期使用,也可随时增加有关类别,一般适合于较小型的机关、职能较少或内部组织机构不大稳定的组织。

二、文书整理归档工作改革的意义

文书整理以“件”取代“卷”,似乎只是形式问题,实质上具有重要的意义。这项改革措施的优点主要有以下几方面。

1. 有利于文档的计算机管理

以“件”取代“卷”意味着文件级的计算机检索,可以高速、准确的为利用者提供服务,解决了手工检索费时费力的问题。其次,档案原文可以通过计算机网络查询,使参考性利用不再需要档案原件,减少了调档的数量,档案

实体的安全也有了保证。

2. 提高了文档的利用效率

传统的装订案卷如出现价值不同的情况时,要拆卷后重新装订,会损害档案的外观。以“件”为单位鉴定,就不必使有价值的档案如此“折腾”就能达到“去粗取精”的目的。因“案盒”内的文件无须装订,可以通过计算机查阅目录找到相应的文件,借阅和复制某份文件也不必将整个案卷借走,提高了文档的利用效率。有针对性地对文档提供利用,可避免扩大阅读范围,有利于档案的保密,也便于档案的鉴定工作。

3. 统一了文书部门和档案部门的工作

过去文书部门所组成的案卷,因主观判断的因素较多,可能不符合档案部门的要求,所移交的案卷,档案部门往往又要拆开再重新整理、重新装订。现在以“件”取代“卷”,将文件装盒,以“案盒”取代“案卷”,使得文书部门和档案部门的整理标准趋于一致,从而使两个部门的工作真正统一了起来。

三、文书整理归档的基本程序和方法

1. 编制分类方案类目

分类方案类目是指根据本单位工作的规律,在分析研究本单位工作性质、职权范围、内部机构及分工情况的基础上,预测下一年度可能形成的文书,按照文书整理的原则拟定的归档文书的类别和条目。新《规则》对每年文书编制类别一般有三种方法:按保管期限分类、按组织机构分类、按问题分类。

2. 初步整理

初步整理指平时归整,即文书处理部门在平时就有计划地把本单位一年中形成的应归档的文书逐步整理起来。根据文书分类方案把已经处理完毕的文书材料,以“件”为单位进行装订,并按有关类目随时归整,装入“案盒”,到年终或第二年年初再严格按归档要求进行调整,以保证归整文件的全面和完整,并通过检查可及时纠正文件归错类别的现象。

3. 系统整理

一年的工作结束后,秘书人员在平时归整的基础上,对文件进行系统整理和编制目录,以便于移交和对档案文件进行管理和利用。

(1) 确定案盒内文件。认真检查每个案盒内积累的文件,按文书整理归档原则和要求进行调整,并对案盒内文件排列、编号,最后确定案盒内的归档文书。主要检查是否以“件”为单位,归类是否合理,归类的文件是否齐全,文件保管期限是否一致,文件数量是否合适等。发现不合理的应进行调整和补充。

对案盒内文件进行排列,即在专门盛放文件的盒子内按一定顺序叠放以“件”为单位的文件,不作装订。应在分类方案的最低一级类目即条款和条目内以“件”为单位进行排列,可以按事由结合时间排列、按事由结合重要程度排列、成套性文件集中排列、短期保管的文件按归档先后顺序排列等方式进行排列。

(2) 对案盒内文件编号。文件编号以归档章的形式在每件文件首页上端注明。归档章的位置可在首页右上角,也可在首页上端空白处,但在整个案盒文件中,其位置应一致。

(3) 填写案盒各项内容。填写的内容包括:

案盒内文件目录表。其内容一般包括七项:件号、责任者、文号、文件题名、日期、页数和备注。

备考表。盒内文件缺损、移出、补充、销毁以及其他需要说明的问题等。并填写登记日期及归档文件整理完毕的日期、整理人、检查人。

案盒封面、盒脊。档案盒应根据摆放方式的不同,在盒脊或底边设置全宗号(档案馆给立档单位编制的代号)、年度、保管期限、起止件号、盒号等。

4. 归档

文书经过整理,形成了系统的案盒后,应向单位档案室进行移交,即归档,以便由档案室集中保管。移交时应办理好移交手续,要求为:

(1) 归档范围。凡属整理归档范围的文件,一律归档;不属文书整理归档范围的文件,不需归档。不归档的文件可按制度销毁。

(2) 归档时间。文书部门或相关的业务部门,一般应在第二年的上半年向档案室移交全部案盒档案,对一些专门性的文书或驻地比较分散的个别业务单位的文书,为便于日常查找和利用,也可根据实际情况确定适当的归档时间。

(3) 归档质量要求。应做到以下四点:

应归档的文件材料要收集齐全、完整。

应按照文件之间的有机联系和保存价值,科学地整理归档。

归档的案盒应符合文书整理归档的各项质量要求。

编制移交目录,至少一式两份;交接双方经过清点案盒,履行签字手续。

第六节　电子文档管理

信息技术产业的发展,办公自动化的进一步深化,传统的公文、图书、图像、文献资料、商业信息等,都可由电子计算机产生和传递,由此产生了电子公文、电子图书、电子图形图像、电子文献资料等,这些都属于电子文件。具有档案保存价值的电子文件,必须要归档保护。电子文件归档后即形成电子档案。

我国在 2002 年颁布了《电子文件归档与管理规范》的国家标准,规定了在公务活动中产生的,具有保存价值的电子文件的形成、积累、归档、保管、利用、统计的一般方法。这个标准不仅适用于党政机关产生的电子文件的归档与管理,也可用于其他社会组织的电子文档管理。档案电子化也是电子政务和电子商务的重要方面,顺应这个发展潮流,国家档案馆从 2003 年开始实施电子化归档。2005 年 4 月实施的《中华人民共和国电子签名法》也为电子文档管理提供了法律上的保障。

一、电子文件的特征

1. 不可识别性和非直读性

纸质文件都是采用人可识读的记录符号,可直接辨认出,而电子文件使用磁介质和光介质,采用的是数字代码,只有借助计算机解码,才能转换成人可识读的记录。其收集、编制、传输等也必须依赖计算机的软、硬件及数据库与网络系统。在载体上的数字信息经过压缩编码、加密等处理会产生不兼容的问题,更增加了电子文件的非直读性。

2. 对机器设备和标准的依赖性

计算机更新换代很快,一般只能隔代兼容。对需要长期归档保存的电子文件来说,对设备的依赖性更明显,甚至可能出现最新的设备读不出几十年前的数据的情况。电子文件的运作、管理是建立在一套标准化体系之上的。其严格程度和对系统性的要求,均远远超过纸质文件的标准化体系。

其制作生成、存储、信息压缩存储、传输、查找等都要有相应的标准，标准化是电子文档管理重要的基础工作。

3. 物理结构、逻辑结构的复杂性

文件的物理结构是指其信息存储于载体上的位置及分布情况，例如文件的正文、图形、批示、附件等各自在载体上的存储位置。文件的逻辑结构是指信息自身的结构，例如文件中的文字排列、章节构成、各页的先后顺序、插图、标号等。纸质文件信息的物理结构与逻辑结构是一致的、直观的。电子文件信息的物理结构和逻辑结构往往是不一致的。同一份电子文件中的正文、图形、批示、附件等可不在载体上连续存放，甚至可存放在不同的载体上，而不影响其正常显示输出。在电子文件信息的处理过程中，其物理结构经常发生变化，而其逻辑结构却可以保持不变。在电子文件归档时，如何保持其物理结构、逻辑结构的复杂关系，是保证电子文件不被破坏的关键问题之一。

4. 对元数据、背景信息的依赖性

根据《电子文件归档与管理规范》，元数据是指描述电子文件数据属性的数据，包括文件的格式、编排结构、硬件和软件环境、文件处理软件、字处理和图形工具软件、字符集等数据。背景信息指描述生成电子文件的职能活动、电子文件的作用、办理过程、结果、上下文关系以及对其产生影响的历史环境等信息。电子文件的元数据必须特意附在文件信息中，否则将无法恢复电子文件的原貌。此外，纸质文件由于在传递和处理过程中离不开行政部门的实际往来和人工办理各种手续，其生成和运作的背景信息会自然地记录在文件上，而电子文件的运作是在网络上进行的，操作者互不见面，体现行政背景关系的信息可能存放在其他地方。如不特意提供或补充这些元数据或背景信息，就可能给电子文件的运作和归档带来问题。

5. 载体的多样性和信息存储的高密度性

传统的档案，记录信息的载体是纸，变化的是纸张规格的大小，但电子文件载体有磁盘、磁带、光盘等，呈现多样性。而且其存储量大大高于过去的各种信息介质，特别是光盘，有“海量存储”之称，一张容量可达 600MB—4000MB 的光盘，刻写激光斑点的直径小于百万分之一毫米，可存 35 万张打印纸上的文字信息，或 10 万页图形信息。这种信息存储的高密度性可减少档案的存储空间，便于存放。

6. 信息与载体之间的可分离性

电子文件的信息不具有固定的物理位置,可以非实体进行加工和管理。这种可分离性造成了电子文件信息易于更改,不留痕迹,易于复制、传输、便于异地调阅或形成文件。电子文件的存放位置不是固定的,可以变化,甚至可以从一个载体转换到另一个载体,其内容信息却不发生任何变化。同样,还可以通过网络传给远方的一个或多个接收者。在一些对保密有特殊要求的网络中,还采取把电子文件分解后分别通过不同的途径传递,存放在不同地点的不同设备上,只是在需要时才临时把文件装配起来。这些情况不仅造成电子文件与载体的分离,也使长期处于共享计算机网络资源的使用者不关心电子文件存储于哪台计算机、哪个载体以及什么位置。再则,电子文件的信息形态包括文字、图形、声音、影像等多媒体信息,其组成要比纸质文件复杂得多,不同的载体适合存储不同种类媒体的信息,使同一份电子文件中的文、图、声、像在存储时产生载体分离现象。如果脱机保管,可能造成混乱。这些给电子文件的保管带来许多新问题,处理不好,会直接影响其真实性、完整性和可靠性。

7. 文档信息的共享性

传统档案由于受原件的约束,在同一时间只能有一个用户利用一卷档案,且要身到现场,但电子文件的利用可以人在异地,可以多人不受空间的限制,同时共享同一信息。在实现了局域网和上了因特网后,在办公室、家中也可利用档案信息。

二、电子文档管理的技术条件

1. 电子文档管理的软硬件配置

电子文档必须依靠电子计算机的软硬件环境才能进行管理。主要包括:

(1) 数据库管理系统。用于组织和存取大宗数据的管理系统,是有关电子计算机系统(硬件与基本软件)、数据库及其描述机构、数据库管理、用户及其应用程序、数据库管理员等几方面组成的总体。数据库管理系统是一组软件,它具有数据库定义功能、数据库管理功能、通信功能,通常由数据描述语言及其编译程序、数据操纵语言及其编译程序、数据库管理例行程序等三部分组成。

(2) 存储及输出设备。数据存储需要相应的电子计算机外部设备和存储介质。主要有磁盘存储器、磁盘、磁带和磁带机，光盘和光盘驱动器等。相应的输出设备主要有终端(通常有一个键盘和一个显示装置的组成)，打印机等。

(3) 软件和程序。软件即电子计算机系统中使用的各种程序和文档。软件中最重要的是操作系统。程序是为解决某一问题而设计的一系列指令。根据被解决问题的目的不同而又可分为系统程序和应用程序。

(4) 数据结构和数据。数据结构即数据的组织形式，它既描述数据对象，又描述这个集合中数据元之间的相互关系。数据又有格式数据、正文数据、时态数据、图形数据、图像数据、声音数据等之分。

文档管理部门可根据目前或将要保存和处理的电子文件，参考上述四个方面来选择相应的数据库管理系统，电子计算机软硬件平台、存储及输出设备、数据结构与数据以及元数据、背景信息等，购置所必须的电子计算机软硬件及外部设备，确保电子档案的管理和开发利用。

2. 电子文件的使用载体和归档载体

目前电子文件使用的载体有磁性、光学性和磁光性等类型。

(1) 电子文件使用载体的种类。磁性记录包括磁记录器和磁记录介质。在20世纪40年代前，磁带已作为录音介质出现，记录模拟信号，现电子计算机磁带仍大量用于数字存储技术中。但其存取速度慢，工作效率低。随后出现的硬磁盘存储技术，硬盘成为大中小型电子计算机的主要外存，在微机中也得到广泛应用。硬磁盘可随机存储，加之高速旋转，所以数据存储很快，传输率高，但硬磁盘价格昂贵，一般不能脱机存储。软磁盘是在上述两种介质的基础上吸取各自优点而发展起来的一种介质。光盘存储技术是重要的数字存储技术。其基本原理是把激光聚集在存储介质上产生微小的激光点进行数字记录。光盘可分为只读式、一次写多次读、可擦写等三种类型。

(2) 电子文件归档载体的选择。电子文件的存储及归档应使用记录载体，选择不当会造成信息很快丢失，甚至造成维护、转换的极大困难。选择载体的依据是：

有国际和国家标准；

有发展前途的、其使用的软硬件有多个供应渠道；

内在性能稳定，耐久性得到公认；

能较方便地进行保护；

载体及记录所必备的软硬件价格适宜,能为用户所接受;

能较容易地检测出载体的质变现象,以便在载体变化之前将文件复制到新的载体上。

文档管理部门应根据实际情况选用电子文件的载体,存储和下载电子文件时都应保存在载体上,在归档前的一段时期可存在软盘、磁带上,或存在大容量的可擦除光盘上。电子文件一旦作为电子档案长期保存,就应选择标准化程度高、性能稳定、有发展前途、价格便宜、容易检测、显示还原方便、能长期保存的载体。软盘不能作为长期保存的电子档案的载体。对于永久保存的特别珍贵的电子档案,则应转存到纸或缩微胶片上。

3. 电子档案光盘信息的组织结构

为了更好地建立以光盘为载体的电子档案,文档管理部门应明确规定光盘存储档案信息的组织结构,弄清以下问题:

(1) 每张光盘中应包括哪些文件? 首先是电子档案应分图形、图像、文本等类型;其次是确定类目表,记录档案分类信息,通过类目表,可迅速方便检索电子档案具体内容;第三是确定著录文件,说明电子文件各种属性。

(2) 各个文件之间的关系是什么? 在类目表和著录文件中应描述清楚,才能在使用光盘时了解各电子档案的所属及相互关系、相关属性。

(3) 文件格式如何规定? 规定类目表、著录文件的格式,应使用符合国际标准和国家标准的格式,这是电子档案光盘适合保存、便于使用的关键。

明确规定光盘存储的档案信息组织结构后,可达到如下目的:便于光盘存储的档案信息交换;便于光盘归档;便于编制光盘信息管理系统。

4. 电子文档设备过时的对策

电子文档管理因现有技术条件的限制,必将遇到记录载体不耐久,读写文档信息的软硬件技术过时等问题。数字信息技术是载体、记录格式、软件、硬件等有机的集合,即使记录载体完好,如果检索、输出或编辑它的软件中任何一项技术过时,都会影响电子文档信息的读出。因此,采取相应对策,避免电子文档信息受损是不得不考虑的问题。可选择的方法为:

(1) 再生性技术保护。是将技术过时的载体上的信息适时地转移到纸或缩微胶片上,不再使用电子计算机软硬件读出,这样可长期保存信息。但有些信息无法转移到硬拷贝上,如声音信息、超文本信息、多媒体信息等;也可能失去电子格式的传递、使用的灵活性等。这种方法适用于利用率较低的电子档案。

（2）建立电子计算机技术档案馆。收集过时的电子计算机软硬件，提供利用，以方便读取那些过时技术载体上的信息内容。这种方法除广泛收集、保管过时技术的全套软硬件，还必须保管操作这些过时技术的某些技能。

（3）仿真。制造一种运行过时硬件及其软件的软件，在软件中对某一硬件与软件进行模仿，使原软硬件在形式上仍可用。利用这种方法可挽救过时技术的当时记录。

（4）拷贝和迁移。在原来的技术环境下定时重写信息数据，防止由于记录载体理化性能变化而引起的信息丢失。这可作为档案馆管理电子档案的一项基本方法，也是长期保存的一种可行的方法。将数字信息从一种技术环境转换到另一种技术环境（包括硬件和软件）上的复制称为迁移。迁移要求电子计算机既可读出旧格式，也可将它写在新格式上，电子信息可从一个存取载体转移到另一个存取载体上得到保护。

三、电子文档管理的组织和技术安全措施

1. 电子文件归档的组织管理

（1）加强电子文档管理的责任归属

从电子文件的形成到归档，跨越了多个部门，这些部门通过电子计算机网络联成一个有机整体，但有时工作互有交错，职责界限难以区分清楚，需要加强组织管理，由主管部门或负责人统一协调，指定专门机构或专人负责。电子文件的形成、收集、整理和归档工作，应由文书部门按照归档要求进行，并及时向档案部门移交。归档后形成的电子档案的管理应由档案部门负责，文书部门要协助支持。此外，对电子文件归档也应有明确、具体的制度和规定。

（2）明确电子文件归档的工作程序、内容

电子文件的归档，应按归档工作程序和步骤进行，才能有利于归档工作的全过程管理。其程序包括：一是电子文件形成时签署、审批；二是收集积累；三是编制目录；四是整理需归档的电子文件；五是鉴定归档的电子文件，确定其档案属性；六是检测归档的电子文件；七是编制归档说明；八是存入磁、光介质（含压缩归档等方式）；九是复制备份；十是确定载体标识。

文书部门要明了电子文件归档的具体工作内容和要求，如制定电子文

件归档的工作步骤、归档制度和归档计划,明确电子文件形成、收集积累的质量要求。

(3) 保证电子文件归档的质量要求

归档工作是由文件管理转换为档案管理的基础,其质量关系到整个档案管理水平。应当搞好档案部门和文书部门的协调工作,使电子文件管理和电子档案管理形成一个有机的整体,避免相互推诿扯皮。还应严格电子文件归档的检查、检测程序和制度等。

2. 电子文件信息安全的技术措施

电子文件是高科技的产物,信息安全技术对于维护电子文件的原始性、真实性至关重要。目前这方面的技术主要有:

(1) 签署技术。即证实该份文件确实出自作者,其内容没有被他人进行任何改动。一般包括证书式数字签名和手写式数字签名。采用证书式数字签名的需要向专门的技术管理机构注册登记,后者的职能是在其管辖的数字协议下对用户的有效身份进行认证,向用户发放有限期的密钥和数字证书等。

(2) 加密技术。此技术确保电子文件内容的非公开性,通常采用“双密钥码”进行加密。网络中的每一个加密通信者拥有一对密钥:一个是可以公开的加密密钥,一个是严格保密的解密密钥,发方使用收方的公开密钥发文,收方只用自己知道的解密密钥解密。这样任何人都可以利用公开密钥向收方发文,而只有收方才能获得这些加密的文件。由于加密和解密使用不同的密钥,因此第三者很难从截获的密文中解出原文来,这对于传输中的电子文件具有很好的保护效果。

(3) 身份验证。目的是为了防止无关人员进入系统对文件或数据进行访问。常用方法是给每个合法用户一个由数字、字母或特定符号组成的“通行字”来代表该用户身份。

(4) 防火墙。此种技术可控制进、出两个方向的通信,可阻止对本机构信息资源的非法访问,也可以阻止机要信息、专利信息从该机构的网络上非法输出。

(5) 防写措施。是将文件设置为“只读”状态,使用者只能从计算机上读取信息,而不能对其做任何修改。在计算机外存储器中,只读光盘只能供使用者读出信息而不能追加或擦除信息,一次写入式光盘可供使用者一次写入多次读出,可以追加记录但不能擦除原来的信息。可有效地防止用户更改电子文件内容,保持其原始性和真实性。

3. 电子文件信息安全的管理措施

维护电子文件真实性的管理措施涉及从电子文件形成、处理、收集、积累、整理、归档到电子档案的保管、利用的全过程,可以称之为“电子文件全过程管理”。电子文件的管理不仅注重每个阶段的结果,也要重视每项工作的具体过程,并把这些过程一一记录下来。其中有关维护其信息安全方面的要求主要是:

(1) 电子文件的制作过程要职责分明。应注意划清制作人员和参与人员的责任范围,制作人员应对其制作的文件负有全责。可用只读形式调阅等方式来防止误操作、有意删改等造成文件信息的改变。

(2) 建立和执行科学的归档制度。电子文件形成后应及时收集整理,以防在分散状态下发生信息损失和变动。公文性电子文件一经定稿就不得进行任何修改,更改应有批准手续;一切变更都应记录在案;电子文件要有备份等。应检查归档的电子文件内容是否齐全完整,真实可靠;相应的机读目录、伺服软件、其他说明是否一同归档;归档的电子文件是否是最终稿本,电子文件与相应的纸质或其他载体文件的内容及相关说明是否一致。在技术方面应检查归档电子文件载体的物理状态,有无病毒等,以确保读出信息的准确性。

(3) 建立和执行严格的保管制度。归档电子文件应使用光盘作为存储介质,所有归档的电子文件应作写保护处理,在对电子文件实行格式转换时应防止信息失真。对电子文件要定期进行安全性、有效性检查,发现载体或信息有损伤时,应及时进行修复或拷贝。

(4) 加强对电子文档提供利用的管理。电子文件入库载体不得外借,只能以拷贝的形式提供利用,并实行利用权限控制,防止对电子文件系统的非法访问,防止泄密和损伤信息。

(5) 建立电子文件管理的记录系统。电子文件形成后因载体、格式转换而不断改变自身的存在形式,要确认其真实性就必须为每一份电子文件建立必要的记录,记载文件的形成、管理和使用情况。国际档案理事会电子文件委员会制订的《电子文件管理指南》中指出,有两类相关信息应当记录和保存。一类是“元数据”,另一类是“背景信息”。记录系统应具有实时记录的功能,以作为证实电子文件真实可靠的有效依据。

四、电子文档的处理程序和方法

1. 电子文件的收集与积累

为保证归档的电子文件的真实性,电子文件的收集积累工作必须从文件形成阶段就开始,是一项经常性的工作。电子文件收集积累应贯穿于文书处理工作的整个过程,收集积累范围应按国家有关规定执行。电子文件的收集积累要求和方法是:

(1) 草稿文件一般情况下可以不保留,但从保留电子文件的重要修改过程考虑,则应收集。对于起辅助作用或正式作用的电子文件,则应及时收集积累,并与其相应的纸质文件建立标识关系。对"无纸化"系统生成的电子文件,应在收集积累过程中制成硬拷贝或制成缩微品,以免系统发生意外情况时文件丢失。

(2) 对不同信息类型的电子文件,由于其技术特性不同,存储载体和记录信息的标准、压缩方法也不同,因而应分别采取措施以保证其完整性。电子文件的读取、还原,离不开其生成的技术设备条件、相关软件和元数据,所以收集积累还必须包括这些内容。

(3) 电子文件在计算机网络系统上进行收集积累,应用记录系统有自动记录的功能,可用来记载电子文件的形成、修改、删除、责任者、入数据库时间等。

(4) 用载体传递的电子文件,要按规定进行登记、签署,对于更改处,要填写更改单,按更改审批手续进行,并存有备份件,防止出现差错。

(5) 电子文件的收集积累应由文书部门集中管理,不得由个人分散保管。在网络系统中运用,应建立电子文件数据库,或在数据库中将对应在积累范围的电子文件注明积累标识。

2. 电子文档的传输

(1) 电子文档传输的方式。主要有以下几种:

利用存储介质传输。存储介质包括磁盘、光盘、磁带等。传输前先把电子文档复制到存储介质上,利用人力送到目的地。这种方式只是利用了电子计算机的存储和读取技术,传送方式与纸质档案并无本质区别。

利用计算机网络技术传输。网络技术使档案传输不受地理、人力的限制,传输速度也大大加快。传输区域可分为局域传输和远程传输。局域传输主要应用于单位内部，传输速度快。目前很多单位已经实现了网上办公，文件的下发及签阅、工作安排等都可在网络上进行，形成的电子文档也可在网上传输。各种设计图纸、文书档案等都可通过扫描仪进入电子计算机，存在档案馆（室）的服务器上，将纸质档案电子化。当需要某份档案时，不用再到档案馆（室）翻阅，直接在电子计算机上进行查阅即可。远程传输是利用远程网络技术通过电子邮件的方式传输，使档案的异地传输变得简单易行，即使远隔千山万水，传输一份电子文档也只需几秒、几分钟时间。

(2) 电子文档传输中的问题。利用网络进行电子文档的传输得到了越来越广泛的应用，也暴露出一些问题，主要是：

电子文档传输中的安全问题。电子文档在传输过程中，数据很容易被他人窃取。目前比较可行的方法是在档案传输前把数据加密，档案达到目的地后再进行解密，这样即使传输中的数据被窃取，也是一堆杂乱无章的数字码，很难直接应用。

电子文档传输中的防毒问题。传输设备可能会携带病毒，对接受单位的电子计算机造成有意或无意的破坏。解决的方法是在电子计算机上安装防病毒软件，自动对来自网络上的文件进行病毒检测。

电子文档的合法性问题。纸质文档上的单位盖章和领导签字，是有法律效力的，在电子文档上的签字（即“电子签字”），目前在法律上也得到了认可（参阅第七章第三节内容）。

电子文档的传输主要体现在电子文件的收集整理和电子档案的利用上。秘书和文档管理部门一方面把办公部门产生的各种电子文件和生产设计部门产生的电子图纸通过网络收集到档案管理部门来，在电子计算机上进行分类、组卷、归档；另一方面当其他人员需要某份电子档案时要能准确及时地提供给用户。与纸质档案不同的是，电子档案在网上被查阅后不需要归还，因为原来的电子数据并没有被“拿走”，而只是“复制”了一份而已。

3. 电子文件的整理与归档

(1) 电子文件的整理。是指按照一定的原则和方法，将收集积累的电子文件分门别类进行清理，为归档做准备。主要工作包括：

一是对电子文件分类、排序。就是将磁性载体传递的零散的、杂乱的电子文件通过分类、标引、组合，使其存储格式处于一种有序状态；

二是建立数据库。首先是对电子文件进行分类编号，即按照分类编号方案的规定对电子文件进行划分，并给每份电子文件一个固定、唯一的号码;其次对电子文件进行登记。

(2) 电子文件的归档。是将应归档的经过整理的电子文件,确定档案属性后,从计算机或网络的存储器上拷贝或刻录到可移动的磁、光介质上以便长期保存的工作过程。不同环境条件下产生的电子文件的归档方法不同。如果是网络,可按要求转到档案数据库或在文件上记有归档的标识;如果是载体传递归档,应做档案数据库或作文件归档的标识,还要做一些辅助和认证工作,要与纸质文件结合归档。归档工作的要求和方法是:

确定电子文件的归档范围,应按照国家和组织的有关规定进行。

归档要求。主要是真实、完整。首先要遵从归档各阶段的规定、标准;其次是准确说明配套的软、硬件环境;第三是归档电子文件格式应尽可能地通用和标准。

归档方法。一是将最终版本的应归档的电子文件存入磁、光介质上;二是采用数据压缩工具对网络上应归档的电子文件进行压缩,然后刻入磁、光介质上,但采用压缩工具的过程必须统一、规范;三是将确定要归档的电子文件在网上进行一次备份操作,然后将其存放在磁、光介质上。对备份系统归档一般在局域网或其他网络环境下采用。

归档时间。一般在年度或任务完成后,或一个阶段之后的一段时间内进行归档(称阶段归档)。因涉及电子文件的技术环境条件,存储介质的质量、寿命等问题,一般不超过 2—3 个月。

归档份数。一般应拷贝二套,保存一套,借阅一套。即使在网络上进行,也要保存一套。必要时应保存两套,其中一套异地保存。以提高信息的安全性和可行性。

4. 电子文件的鉴定工作

电子文件的归档鉴定工作,是指鉴别档案的价值,确定其保管期限,并据此删除已收集积累但无保存价值的电子文件,予以销毁。鉴定内容体现在两个方面:

(1) 确定归档电子文件的原始性、准确性、完整性。即确定是否是形成时的或通过审批更改的电子文件;是否是产品定型技术状态或经过公务事务处理并有结果的电子文件,是否是组成完整的系统的电子文件。

(2) 确定电子文件的价值和保管期限。这主要取决于电子文件内容所含信息的价值及社会对它的需要,要根据国家关于档案保管期限表确定其保管期限。

电子文件归档的鉴定，主要是在归档前由电子文件形成部门在档案部门的协助下，对归档的电子文件内容进行鉴定。鉴别电子文件的价值，同时也应对其记录的载体进行检查、检测，对所需的软硬件环境作出说明，并根据电子文件的内容价值划分保管期限，提出在保管期限内配套的技术环境要求。在电子档案管理过程中也有鉴定工作，其主要任务是对已到保管期限的电子档案重新审查鉴定，把失去保存价值的电子档案剔除、销毁。这两个阶段的鉴定工作是互相联系、相辅相成的。归档时的鉴定是基础，电子档案管理过程中的鉴定是前一阶段鉴定的继续和补充。

5. 电子档案的保存与维护

保存、维护电子档案，使之安全、可靠并永久处于可准确提供利用的状态，使其在社会生活中发挥更大的作用，是一项极其重要而复杂的工作。文档管理部门应充分考虑环境、设备、技术、人员及电子档案特点等综合条件，来制定技术方案和工作模式。

(1) 要保证电子档案载体物理上的安全。电子档案主要是以脱机方式存储在磁、光介质上，因而要建立一个适合磁、光介质保存的环境，诸如对温湿度的控制，存放载体的柜、架及库房应达到有关标准，并满足避光、防尘、防变形的要求，远离强磁场和有害气体，载体应直立排放等。

(2) 要保证电子档案内容逻辑上的准确。电子档案的内容必须依赖于电子计算机的软硬件平台，并将其还原成能够直接阅读的格式才能显示。但电子档案来自各个方面，在不同的电子计算机系统上形成，内容格式编排上也不尽一致，再加上电子档案在形成时所依赖的技术有些可能已经过时。因此，除对电子档案本身进行保存外，还需对其所依赖的技术、数据结构和相关定义参数等加以保存，或采用其他方法、技术加以转换。

(3) 要保证电子档案的原始性。对一些较为特殊的电子档案，必须以原始形成的格式进行还原显示。可采用三种方法：一是保存电子档案相关的支持软件，并与电子档案存储在一起，使之按本来的面目进行显示；二是保存原始档案的电子图像；三是保存电子档案的打印输出件或制成缩微品，这是最为稳妥的永久保存方法。

(4) 要保证电子档案的可理解性。为了使人们能够完全理解一份电子档案，就需要保存与档案内容相关的信息。这些信息应包括：元数据；物理结构与逻辑结构的关系；相关的电子档案名称、存储位置及相互关系；与电子档案内容相关的背景信息等。

(5) 要对电子档案载体进行有效的检测与维护。文档管理人员对保存的电子档案载体,必须进行定期检测和拷贝,以确保电子档案信息的可靠性。定期检测,应每年进行一次,采用等距抽样或随机抽样的方式,样品数量以不少于10%为宜,以一个逻辑卷为单位。首先进行外观检查,确认载体表面是否有物理损坏或变形,外表涂层是否清洁及有无霉斑出现等。然后进行逻辑检测,采用专用或自行编制的检测软件对载体上的信息进行读写校验。通过检测如发现有出错的载体,需进行有效的修正或更新。应每四年拷贝一次,且原载体继续保留的时间不少于四年。

对于电子档案的检测与维护,必须进行严格管理,因为任何一次误操作,都可能使保存的电子档案遭到人为损害,甚至造成难以弥补的损失。文档管理部门必须建立相应的维护管理档案,对电子档案的检测、维护、拷贝等操作过程进行记录,避免发生人为的误操作或不必要的重复劳动。

6. 电子档案的利用与管理

(1) 电子档案的利用。对档案部门来说,电子档案的提供利用一般有三种方法:

提供拷贝。档案部门向利用者提供载体拷贝时,应将文件转换成通用标准文档存储格式,由利用者自行解决恢复和显示的软硬件平台,也可以向这些用户提供打印件或缩微品。

通信传输。即用网络传输电子档案。这一方法比较适合馆际之间的互相交流及向相对固定的查档单位提供档案资料,可以通过点对点转换数字通信或互联网络来实现。

直接利用。是利用档案部门或另一检索机构的电脑,在档案部门的网络上直接查询的一种方法。其特点是:可为利用者提供技术支援;同通信传输相比减少了大量的管理工作;可以使更多的读者同时利用同一份电子档案。

(2) 电子档案的利用管理。文档管理部门对电子档案的利用管理,是从信息安全的角度出发,有对用户及提供利用者的管理、对提供利用载体的管理及制定利用中的安全保密措施等,应特别注意:

使用权限的审核。电子档案利用所涉及的人员有:档案载体的保管人员;数据系统的管理人员;利用者及维护操作人员等。首先应根据各种人员级别、层次进行使用权限的认定,并依此向利用系统注册登录。在利用中,由系统自动判定当前使用者身份的合法性及其使用功能的范围,并由系统自动对其使用各种功能操作的路径进行跟踪与记录。对涉及使用未经授权的功能，应能拒绝响应并给予警告提示。其次在存储载体的使用上，要根据电子档案内容的密级和开放程度来确定其使用程度，依据利用者背景情况和利用目的来决定对他的授权。

拷贝的提供与回收。提供电子档案拷贝是一种主要的利用方式，但因为利用时间、地点的分散，管理不善可能造成档案信息的散失，所以应依据利用者的需求和确认使用权限后再进行拷贝制作。尽量避免对电子档案信息全部拷贝，并通过技术手段防止所提供拷贝的再复制。除经过编辑公开发行的电子出版物外，对那些提供利用的拷贝必须进行回收。要有完善的利用手续，提供者和利用者应对其内容进行确认，并对使用载体的类型、数量、使用时间、最后回收期限及双方责任人等情况进行登记。对回收来的拷贝，应作信息内容的消除处理。

利用中的安全措施。电子档案在利用中的保密与安全是十分重要的，应特别注意以下几点：一是采用的利用方式，应视利用者的情况而定，不宜向利用者提供全部利用方式；二是依据电子档案内容的密级层次，进行有效的管理。一般情况下，对于内容不是完全开放的电子档案，不宜用拷贝的方式提供利用。对于提供拷贝的制作，必须在有效监控下进行；三是采用通信传输或直接利用等方式时，有密级的信息内容要进行加密处理，并对所使用的密钥进行定期或不定期的更换；四是系统应对利用的全过程进行有效的跟踪监控，并自动进行相关记录，作为对利用工作查证的依据；五是利用的系统应有较强容错纠错能力，避免由于误操作带来不可挽回的损失。

思考题

1. 收文和发文的办理程序是怎样的？
2. 怎样进行公文立卷？
3. 怎样进行案卷归档？
4. 进行电子文档管理有哪些要求和条件？
5. 怎样进行电子文档的收集和整理？
6. 电子档案的利用与管理有什么要求？

第十一章　会议组织

会议，是人类自形成家族和社会之后就出现的重要的社会活动，又是现代社会政治、经济、文化、军事、外交、管理等方面的重要活动形式和手段。人们通过会议交流信息、集思广益、研究问题、作出决定、部署和检查工作等等，从而推动社会的不断发展。

会议要取得预期的效果，必须有会前的充分的准备，必须有会中、会后各种必要的支持和服务工作。这些准备、支持、服务工作，统称为会议组织。

会议组织，简称“办会”，是秘书工作的重要内容之一。本章将介绍会议的有关知识，着重讲述秘书办会的内容、要求、手法、程序等等。

第一节　会议概述

一、会议的涵义与作用

1. 会议的涵义与分类

什么是会议？简单地说，三个人以上、聚合在一起、就某个或某些议题进行讨论或解决，就是会议。两个人谈话或讨论叫交谈或会谈，三个人以上，没有主持人又没有中心议题的谈话叫闲聊。

另外，众多人聚合在一起，也有主持人或主办人，但不是为了讨论或解决问题，而是为了显示某种精神或力量，或是为了同一个目标而进行的有组织的活动，也被称作什么“会”。前者如庆祝会、欢迎会等；后者如运动会、展销会、追悼会或者宴会、舞会等等。这些“会”，只是聚会，“会而不议”，和我们这里讨论的“会议”在性质和作用上是有区别的。

通常，召开会议，需要一定的时间，在一定的地点，正式的会议还要冠以能反映会议内容、性质、人员、时间、地点等完整而确切的名称。

会议可按不同的标准划分为不同的类别。

如按内容、性质，分为代表大会、工作会议、学术会议、联席会议等；

如按会议的形式，可分为小组会、座谈会、报告会等；

按与会人员的成分，可分为党委会、董事会、记者招待会等；

按照人数、规模，可分为大型会议、中型会议、小型会议；

按照会议召开的规律或日期，可分为定期例会、临时性会议；

此外，还有按会议的范围、地区、时间分类的。

2. 会议的作用

无论什么会议，总要围绕中心议题进行讨论，总希望弄清什么问题，或解决什么问题，或得出什么结果，总之，要达到预期的目标，这是就会议的整体作用而言的。比如，通过交流，取得了新的信息；经过讨论，集思广益，取长补短，形成了正确的意见；通过表决，多数或一致作出了决定或决议；通过听取别人的报告或发言，受到启发或教育等等。

会议的作用还应该从每一个与会者所起的作用来认识。会议与会者一般有三种人：一种是会议的主持人或称召集人，一种是参加会议的正式成员，还有一种是受邀请参加或列席的人员。这三种人员都应起到自己应起的作用。如，主持人应起到组织、引导会议达到预期目标的作用；每一个正式成员都应起到认真听取、积极思考并发表意见、负责地表态或投出庄严的一票的作用；受邀请或列席者则应该或是表示祝贺，或是了解、学习，并在会后起到宣传的作用。那种身在会场而心不在焉，或是只带耳朵、不带脑子，既不动手也不动口的与会者，是起不到应有的作用的。

还有一种人员，既非主持人或正式与会者，又非受邀请者或列席者，但他们都参加会议，自始至终为会议服务，对支持和保证会议取得预期效果起着不可替代的重要作用，那就是秘书。

二、会议的要素

从前文所述可知，会议有六个要素，即：与会者、主持人、议题、名称、时间、地点。下面分别介绍之。

1. 与会者

与会者就是参加会议的正式成员，包括主持人，也包括秘书，但不包括在会场上的其他服务人员。人们被召集来开会,是要花费一定时间和精力的,而时间和精力在某种程度上就是效益,就是财富,只能创造,不能浪费。因此,从原则上讲,参加会议的人应做到:该参加的一个不少,不该参加的一个不多。具体地说,与会者应具有必要性、重要性、合法性。

必要性,是指与会者必须是与会议直接有关的人员,也就是符合会议确定范围,有权了解会情、提出意见、表示态度、作出决定的人;或是能提供信息、深化讨论、直接有助于会议达到预期效果的人。比如,组织内部的工作例会,与会者通常是组织的领导人和各部门的分管负责人。研讨会的与会者必须是对研讨的课题确有专长、能提出见解或解决办法的专家和有实际经验者。

重要性,指的是与会者虽与会议没有必然的、直接的关系,但却有利于会议的进展或扩大效果的人员。这些人员通常是临时邀请的,如:上级组织的领导人,友好单位、地区、国家的来宾,报社、电视台的记者等等。有时,工作例会讨论专业问题,也需要邀请一些非部门负责人的专家、职工、教师或学生代表参加。

合法性,是指有些重要的会议,与会者必须具有合法的身份和法定的资格。如:人民代表大会的与会者必须是依法选举产生的各级人民代表;党的代表大会首先必须是党员,其次必须是各级党组织全体党员选举产生的代表;公司董事会或股东大会的与会者必须是按照公司组织法和公司章程正式确定的董事或股东等等。

有些会议组织者不注重与会者的必要性、重要性和合法性,而只顾壮场面、求热闹,或是利用会议向上攀、拉关系,造成开幕式、闭幕式、拍照、宴请、发纪念品、参观游览时人头挤挤、轰轰烈烈,而正式会议时反而稀稀拉拉、冷冷清清。结果不仅是很大的浪费,甚而冲淡或干扰了会议的主题,这种做法是应该反对的。

2. 主持人

主持人是会议过程中的主持者和引导者,也往往是会议的组织者和召集者,对会议的正常开展和取得预期效果起着领导和保证作用。

会议主持人通常由有经验、有能力、懂行的人,或是有相当地位、威望的人担任。一般有两种情况:一种是当然主持人,是由其职务和地位,也就是由组织的章程或法规决定的。如:单位的工作例会由单位领导人主持,党组织的会议由党的书记主持,董事会由董事长主持。主持人因故不能主持会议时，也可委托副职或其他相应的负责人主持。另一种是临时的主持人，比如各种代表会议，或几个单位、几个地区的联席会议，则由代表们选举或协商产生。特别重大的会议，则需产生相应人数的主席团，由主席团成员集体或轮流主持会议。除了小型会议之外，大中型会议的主持人主持会议时通常需要秘书长或秘书协助。

3. 议题

议题，是会议所要讨论的题目，所要研究的课题，或是所要解决的问题。议题必须具有必要性和重要性，又必须具有明确性和可行性。会议围绕这样的议题展开讨论、进行研究，才容易取得共识或最后表决通过。因此每次会议的议题应该尽可能集中、单一，不宜过多，不宜太分散。尤其是不宜把许多互不相干的问题放在同一会议上讨论，使与会者的注意力分散，不利于解决问题。有时，会议有一个主要的题目(又称“中心议题”)，另有几个由中心议题派生的小题目或有关联的题目。这样的题目，当然可以放在同一会议上讨论。

议题的产生通常有两种情况：一种是领导根据需要指定的；另一种是秘书调查研究、综合信息后提出，再经领导审定的。有些重大的代表会议，先由代表提出“提案”，由秘书或秘书处汇总，再提交主席团或专门的“提案审查委员会”审议通过，才能成为列入会议议程的正式议题。因此，议题还必须具有合法性。

4. 名称

正式会议必须有一个恰当、确切的名称。俗话说，名不正则言不顺。会议的名称要求能概括并能显示会议的内容、性质、参加对象、主办单位或组织、时间、届次、地点或地区、范围、规模等等。当然，具体的某一次会议不可能也不必要显示上述的全部项目，应视会议的需要而定，例如：“中国共产党第十四届中央委员会第一次全体会议”只显示了会议召开的组织、届次、范围。“上海各界人士纪念反法西斯战争和抗日战争胜利五十周年大会”则显示了地区、参加对象、性质、内容、时间、规模等项。

会议名称必须用确切、规范的文字表达。它既用于会前的“会议通知”，使与会者心中有数，作好准备，又用于会后的宣传，扩大会议的效果，更用于会议过程中使与会的全体成员产生凝聚力和庄严感。

大中型的会议名称被制作成横幅大标语，置于会议主席台的上方或后方，作为会议的标志，简称“会标”。会标必须用全称，不能随意省略，以免不通,产生误会。比如:“党的七届八中全会”,有人会问:是哪个党?又如某宾馆的会标:“省人行信息交流会”,见者不禁要问:哪个省?人行?卖人的行?即使口头上简称,也应避免误会。

5. 时间

会议时间有三种含义:一是指会议召开的时间;二是指整个会议所需要的时间、天数;三是指每次会议的时间限度。

会议召开时间。某个会议什么时间召开最合适?要考虑多种因素,首先是需要,如每周一次的工作例会,通常放在周末的下午,一周即将结束,下一周就要开始,利于承上启下。一年一度的职工代表会议,宜于年初召开,既利于总结上年的工作、生产成果,又利于讨论、部署新一年的工作、生产计划,通过各种预算等。有些会议如农业生产、学校教育等本身就有很强的季节性或季度性。其次是可能,即最好是每位与会者都能参加的时间。如日本的有些企业召开各部门干部汇报会,常定在下班前半小时,而不是安排在刚上班时。再次是适宜,即要考虑气候、环境等自然因素和社会因素。

会议需要时间,可长可短,尽量紧缩。少则几分钟、几十分钟;多则几天、十几天。会议组织者应尽可能准确地预计需要时间,在会议通知中写明,便于与会者有计划地安排。

会议时间限度。据心理学家测定,成年人能集中精力的平均时间为45至60分钟,超过45分钟,人就容易精神分散,超过90分钟,普遍感到疲倦。因此,每次会议时间最好不超过一小时。如果需要更长时间,应该安排中间休息。

6. 地点

会议地点,又称“会址”。既是指会议召开的地区、城乡,又是指会议召开的具体会场。为了使会议取得预期效果,选择会议的最佳会址也得考虑多种因素。

国际性或全国性会议,要考虑政治、经济、文化等大因素,一般应在首都北京或其他中心城市如上海、武汉、广州、西安等地召开。

专业性会议,应选择富有专业特征的城乡地区召开,以便结合现场考察。假如,棉花种植会议到深圳去开,钢铁生产会议到青岛去开,就不可理喻了。

小型的、经常性的会议就安排在单位的会议室。会议室尽可能不要紧靠生产车间、营业部、教室等人声嘈杂的地方,以免受到干扰。

选择会址，还要考虑会场设施、交通条件、安全保卫、气候与环境条件等因素。

第二节 会前准备

在领导确定了会议诸要素以后，秘书就应着手做准备工作了。会前准备很重要，不允许有丝毫的疏漏差错。会前准备充分是会议成功的保证。

一、会议计划和成本预算

开会需要动用人力、物力、财力，又往往占用一些工作、生产时间。为了使开会与日常工作、生产互相结合、促进，而不是互相冲突、抵耗，会议必须要有计划。开会也是一种投入与产出，尽管投入往往是有形的，产出往往是无形的，但总是以最少的投入争取最大的产出。因此，会议应该计算成本，作出预算，包括在会议计划之中。

1. 会议计划

会议计划首先应明确会议的目的和任务，确定会议的名称、出席对象、主持人、规模、规格、召开时间、需用时间、地点、议程等，即会议的六要素的具体化。其次是会议应做哪些准备工作，如需用哪些文件，会场怎样布置，是否需要食宿、车辆，是否安排参观、文化娱乐等其他活动。再次是决定会议的工作人员和服务人员，必要时成立筹备组、临时秘书处或筹备委员会。

会议计划由秘书制订、提出，经领导审核批准后，再由秘书或秘书处组织人员，分头按计划执行。

机关、单位内部的小型会议也应有计划，使组织成员做到心中有数，早作安排。部门的会议至少应提前一星期报至办公室，由办公室统筹安排，订出一周会议安排表，使各部门工作不致相互冲突，领导也可有选择、有计划地参加部门会议，有利于全局工作的顺利开展。

2. 会议成本预算

有明显投入的大中型会议，特别是跨地区的、会期超过一天的会议，必须计算成本,作出预算。

会议成本包括两部分:一部分是“显性成本”,即会议明显的耗费,如会场租借费、文件材料费、与会者的交通费、食宿费、活动费以及服务人员的工资等。这些费用是可以明显计算出来的,又是直接消费的。另一部分称作“隐性成本”,即与会者因参加会议而损失的劳动价值,一般不大为人们所注意的成本。这部分劳动价值以每小时工资的 3 倍再乘以 2 计算。它的含义是这样的:一个生产者的劳动价值至少是他工资的 3 倍,参加会议前必然要作些准备,会后又有用于思考、回忆的时间,所以还要乘以 2。会议成本的计算公式是:

$$会议成本 = X + 2J \times N \times T$$

其中,X 表示显性成本的总和;J 代表与会人员每小时平均工资的 3 倍;N 表示人数;T 代表时间(小时)。

所以,召开一个百人左右、跨地区的、会期 3 至 5 天的中型会议,其会议成本总数将达到几万元甚至几十万元。有些国家、有些大企业每次开会总把会议成本预算表贴在会议室的门口,让每个与会者一进门就知道这次会议要花费多少代价,从而共同努力提高会议的效率。因此,一些目标、效果不十分明显的会议应当少开或不开。秘书虽无决定权,但应有清醒的头脑、正确的态度,可以提出自己的意见。

二、文件准备

较重要的会议都需要事先准备文件。会议文件有两大类:一类是供会上学习参考的文件资料,如上级的有关政策、方针、法规、计划,以及专业、技术性资料等。这类文件有些在会议结束后不能让与会人员带走,秘书应做好回收工作。另一类就是会议本身所产生的文件,如:开幕词、工作报告、讲话稿、会议记录、会议简报、会议决定、会议纪要、闭幕词、会议总结等。其中,开幕词、工作报告、领导讲话稿是必须在会前准备妥当的,其他文件则在会议过程中或会议结束时形成。这类文件可以让与会人员带走,作为进一步学习或传达、贯彻之用。

1. 开幕词

开幕词是会议开始时会议主席所作的发言稿,一般带有预告及礼仪性质，比较简短。内容大体包括三方面：①对来宾和与会人员表示欢迎；②对会议的内容、任务、目的作简要介绍；③预祝会议成功。

2. 工作报告

工作报告是会议的主要文件，其中的主要内容往往是会议讨论的中心议题。工作报告必须有实质性的内容，既可以是对前阶段工作成果、经验、缺点的回顾与总结，也可以是对后阶段工作提出计划、预算、部署或展望。工作报告既要全面，又要重点突出。篇幅一般较长，几千字到几万字不等，视内容而定。

3. 发言稿

这里指的是除工作报告之外的其他与会者的发言稿。发言稿也要有具体的内容，但不像工作报告那样面面俱到，而是有所侧重，或是背景介绍，或是财政开支，或是人事管理，或是专业技术，或是会议关心的其他问题等等。有些会议对发言时间有限定，发言稿一般不宜太长。发言稿有些是由发言人亲自撰写，也有些是由秘书代为起草，发言人再修订定稿。

4. 其他会议文书

除了文件之外，秘书还必须准备好会议所用的技术性、程序性或服务性文书材料，如：会议通知、会议议程表、日程表、会议须知、作息时间表、与会人员名单、通讯录、分组名单、住房安排表、工作人员名单、车辆调度表等等。

5. 会议文件的准备程序

一般先由领导根据会议内容、目标的要求确定要点，授意给秘书。秘书按照领导授意，收集资料，写成初稿，呈给领导审阅。领导审阅后提出意见，交回给秘书修改，或是自己修改。秘书修改后再次呈给领导，由领导审定后签发。秘书或文员将签发的文稿打印、装订成正式文件。其程序如下：

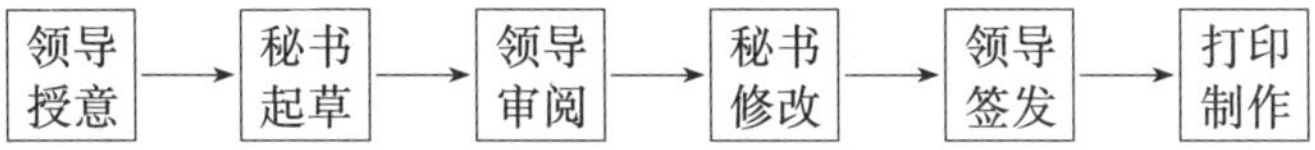

三、会场准备

对会场的要求总体上是：整洁、安静、明亮、空气流通、大小适宜、一应设备齐全、利于安全和保密。具体要求如下：

1. 会场布置

会场除了整洁、安静、明亮、通风、安全等要求之外,还应考虑形状、大小、桌椅安排等布置。

小型会议可安排在一般会议室,会议室有方形、长方形、圆形、椭圆形等。会议室的中央放置长方形或长圆形会议桌,桌上正中可放置一两盆鲜花,四边供与会者放置文件、文具、茶杯之用。桌子的周围放置靠背椅,数量视人数而定。主席的位置一般在会议桌的两端,视门的方向而定,通常在门的左侧(见图 1、2、3)。

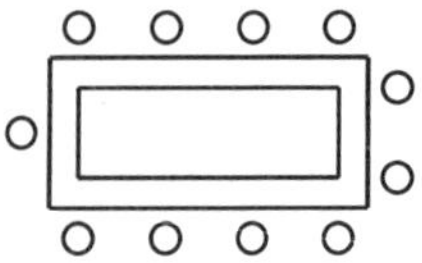

图 1

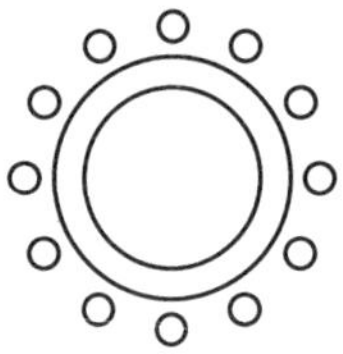

图 2

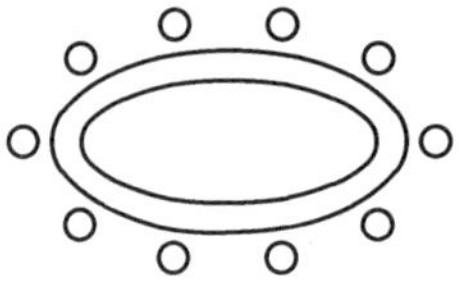

图 3

多边会议应采用正圆形会议桌,或多边形桌位,因为正圆形或多边形会议桌的席位无主次之分(见图 4、5、6)。

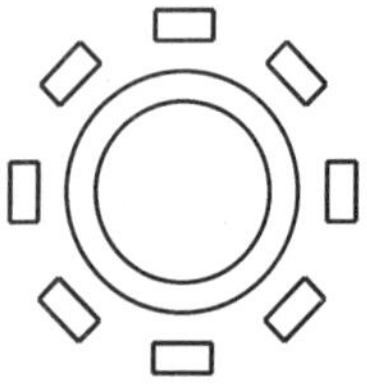

图 4

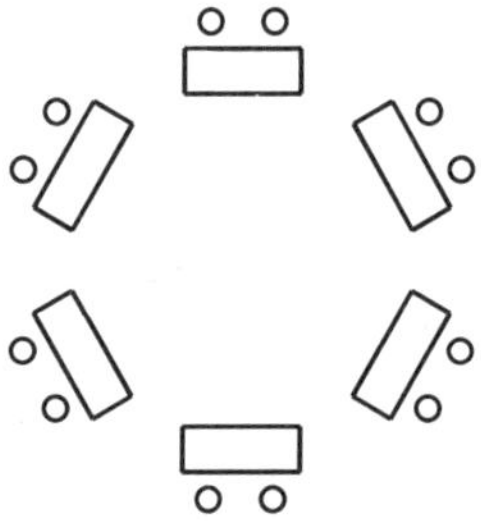

图 5

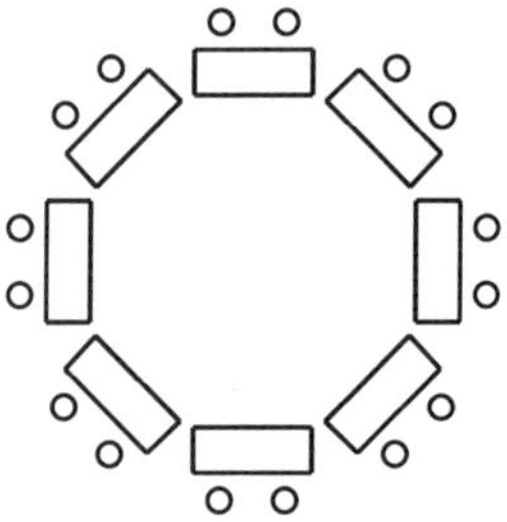

图 6

大中型会议则安排在会议厅,扇形会议厅比长方形的效果要好。会议厅的前方安排主席台与讲台。主席台应用长方形桌,上铺白色、天蓝色或其他颜色桌布。台上方或后方悬挂会标。会标一般用红底白字,企业或用红底金字。讲台不宜过大过高,应与讲话人的身材比例协调。台前可放置花草盆景,使主席台整体上显得色彩和谐,舒心悦目。面对主席台的是与会者席位,应有桌有席,便于放置文件和做记录,席位之间不应太挤,便于进出活动(见图 7、8)。

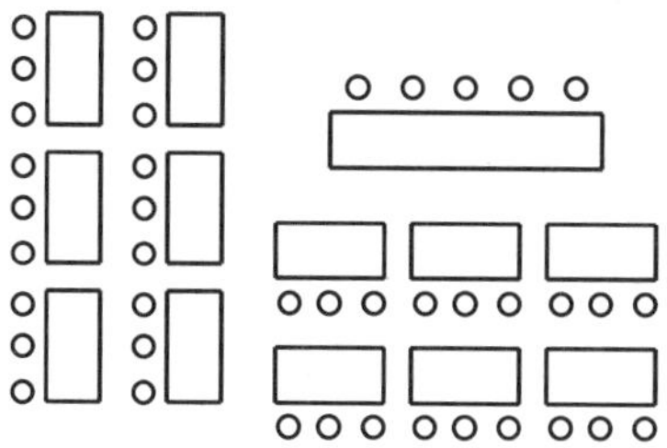

图 7

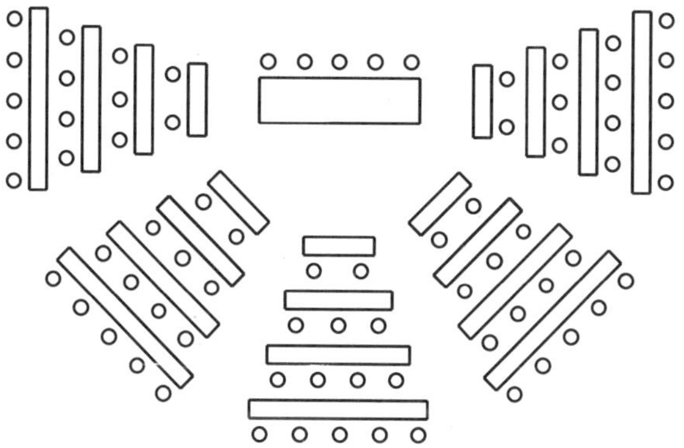

图 8

研讨会、座谈会可将桌椅排成半圆形或小方块形，席前除文件、资料外，可放置饮料、水果，还应多备话筒，便于与会者原桌发言和多向交流(见图 9、10)。

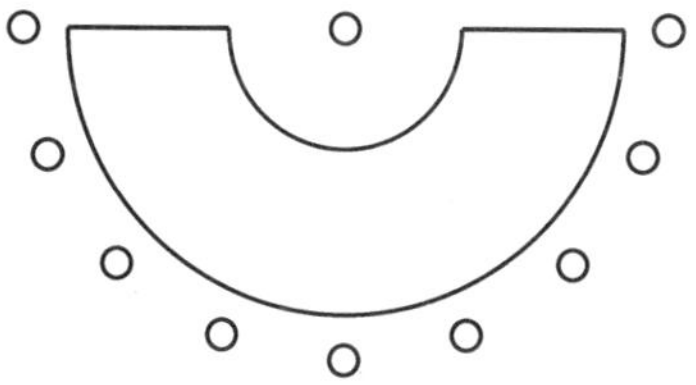

图 9

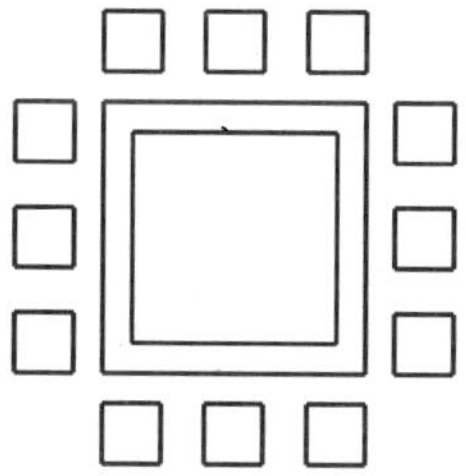

图 10

会场大小应与人数相适应，与其过大，不如偏小。会场过大则显得松散，容易产生迟到、早退现象，不利于产生好的会议效果；偏小反而显得紧凑，容易使人思想集中，情绪饱满。

工作会议或同一系统会议，与会者的席位依职务高低为序，职务越高者离主席席位越近,两边入席,左高右低,前高后低。

研讨会、座谈会之类的会议,与会者可随到随坐,不指定席位。重要的大中型会议,则应按地区、系统、单位等分组,事先划分席位,与会者由秘书或服务人员引领入席。

2. 主席台席位

重大会议的主席台席位应讲究排列。主席台席位视人数设一排或数排,第一排席位应为单数。席位的次序应以主席团成员的职务高低,对会议的重要程度而定。邀请的贵宾或来宾如安排在主席台就座的也按照同样原则。第一排的正中为首席,其次是左位,再次为右位,先左后右,左高右低,前排为主,后排为次,其他的依此类推。在席位前放置姓名牌,便于按位入座。

3. 会场设施

会场一应设施都必须在开会前准备齐全,如扩音、录音、放音、唱片、录像、摄影、投影仪、放映机、灯光照明、风扇或空调、记录纸、文具、茶具等等。仪器、设备等应事先反复检查、调试(如扩音器的音量大小),以免临时发生故障或出现差错。

4. 其他准备

会期较长的会议应准备与会人员的就餐、住宿。会场外应有医护人员值班。远道而来的应准备接送车辆。会议要通过新闻媒介传播的应准备宣传提纲。重要会议应有安全保卫人员和保密措施。会议计划中如安排参观、考察、游览等活动,或赠送图片、资料、纪念品等,都应在会前做好准备。

四、会议议程、程序的拟定

1. 议程

会议通常有一个或几个相关的议题。若有多个议题,秘书应根据这些议题的内在联系、主次、先后排列次序,便称为议程,印成文书,就是议程表,会前发给与会人员。如:

某公司职工代表大会议程表

(1) 审议 1999 年工作总结;
(2) 讨论 2000 年工作计划;
(3) 审议并通过 1999 年财政决算及 2000 年财政预算;
(4) 增选职工代表。

2. 程序

会议内容除了议题之外，还有一些礼仪性、结构性或将议程具体化的内容与项目，如宣布会议开始、奏乐、致开幕词、小组讨论、发言、致闭幕词、宣布会议结束等。把每一次会议的这些项目和内容有序地排列，即使之程式化，便是程序，制成文书，就是程序表。程序表最好能列上时间安排，具体到几点几分。

3. 日程表与作息时间表

会期超过一天的会议，还应订出日程表和作息时间表。

日程表，是将会议的全部内容（包括参观和文娱活动）分解安排在会期几天的各单元（如分上午、下午、晚上）或时数（几点至几点）内，以简短的文字表达，制成表格。

作息时间表，是将每天的起居、用餐、参加会议或其他活动、休息等时间安排制成表格。安排作息时间应考虑到劳逸结合、冬夏时令特征等因素。

会议议程、程序、日程表、作息时间表的拟定，体现出会议准备的充分和计划的严密，可以使与会人员和服务人员做到心中有数，使会议有条不紊地进行，这是会议成功的必要保证。

五、会议通知的发送

会前一切准备就绪之后，就应及时发送会议通知。本单位的小型会议，可采用口头、电话、书面签知等方式通知。外单位或跨地区的会议必须寄送书面通知，邀请性会议则可寄送请柬或邀请信。

会议通知上应写明会议召开的时间、需用时间或会期，地点（会址），会议名称和主要议题，参加对象，须作什么准备，或加注报到日期、地点、接站办法等，最后应有召集单位署名、联系地址和电话、通知发出日期，加盖公章。

邀请性会议为准确统计与会人数，做好相应准备，通知时应提前 7 天以上并附加回执。回执中需有受邀请者姓名、性别、年龄、工作单位及地址、职务或职称、是否参加会议、预订住房标准、提交论文题目或资料名称、回程车船机票登记等。一般格式如下：

会 议 通 知

兹定于 1996 年 8 月 15 日上午 9 时在上海大学文学院召开第四次全国秘书学学术研讨会。会期三天,内容如下:

1. 交流秘书学教学研究中的新经验、新信息;
2. 讨论当前秘书工作的新形势、新问题;
3. 研究涉外秘书人才的培养问题。

请接到本通知的专家、学者作好准备、准时参加。

高等院校秘书学学会秘书处

一九九六年七月十日

附:报到日期:8 月 13、14 两日。
机场、火车站、码头均有人接站。
回执:请于开会前 7 天寄回。 地址、电话(略)

会议通知可采用邮寄(包括电子邮件)、传真、专人送达等方式,对重要的邀请对象可用发送书面通知或请柬,再加电话征询、确定的双重方式。附回执的通知应计算邮途的来回时间,受邀请者的考虑和准备时间,相应提前发送,但又不可提前过多,以免对方遗忘。

第三节 会 间 工 作

会间工作,指的是会议从开始到结束期间秘书人员应做的工作,包括会场的组织与服务、会议信息的收集与编发、会议形成文件的起草等工作。

一、会场的组织与服务

会议一旦开始,秘书人员就应按照会议程序的要求,承担一系列的组织与服务工作,以保证会议的顺利开展直至圆满结束。

1. 报到与签到

会议正式开始前,秘书应做好与会者报到与签到工作,并准确统计人数(包括出席者姓名,缺席者姓名及原因),提交给会议主持人。

与会者报到与签到,可采用四种方法。一是秘书点名,即由秘书在预先拟好的与会人员名单上点名、做记号。这种方法适用于单位内部的小型会议和工作例会,秘书对人员比较熟悉。二是本人签到,即由与会者本人签名报到,签名应用毛笔或钢笔,签在专用的签到本上。这适用于邀请性会议,亲自签名还有纪念意义。三是凭证件报到,即与会者凭会议通知报到,换取出席证或代表证报到,然后进入会场。这适合大中型会议。四是电子签到,即与会者以磁卡出席证,在进入会场时插入专用机签到,与此相连的电脑在签到结束后能立即统计出出席人数和缺席人数,这种方法适用于与会人数较多的大中型会议。

2. 材料发放

与会者到达会址后,秘书应及时发放会议材料。会议材料主要是指开幕词、工作报告等主题性材料,以及议程表、日程表、作息时间表、与会人员名单、通讯录等管理性、程序性材料;有些会议还需要发放方针、政策、法规性文件,或是科技论文、信息性资料,以供在会议上学习、参考之用。

材料较多者,秘书可事先集中放在材料袋内,待与会者报到时领取;较少者可在会议正式开始前发送至与会者的席位上。

3. 选举工作

代表性会议往往有选举,也需要秘书人员参与协助。秘书应事先准备好选票(通常应有不同颜色的两套,以防一套作废时,另一套备用)、票箱(按150至200人一票箱准备)、选举须知,大型选举还应划分选区、投票路线等。秘书还应熟知选举的方法和程序,准备担任选举时唱票、监票、计票、统计等工作人员。会议选举工作的内容和程序如下:

(1) 用民主方式产生唱票、监票、计票等的工作人员;

(2) 由选举工作人员统计并通报实到的代表人数和因故缺席的代表人数;

(3) 分发选票并记录下发选票的总数;

(4) 说明选票的填写方法及填写时的注意事项;

(5) 选举人员填写选票;

(6) 由选举工作人员检查并出示投票箱;

(7) 选举人员依照一定次序投票;

(8) 选举工作人员当场开票,统计回收选票的总数;

(9) 选举工作人员当场唱票、计票,并统计出有效选票的总数,废票的总数,以及各个候选人的得票总数;

(10) 宣布选举结果。

4. 会场服务

会场服务包括引导与会者入席、退席,茶水供应,指引与会者使用会场的生活设施,照顾与会人员会间休息,满足与会人员的临时需要等等。

会场服务还包括接听会场外打来的电话,接待来访的客人,尽可能排除场外因素对会议的干扰。

小型会议由秘书服务,大中型会议则应组织其他工作人员协助秘书做好会场服务工作。

5. 会场临时调度

当会场发生意外情况或意外事故时,秘书应及时建议会议主持人修改会议程序或暂时中止会议,必要时协助主持人,组织与会人员撤离会场。

二、会议信息的收集与编发

1. 会议信息的作用

这里讲的会议信息不是指开幕词、工作报告、闭幕词等已经形成的文件中所包含的比较成熟、集中的信息,而是指一般与会人员发言中所提供的零星、分散的信息,秘书应加以收集和编发。

会议信息具有交流、深化、反馈、决策依据、储存备查等作用。

与会者信息中的正确、合理部分,应被会议主席或与会的领导者吸收、采用,作为制订政策、策略或修改决策的依据。与会者信息中可能有一部分暂时对决策不起作用,但只要是真实的、新生的、有代表性的或确有见地的,也应加以重视,需要收集、整理、立卷、归档,以备日后查考之用。

2. 会议信息工作的程序与方法

会议信息工作的基本程序是:记录、核实、汇总、整理与筛选、编写、发送或归档。其方法大致如下:

(1) 记录。主要是靠秘书作现场笔记,可采用通用文字记录或专业符号速记(会后应译成通用文字稿)。重要的会议可由两名秘书同时记录。记录的详略应视内容的重要程度和意见是否重复而定。重要的、有新见解的应详记,即尽可能把每句话的意思都记下来,重复的则记其概要或表态,赞成谁的意见或不同意谁的意见。表态性意见对统计某个意见的代表性和赞同数量有用处。

大多数会议允许录音。当然，录音比笔记更具完整性，录音可供秘书在会后核对、补充或修改文字记录。但录音比起文字记录来仍处于次要地位，只适用于人数少、会场条件好的场合，且整理录音时需要比较强的辨听能力，因而只能作为一种辅助手段。何况，一些保密性会议根本不允许录音。

记录的方法还有摄影和录像。摄影可以记录画面、形象，录像不仅有连续的画面，还可同时保留声音。从这方面说，摄影和录像自然比笔记与录音又进了一步。但是，摄影只是静止的画面，录像一般也不可能是全过程，而只是几个重要的片段。因此，摄影的相片和录像通常只作为会议的宣传、补充和纪念之用。

(2) 核实。秘书在会议现场作的发言记录很可能有遗漏或错误，需要会后及时予以核实。两位秘书同时记录的，需将两份记录对照、相互补充，合成一份较完整的会议记录。有录音的，应将录音与文字记录核对、补充或修改。会场上未听清的内容，尤其是重要的人名、地名、时间、数据、引文等，必须找发言人核实无误。

(3) 汇总。小型的会议只有一份会议记录，自然比较简单。如果是大中型会议，或同时有几个会场，或有大会发言又有小组讨论，信息来源不止一处，就需要汇总。信息汇总首先是把多种会议记录汇合在一起，或听取、记录各小组的口头汇报，或收阅发言人的发言稿，或是因某种原因不上台发言却提交的书面发言稿。总之，应将会议全过程中所提供的信息尽可能齐全、完整地收集、汇总在一起。

(4) 整理与筛选。汇总的信息往往是大量的、分散的，甚至是杂乱的、良莠不齐的，必须加以整理。整理的第一步是"归纳"，即将多数的、同类的信息归纳在一起。剩下个别的，如果是重要的、正确的，自然也应该挑选出来，这就进入第二步"筛选"。筛选就是过滤、挑选出有用的信息，同时把极少数陈旧的、不真实的、无意义的信息扬弃。

(5) 编写。经筛选的信息，仍然是原始信息，须由秘书加以编写。编写的方法可以是归纳法，即秘书把共同的、有代表性的意见予以归纳、概括，用简明的文字重新表达。第二种方法是"摘要法"，即把重要的发言原文原句摘录。对相片、录音和录像则采取选用和剪辑的方法。总之，秘书应将会议的文字与录像信息编写并挑选出来，印制成资料，供与会人员学习参考。

(6) 发送或归档。经编选、印制的材料,有利于会议进展的,应及时发送给与会人员。暂时不用、但日后有参考价值的材料,则应立卷、归档,以备会后查考之用。

3. 会议信息编发的形式

会议信息的主要形式就是会议简报。会议简报具有"简、真、新、快"的特点。每期简报的字数在二三千字左右,可是内容很广,既有会议的综合报道,又有发言摘要,也有花絮新闻,内容都经过核实,具有高度的真实性和新闻性。简报编发速度很快,往往下午的情况,当天晚上就选、写、编、印,第二天早上就发送到与会者的手中。但简报属于内部文书,简报上所登载的信息往往未经原发言人审核,仅供会上交流之用。会议简报可以给与会者带回,作为宣传、传达的材料,但不能公开发表或引用。简报稿由秘书人员撰写,简报由会议秘书处编印。

三、会议记录的制作

1. 会议记录的作用

党政机关和企事业单位中的会议记录是会议进程原始、真实的反映。会议记录具有汇总、交流会议信息,为形成会议文件打好基础的作用,不仅可作为日后查考分析的依据,也是具有法律效力的文档。会议记录的制作,应该严格遵守实事求是、客观真实、完整准确、清楚规范的原则。

2. 会议记录的内容

按法律规定制作的股东大会和董事会的会议记录,对企业战略决策所起的作用非常大,必须有专门的速记人员逐字逐句记。但经常召开的一般会议、内部会议,只需简要地记录会议经过情形或会议结果即可。会议记录如果可以使用摄影、录音设备,可参照收集会议信息的做法,但也需书面记录作为辅助手段。秘书人员必须仔细揣摩会议记录的行文结构、细节、措辞及其他特征。

完整的书面会议记录的内容应包括:会议名称;会议记录人的姓名、盖章;日期、时间(开始时间、结束时间);会议地点;议题;主持人;出席者名单;会议的经过情形及结论;相关的资料;下次会议预定日期。重要会议记录需主持人签名。

会议结束后会议记录应存档保存,有些会议记录要整理成正式文稿散发或下发，作宣传报道之用。

四、会议文件的起草

这里的“会议文件”不是指会前准备的文件，如开幕词、工作报告等，而是指在会议过程中，即会议开始之后至结束之前所形成的文件，主要有“闭幕词”、“会议决定”、“会议纪要”、“会议总结”等等。

1. 闭幕词

闭幕词是会议结束时会议主席的讲话稿，内容主要有对会议的成果作概要的总结，对会议决定、决议的执行提出要求或希望，对会议的来宾表示感谢，对与会人员返回表示良好的祝愿等。一般来说，闭幕词比开幕词应有更多的内容，篇幅也更长一些，但不宜长篇大论。

2. 决定

会议决定既用于各级政府机关的行政会议，又可用于党组织的常委会和企事业单位的厂长、经理会、工作例会等会议。其内容主要是对重要事项的政策和策略决断，对执行的具体安排和要求等。通常是分条立项表述，必须有实质性内容，不可泛泛而谈。

3. 会议纪要

会议纪要适用于全体会议、代表性会议和联席性会议等。其内容容量明显大于会议决定。既可介绍会议的情况、过程，又可包括会议的决定、决议，也可表达会上的不同意见，甚至可以摘录个别的重要发言。内容既富主题性、重要性，又有丰富性、具体性。会议纪要和会议决定同样具有指挥性和执行性，是《国家行政机关公文处理办法》中规定的正式行政公文之一。

4. 会议总结

会议总结是会议结束后的内部文书，不列入与会者可带回的会议文件之类。其内容为会议主席和会议工作人员对会议的经验、缺点、教训的总结，着重在会议的过程和方法方面。会议总结一般应留档参考。

以上几种会议文件、文书，通常由秘书根据领导意图、会议精神、会议记录综合构思，撰写初稿，提交会议主席审核、修改后定稿，或由会议通过成文。

第四节　会后工作

会议结束,并不意味着会务工作的完成,正如“开会、发文件”并不是行政工作的全部,而仅仅是开始。“开会、发文件”,往往是“决策”、“计划”或“部署”,此后还有“执行”(包括组织、指挥、实施、控制、协调、催办、督办等),以及“反馈”(包括反映、信访、检查、调研等)等更重要的步骤。同样,会后也还有一系列重要的工作要做。

一、会后事务

会后事务主要有会场清理、人员离会、会议决算三个方面。

1. 会场清理

会场的临时布置(如会标、彩旗、盆景等)应撤除,一应用具、用品要清点、归好。搬动过的桌椅要恢复原样,会场地面、门窗应清扫、擦洗干净。尤其是会议所要参考、学习的文件应收齐、归档,废弃的文书应回收,用碎纸机销毁,不留纸屑,这也可防止泄密。

2. 人员离会

跨地区的会议要及时安排与会人员返回。应提前准备返程车、船、机票或送行的交通工具。住宿的应结清账目,不遗留带来的文件、物品等。会后的送行与会前的迎接应同样的热情、周到。

3. 会议决算

前文讲过,开会应计算成本,应做预算。既有预算,必然也有决算。会议过程中的一切花费,应严格按照预算计划开支,因此决算应与预算大体相当。一般会议实到人数小于应到人数,那决算也应该略小于预算。也可能实到人数大于应到人数,或由于会议延长会期、增加活动等其他原因造成会议增加开支的,其决算也就大于预算。这应在决算表中注明情况,然后提交领导审核,再到财务部门结账。总之,办会应注意节约,切不可大手大脚、铺张浪费。

二、会议文书立卷

会议所形成的正式文件以及会议记录应列入立卷范围。会议的重要文书，如会议通知、与会人员名单、通讯录、选票及统计材料、会议宣传提纲、会议总结等也应同案立卷。立卷方法可参照一般文书立卷方法。

三、会议传达

会议总是少数干部或代表参加的，而会议精神或决议的贯彻执行则往往是大多数甚至是全体成员的事。因此除了少数秘密会议以外，大多数会议内容都要进行传达。会议传达必须确定内容、程度、范围、层次、时间、方式等。

1. 内容与程度

会议传达的内容与程度，应视会议的性质、任务与要求而定。如代表会议一般应将会议的精神、决议、情况作较详细的传达；领导干部会议则应将决定传达给下一级的组织或全体成员；工作例会只需将任务、措施等传达给有关执行人员等。有些重大会议往往在会议结束前制订宣传提纲，统一传达口径。

2. 范围与层次

这里指的是会议传达对象的范围大小和层次高低。如范围是部分成员还是全体成员；层次是中层干部、基层干部还是全体群众。有些会议内容还需分级、分层次传达，每个级别、层次传达的内容、程度以及时间都不一样。

3. 时间

这里的时间有两种含义：一是指传达所需的时间。传达时间总是少于会议时间，比如会议开三天，传达也许只用一两个小时。传达时间视传达的内容与程度、范围与层次而定。另一种含义指的是传达的时限，如有些工作例会要求在一周内传达，有些紧急会议（防洪、抢险）则要求几小时内甚至会后立即传达。

4. 方式

传达有不同方式，也由会议的性质、内容、要求而定。有的以文件为依据宣读，有的按照宣传提纲讲解，有的则可以凭与会者的记录和理解，有的还允许结合谈谈与会者自己的体会和感受。

四、会议催办

会议催办是指会议决议、决定等贯彻执行的催办,是管理过程中非常重要的一环。通常,开会、发文件只是决策和部署,只是管理过程的开始,更重要的还在于会后的执行与反馈,而催办则是对会议决议、决定贯彻执行结果的重要督促和检查手段。催办的形式大抵有三种:

1. 发文催办

即向执行单位发送催办函或催办单。催办文件上需要写明要求贯彻执行的决定、决议内容、条文,写明办理要求、办理时限、并要求将办理结果及时书面回告。发文催办在催办单位必须登记在案。一次催办不成,可以两次、三次,务求有所结果。

2. 电话催办

电话催办比发文催办更为快速、方便,适用于本地区、本系统、本单位的一般工作部署。电话催办除了快速、方便以外,还有两个优点:一是可以直接找到执行的当事人,不像文件那样可能会几经周折;二是可以双向沟通,通过对话可以及时了解执行的情况或遇到的困难,可以及时汇报、研究,而不至于像发文那样只是单向催促、等待结果。但电话催办也有缺点,就是容易被忽视,所以电话催办往往频率更高、间隔时间更短。

3. 派员催办

重要的、紧急的决定、决议下达之后,领导部门往往委派专人(通常是秘书)去催办。派员催办比电话催办更为直接,是一种面对面的催办形式,比文件更受执行单位的重视,甚至形成某种压力,有着明显的督促作用。派员催办还可以观察现场,了解基层实况,发现问题或困难可以及时帮助研究、解决,或向上级领导及时汇报、请示处理。缺点是花费时间、精力或费用较大。

三种催办方式可以交替、结合使用。

第五节　会议组织列举

前文所讲的会务工作,只是从总的方面介绍。会议有不同的类型,有不同的目的和作用，其组织工作和会务工作也有不同的侧重和要求。本节举出几种常见的会议类型，分别作概要说明。

一、工作会议

工作会议是指组织、系统、地区或机关、单位召开的以讨论、决定、布置工作为主的会议。通常有两种：一种是组织、系统或地区召开的层次较高或涉及基层单位较多，以讨论、决定重要工作为主，如工作计划、人事调动、机构调整等等，定期或不定期召开，会议间隔时间较长（一个月以上、半年、一年不等），可进行常规性决策，具有一定的权威性。另一种是机关或企事业单位召开的讨论日常工作的会议，以执行性为主，如局长会、院务会、董事会、经理会等等，常常定期召开（半月或一月一次），又称“办公会”、“例会”。

1. 会议特点

（1）会议时间、地点、人员相对稳定。时间多数为定期，每次会议时间不长，一般为几小时。地点通常为本单位会议室或办公室。与会人员主要为各部门负责人，比较固定。

（2）议题相对集中、具体。每次会议讨论的议题不多，但力求解决。通常每次议题几乎都不同，有新的变化、发展或补充。

2. 会务要点

（1）由于第一个特点，秘书对工作会议可以从容地、有计划地安排。当然，每次会议的安排都要经领导审批。会场布置比较简单，只求整洁、安静、用品齐全，无需过多点缀。人员通知也可采用简便的方式。有些会议因内容涉及，需扩充与会人员，秘书应事先拟出名单，经领导同意后及早通知，以便作好准备。

（2）由于第二个特点，秘书应将精力多放在准备每一次会议的议题上。议题应由领导意图、工作实践、反馈信息综合产生，务求有必要性、可行性，务求能反映工作的进程并与上下环节衔接，与各部门工作相协调。

（3）讨论议题、解决问题需要足够的信息与资料，秘书应为会议准备三方面的信息：一是有关的法律、法规、政策，上级的指示等指示性材料；二是本单位的工作实际状况，成员的意见、反映等基础性信息；三是社会的反馈或有关专家的意见，报刊杂志发表的最新动态、观点等参考性信息。

二、代表会议

指由各级各类组织广大成员推选产生出的代表所召开的会议,规模较大、层次较高的则称“代表大会”。如人民代表大会、党的代表大会、职工代表大会、股东大会等等。

1. 会议特点

(1) 代表会议是权力最大的会议,它有权作出重大的决策,通过或批准法规、章程,讨论和通过各种议案、提案。

(2) 参加会议的代表必须依法选举产生,经过严格的程序和相应的资格审查。

(3) 代表会议依法定期召开,与会代表必须达到法定人数方为有效。

2. 会务要点

(1) 正式代表必须依法产生,参加会议前必须经过严格的资格审查,不允许非代表人员混入。会议需要时,经主席团提议,常务代表多数通过,可邀请少部分列席代表参加。列席代表有发言权,但没有选举权和表决权。应邀出席的来宾和记者只有旁听的资格。

(2) 代表会议的议题往往来自有关部门的议案和代表的提案,秘书必须注重收集、整理议案和提案,呈交大会议案审查委员会审议、通过后方可列为正式议题。

(3) 会场布置必须庄严、隆重,每个细节都不可忽视。有些会议还应采取严格的保密措施。

(4) 代表会议通常有选举或表决,秘书应做好选举、表决工作的准备,如选票、票箱、工作人员,划定投票区域、路线,保证表决机器不发生故障等等。

(5) 跨地区的代表大会,秘书应安排好代表的接送、食宿、交通、保健等事宜。

三、联席会议

由不同系统、不同地区、不相隶属的组织、单位为了同一目标而举行的会议。其目的或是为了交流信息、建立友好关系,或是为了谋求合作与支持,或是为了协调关系,解决矛盾,如党政联席会议、城市新区建设协作会议、高校与企业联合开发新科技项目会议等。

1. 会议特点

(1) 联席会议乃是不同组织在互相平等、尊重,有互相协作意愿的基础上召开,任何一方都不能把自己的意愿强加于其他各方。因此,会议的目标、效果有很大的不确定性,只能尽力争取。

(2) 联席会议的最低效果是各抒己见,互通信息,互相了解;最高效果是达成共识。如果能达成共识,可以“意向书”、“协议书”、“会议纪要”或“会议公报”等书面形式确定并巩固之。

2. 会务要点

(1) 联席会议必须由一方主动牵头召开。牵头方要承担更多的组织、协调、会务、经费等义务,但不能因此而享受更多的权利。会议召开时,应由各方联合主持或轮流主持。

(2) 会议的时间、地点、议题、与会人员等,应由牵头方与参会各方平等协商确定,充分体现互礼、互让的精神。

(3) 参加会议的各方代表,应由领导人或由领导人授权的代表出席,能充分表达组织意见和态度,说话算数,有权达成协议,以免会议议而不决,决而不行。

(4) 秘书在会前、会间、会后特别要多做沟通、反馈和协调工作。

四、学术会议

由高等院校、科研机关、学术团体召开的,以专家、教授为主要成员,以探讨学术课题、发表研究成果为目标的会议。

1. 会议特点

(1) 会议应能反映最新的科学研究动态和成果,与会人员应是确有专长并有研究心得的专家、学者和科研机关、部门的负责人。一般行政人员尽量少参加,以免冲淡学术气氛或改变了会议性质。

(2) 会议贯彻“百花齐放、百家争鸣”的方针,充分发扬科学、民主精神,各抒己见,服从真理,不强求一致,反对以势压人和学阀作风。

(3) 会议形式不拘一格,可以是论文报告会、现场演示,也可以是小型座谈会,也可穿插进行。

(4) 会议成果往往汇编成论文集,内部交流或公开出版。

2. 会务要点

(1) 学术会议要求准备充分,通常至少提前三个月发送预备性通知,让学者们准备、提交论文或提纲。经审查后再发正式通知。

(2) 会场布置应简单、朴素、实用,开幕式、闭幕式等礼仪性程序尽量简化,以更多时间组织实质性讨论。

(3) 参加筹备、服务的秘书人员应有一定的专业知识。

五、记者招待会

组织为实现一定的宣传目的,邀请报刊、电台、电视台等新闻媒介单位记者召开的会议,也可称"新闻发布会"。但两者略有区别。

1. 会议特点

(1) 新闻发布会以单向沟通为主,即重点在组织发言人将事先准备好的内容报告给记者们,以期理解和支持,要求记者们广为宣传。报告完毕即告结束。报告内容必须新鲜、真实、坦诚,或有鲜为人知的内幕,否则难以引起记者们的兴趣。

(2) 记者招待会则以双向沟通为主,主方报告应简明扼要,更多的时间是答记者问。这种会议比较活跃,效果也较好,但组织和准备工作有相当难度。

2. 会务要点

(1) 会议地点应选在交通便利又比较热闹的场所,既方便记者们参加会议,又能引起社会各界注意,扩大影响。偏远的企业多假座城市中心的宾馆、酒店举行。

(2) 会议时间尽量不安排在休息日,以免影响记者们的出席率。

(3) 会议通知用请柬形式,以示尊重,应及早发送,并附宣传提纲,以便记者准备提问。对重要的记者应提前预约。

(4) 应由专业秘书事先做些调查访问,了解或估计记者们可能提出哪些问题,帮助会议主持人、发言人做好充分准备。

六、报告会

指为了宣传、教育目的而举办的,邀请劳模、英雄、先进人物或专家、学者、党政领导干部所作的专题报告会。如:先进事迹报告会、形势报告会、学术报告会等。

1. 会议特点

(1) 报告会以单向宣传、教育为主,通常是一人讲、众人听。报告内容必须为听众所关心和感兴趣,切合实际。

(2) 报告人应有一定的社会地位或知名度,有一定的表达能力,才有吸引力,才能产生最佳的效果。

2. 会务要点

(1) 报告主题及报告人必须慎重选择,尽量使每一场报告会都能达到预期的效果,防止赶时髦或流于形式。

(2) 报告会应中等规模,人数百人以上,千人以下为宜。人数过少,影响报告人情绪;人数过多,又众口难调,难以维持秩序。

(3) 报告会时间不宜过长,一般以一、两个小时为宜。

(4) 邀请报告人时,可事先对内容提出些要求,尽量做到有的放矢。

(5) 报告会后,应收集反馈意见,及时总结、汇报,以便改进。

七、座谈会

组织为收集信息、征求意见、调查研究而邀请有关人员召开的小型会议,包括各种“座谈会”、“恳谈会”、“见面会”、“茶话会”等。

1. 会议特点

(1) 座谈会以小型为主,人数以七八人至二十人为宜。人数过少,缺乏代表面,也影响讨论;人数过多,又影响发言面和发言质量。

(2) 座谈会既集中,又民主;既认真,又轻松。集中,指主题集中,主持人应始终扣紧主题,防止发言东拉西扯,漫无边际;民主,指主持人作风民主,让不同意见充分发表,正确引导而不加限制,更不应批评;认真,即态度认真,主持人和与会者都应认真发言、认真听取、认真思考、认真讨论;轻松,指气氛轻松,发言无所顾忌,讨论也不激烈争论,不搞紧张、对立。座谈会的成功与否,很大程度上决定于主持人的水平、引导和组织艺术。

2. 会务要点

(1) 座谈会邀请对象必须是知情人,能独立思考、有主见又敢于发表意见者。如果只是听众,或只是人云亦云者,座谈会就失去了作用。

(2) 座谈会上,秘书应与主持人密切配合。主持人只管引导、组织,可不做记录。详细的记录应由秘书在不引人注目的座位上去做。

(3) 座谈会的时间不必严格规定,话多,可适当延长,话少或已无话可说,即告结束。

(4) 会场可准备饮料、茶点,边吃边谈,可使气氛轻松。

八、国际会议

指来自两个以上国家(不是指地区)的政府、政党或社会组织、民间团体就共同关心的问题召开的会议。内容涉及无所不可,如世界妇女会议、东南亚经济发展研讨会、欧洲七国首脑会议等等。

1. 会议特点

(1) 所谓国际会议,必须具备两个特点:一是来自或代表两个以上国家,也可以是多国会议、世界性会议;二是议题必须是共同的,当然观点可以不同。如果各讲各的题目,就没有必要坐在一起开会。

(2) 参加会议的国家无论大小,一律平等,互相尊重,历史上许多不平等的会议再也不复返了。但是各国的参会人员应考虑职位、地位的相应性,如过于悬殊,很难达成协议。

2. 会务要点

(1) 国际会议由东道国发起、组织、邀请。必须写明议题、时间、地点、人数(包括职务)以及差旅、食宿、会务等费用承担情况。

(2) 国际会议往往存在语言障碍,一般使用英语,也可商定采用联合国规定的其他正式工作语言,如汉语、法语、俄语等。但不管采用何种语言,东道国必须准备足够的同声翻译,文件也应准备不同文字的文本。

(3) 地方政府、企事业单位、民间团体要召开国际会议,应向上级主管部门申报、获准,以便办理出入境等手续。

九、签约仪式

联席会议、国际会议达成协议后往往订立条约或协议书,以作为正式确定的依据。签约有一定的仪式。

1. 签约仪式的特点

(1) 签约，必须在双方或多方充分讨论、平等协商、达成共识并形成表达清晰、周密的文本的基础上进行。不同国家签约，文本可采用不同的语言文字，但内容、语意、格式必须完全一致，不允许产生歧义。

(2) 签约仪式由签约方职位相当的负责人主签，由更高一级的领导人及相关部门的负责人参加，以示监证。签字后交换文本，互作依据并资共同遵守、执行。

2. 会务要点

(1) 签约仪式的准备。参加人员有签约人、助签人（秘书）和参加人。物质准备有签字桌（上铺深色厚呢）、文本、签字笔、吸墨水器、小国旗等。布置如下图：

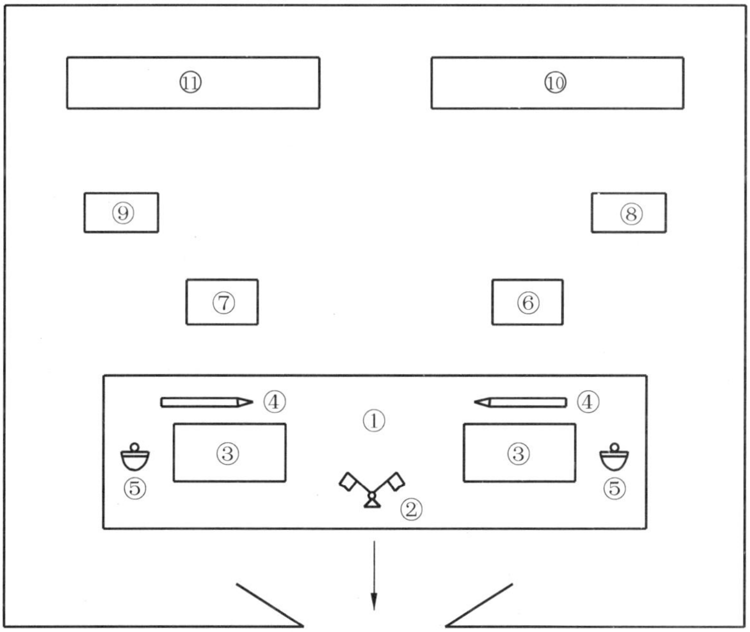

数字说明如下：①签字桌；②小国旗，主左客右；③文本；④签字笔；⑤吸墨水器；⑥主方主签人座位；⑦客方主签人座位；⑧主方助签人站立位置；⑨客方助签人站立位置；⑩主方参签人员站立位置，依职位高低由中间向左边排列；⑪客方参签人员站立位置，依职位高低由中间向右边排列。

(2) 助签人(秘书)的工作是将文本打开,向主签人指示该签字的位置,待主签人签字后,用吸墨水器将墨迹吸干。

(3) 签字完毕,主签人交换文本,握手致意,仪式便告结束。也可准备香槟酒,以示庆贺。

十、电话、电视会议

即利用电话、电视召开的会议,适用于重大、紧急情况之下,或干部之间商量紧急措施、布置重要工作,或向公众直接宣布重大决定,阐述方针政策,进行动员等,如地方政府紧急抗洪救灾会议、国家领导人重要电视讲话等。

1. 会议特点

(1) 电话会议的优点是可跨越空间,与会人员无须集中到会场,就地在电话机前就可参加会议,能节省人员赴会的时间和差旅费用。电话会议可以讨论问题、布置工作。缺点是与会人员不在一起面对面沟通、讨论,影响会议的气氛和效果。

(2) 电视会议的优点是跨越空间大,覆盖面宽,可传递到家家户户,而且有声有像,直接效果优于电话会议,适用于区域性甚至全国范围。缺点是单向传播,无法交流或即时取得反馈信息。

2. 会务要点

(1) 电话、电视会议事务最重要的是及时、切实做好通知工作。会议时间一旦决定就无法更改,如果错过时间就失去了获取会议信息的机会。

(2) 保密性电话会议不可使用普通电话线路,而要专门拉线。秘书应督促此项工作,保证线路畅通,使通话无障碍。

(3) 电视讲话往往事后以文字形式在报刊上发表,电话会议只由秘书作书面记录,以备日后查考。

此外,还有庆典会、纪念会、联谊会、展览会、展销会等等,都是聚众活动,但都是“会而不议”,不属于本章讨论范围之内。

思考题

1. 会议有哪些要素?起什么作用?

2. 会前一般应做好哪些准备工作?

3. 会间、会后秘书应做好哪些工作?

4. 试拟一份跨地区的工作会议通知。

5. 某公司要召开董事会,试拟会议议程和程序表。

第十二章　信 访 工 作

我国在 2005 年 5 月施行的《国务院信访工作条例》(以下简称《条例》)中，信访是指公民、法人或者其他组织采用书信、电子邮件、传真、电话、走访等形式，向各级人民政府、县级以上人民政府工作部门反映情况，提出建议、意见或者投诉请求，依法由有关行政机关处理的活动。党政机关、企事业单位应参照以上条例，设置负责信访工作的机构、人员或秘书部门、秘书人员予以受理和处理。信访工作属于秘书工作内容之一，受到党和政府的高度重视，已形成了一整套完备的制度和方法。

几十年来，信访工作有了很大的发展。信访人不仅有国内民众，而且有基层单位、港澳同胞甚至外国人士；信访对象不仅是各级党政机关与首长，而且有新闻单位、事业单位、工商企业和社会团体；信访内容也扩大至政治、经济、文化及社会生活各个领域；信访工作起着越来越大的了解民情社意、调节矛盾、决策参谋、民主监督、反馈民意和综合协调等作用。国家信访局于 2014 年 4 月发布了《关于进一步规范信访事项受理办理程序引导来访人依法逐级走访的办法》(以下简称《办法》)，信访工作越来越强调要维护信访人的合法权益，维护信访秩序，要进行信访监督，依法行政，将法律责任贯穿于信访事项的产生、提出、受理和办理的全过程。

第一节　信访工作概述

一、信访工作的要素、职责和任务

信访工作由信访人、信访受理者、信访关系、信访工作四个要素构成。

1. 信访人

信访人即信访的发起人。它可以是公民个人，也可以是法人或其他组织（包括企事业单位和社会团体），还可以是外国人、无国籍人和外国组织。信访人必须是精神正常、有独立意愿、不受他人指使和操纵的人员。他们有权利以书信、电话、电子邮件、传真、走访等形式，向党和政府机关、企事业单位、电台、电视台、报社等新闻单位、社会团体询问政策或法令、法规，反映情况，控告侵害自己合法权益的行为，对社会不法行为和行政机关及其工作人员提出批评、建议和要求，对官员和干部的违法失职行为进行检举、揭发，对精神文明、市政建设等关心的问题提出意见或建议等等。

2. 信访受理者

信访受理者是指由谁来接受信访人和信访活动，由谁来处理信访事项，解决信访问题。它可以是机关、单位、社团等社会组织，也可以是代表这些组织的首长或负责人。高中级党政机关在办公厅以下、或独立设置信访部门，如中央设信访局、地方设信访办公室，由秘书长、办公厅（室）主任或地方首长直接领导。信访部门内配置专职人员。大中型企业和新闻单位或设信访办公室，信访组，或称群众工作部（组），或由公关部门负责。基层单位则由秘书人员承担。

3. 信访关系

一方面有信访人、信访形式和信访内容；另一方面则有信访受理者、信访部门和信访工作人员或秘书。这两方面便构成了信访关系。

信访关系有两种：一种是直接关系，即信访内容的直接责任者。如某企业的产品质量受到投诉，某机关的干部受到举报，那么该企业或机关作为受理者，与信访人之间就是直接责任关系。凡直接关系者，必须由受理单位直接处理。另一种是间接关系，即信访内容与受理单位并无直接关系，而只和其上下属单位或有关单位有责任关系，或工作联系，如写信给市长举报某区政府干部有受贿行为，打电话给电视台反映某工厂的三废污染环境等。间接关系的受理者仍有间接的责任，他们应负责将信访内容交给下级机关办理，或转给有关单位办理。

4. 信访工作

信访的受理者，尤其是信访内容的直接关系者在接到交办或转办的事项后，应由信访部门、信访接待人员按照一定的原则、制度，进行受理、登记、立案、报批、承办、交办、转办、调查、催办、回告、审查、结案、答复、督查、总结、综合研究等等。这一系列过程就是信访工作。

按照《条例》规定,县级以上人民政府信访工作机构是本级人民政府负责信访工作的行政机构,应履行下列职责:

(1) 受理、交办、转送信访人提出的信访事项;

(2) 承办上级和本级人民政府交由处理的信访事项;

(3) 协调处理重要信访事项;

(4) 督促检查信访事项的处理;

(5) 研究、分析信访情况,开展调查研究,及时向本级人民政府提出完善政策和改进工作的建议;

(6) 对本级人民政府其他工作部门和下级人民政府信访工作机构的信访工作进行指导。

信访工作的基本任务是:以全心全意为人民服务为宗旨、以实事求是为原则,依照党和国家的方针、政策、法律和政令,及时恰当地处理好人民群众来信来访提出的问题,满足信访群众的正当要求,真实准确地反映群众的呼声,为实现党的总路线、总目标服务。

二、信访工作的作用

信访工作的作用是不可低估的,也是每一个信访或秘书人员都必须充分认识到的。有人说,信访是党政机关联系人民群众的桥梁;有人说,信访是各级领导了解民情的窗口;也有人说,信访是社会的脉搏,通过信访可以摸到社会的动向。但桥梁、窗口、脉搏都是比喻性的词,按照比较规范的说法,信访主要有人民群众参政议政、监督控制、信息反馈、化解矛盾、公关形象五大作用。

1. 参政议政作用

信访是人民群众参政、议政的重要方式之一。人民群众关心国家大事,关心党的方针政策,关心政府的法令、法规和各项工作,关心社会、经济、文化、教育、风气等各方面的发展。他们有意见、有建议,通过信访的形式反映出来,可以也应该被各级党组织、政府机关、企事业单位所重视、所采纳或参考,从而作为修订决策、改进工作的依据之一。

2. 监督控制作用

我国宪法规定:“中华人民共和国公民对于任何国家机关和国家工作人

员，有提出批评和建议的权利；对于任何国家机关和国家机关工作人员的违法失职行为，有向有关国家机关提出申诉、控告或检举的权利。”宪法还规定：一切国家机关工作人员必须“倾听人民的意见和建议，接受人民的监督，努力为人民服务。”人民的民主权利、人民的监督作用不仅仅记载在宪法上，政府还以各种组织、制度和措施来保证人民群众行使自己的权利，信访工作就是其中之一。

人民群众对国家机关工作人员违法、失职行为的控告或检举，有助于各级机关克服官僚主义、打击违法乱纪；有助于端正党风和纠正各种不正之风；有助于提高行政效率；也有助于人民群众维护自身的权利和利益。

3. 信息反馈作用

行政管理的最基本规律就是“信息→决策→执行→反馈→再决策→再执行→再反馈……”。认识论的核心是“实践是检验真理的唯一标准”。一切方针、政策、法令、法规和行政措施的正确与否，只有通过执行(实践)这唯一途径加以检验。而信访工作正是实践的最直接、最真实的反馈之一，它也自然是检验真理的重要途径之一。

4. 化解矛盾作用

信访内容中也有大量的是人民群众反映、申诉自己的疾苦、困难、冤屈，或是相互之间的矛盾、纠纷，或是受到的侵害。他们向党组织、政府机关、新闻单位反映、申诉，这本身就出于一种信任。如果能得到受理、重视，即使只是劝解，至少心理上已得到一种安慰，就能滋长希望。如能进一步得到正确处理或宣传(引起社会各界的重视与帮助)，就能克服困难、解除疾苦、平反冤屈、解决矛盾、息事宁人，重新产生生活的信心和工作的积极性，促使社会的安定团结。从信访部门、信访人员角度来说，及时化解矛盾，可以防止矛盾的进一步激化，防患于未然，有效地保护人民的安全和利益，也是对人民负责的一种表现。

5. 公关形象作用

各级组织，尤其是工商企业，做好信访工作，还可以起到“内求团结、外求发展”、“双向沟通”的公共关系作用。可以搞好与顾客的关系、与社区的关系；可以增进与政府间的关系、与新闻媒介的关系；可以提高自身的知名度和美誉度；可以树立组织的良好形象；可以使自己在激烈的竞争中立于不败之地。

三、信访工作的原则

信访工作有五个基本原则,分别是:

1. 属地管理、分级负责,谁主管、谁负责的原则

《条例》中“属地管理、分级负责,谁主管、谁负责”的原则强调了信访事项属地管理的优先原则,强调了属地管理和主管部门的责任,明确了地方各级政府在处理跨地信访和越级信访时的主导作用。“属地管理、分级负责”就是信访事项原则上由事发地政府解决,事发地政府解决不了的,也可以由其上一级政府解决,下级政府不能将矛盾直接推给上级政府。“谁主管、谁负责”就是在明确信访事项归哪一级政府负责后,主管此项工作的政府部门应当承担具体办理的责任,不能把矛盾推给政府。此原则有利于防止地方之间、部门之间以及地方和部门之间相互推诿。

我国的管理系统由两方面组成:一方面按层级和地区划分(俗称“块块”),即中央、省市、区县、乡镇等各级党组织和政府机关;另一方面是以系统划分(俗称“条条”),如国务院各部委、省市各厅局、区县各分局、各专业公司、乡镇各“所”。这两方面组合起来,形成经纬交织的管理网络。信访工作的办理原则就是要把每一件信访都落实到这张网络的某一线、某一点、或两线交叉点上。各级信访部门应该将他们所受理的信访案件按其内容、性质、轻重、大小逐一分类,凡属于本级本部门能解决的就应自己直接办理、解决;凡本级本部门不能解决的,就通过“交办”、“转办”等方式将案件转交给相应的层级和有关部门办理,这就是“分级负责,归口办理”。属地管理并不排斥“归口办理”信访事项,无论是属“条”还是属“块”的信访事项,其所在地的政府都应承担起管理职责,尽快明确办理部门并督促解决,把问题解决在基层,把矛盾化解在萌芽状态,维护社会稳定。

2. 依法、及时、就地解决问题与疏导教育相结合的原则

“依法解决问题”是指要依照法律、法规、规章和有关政策的规定,解决信访人提出的投诉请求。法律法规等是判断是非、衡量各种要求是否合理的准绳,也是统一各方思想的依据。解决问题,纠正错误,都必须依法办事。信访接待人员对于投诉事实清楚,符合法律、法规、规章或者有关政策规定的信访事项,要认真负责地予以解决;对于既缺乏事实依据又不合法的信访事项,要讲清道理,坚持原则,决不能“小闹小解决、大闹大

解决”。同时，要提高处理信访问题的效率，依法迅速、快捷地在当地解决群众信访反映的问题，不能让小事酿成大事，小矛盾酿成大矛盾。应“疏导教育”，就是要做好说服、解释和思想政治工作，疏导群众情绪，并对群众进行法制宣传、教育，引导其知法、守法，依法信访，以理性、合法方式表达利益诉求。

依法、及时、就地解决问题与疏导教育是一个有机统一的整体，不能只强调一个方面，需要综合运用。

3. 标本兼治、预防和化解矛盾相结合的原则

治标，就是采取认真负责的态度，及时解决已经发生的信访问题，化解已经产生的矛盾和纠纷。治本，就是严格依法行政，从源头上减少和防止侵害群众利益行为的发生。治标与治本相结合，重在治本。首先，政府部门应当科学、民主决策，依法履行职责，从源头上预防导致信访事项的矛盾和纠纷，强调治本；其次，应当建立统一领导、部门协调，统筹兼顾、标本兼治，各负其责、齐抓共管的信访工作格局，通过联席会议、建立排查调处机制、建立信访督查工作制度等方式，及时化解矛盾和纠纷；第三，部门负责人应该阅批重要来信、接待重要来访、听取信访工作汇报，研究解决信访工作中的突出问题。这三个方面工作的有机结合，有利于推动信访工作逐步走向治标与治本相结合的良性轨道。

《条例》赋予了各级信访机构受理、交办、转送、承办、协调处理、督促检查、调研分析、业务指导职能，同时赋予了其提出改进建议权、行政处分建议权、完善政策解决问题建议权等三项全新职权。这些新职权，对于改变信访部门的“收发室”角色，进一步提高推动解决问题的能力，更快更好地化解社会矛盾具有积极意义。

4. 公开便民的原则

(1) 为信访人提供便利条件。《条例》要求为信访人提出信访事项，了解信访事项的受理、办理信息等方面提供各种便利条件，使信访人的请求得到迅速反馈和处理。各级政府、部门要向社会公布信访机构的通信地址、电子信箱、投诉电话、信访接待的时间和地点、查询信访事项处理进展及结果的方式等事项；同时也建议信访人提出信访事项，采用书信、电子邮件、传真等“书面形式”，以有利于提升信访效率，减轻信访人的经济负担。比如，2013 年 7 月，国家信访局规定其门户网站的网上投诉全面开放，接受国内群众、境外人士、法人及其他组织的所有信访事项。市、县级政府及其工作

部门、乡镇政府要建立行政机关负责人信访接待日制度;建立政府主导、社会参与、有利于迅速解决纠纷的工作机制,并组织相关社会团体、法律援助机构、相关专业人员、社会志愿者等共同参与问题的解决。

(2) 建立全国信访信息系统。为保证信访工作的顺利进行,现有各级政府政务网络信息系统建立了全国信访信息系统,信访部门要及时将信访事项信息及受理、办理环节各项书面文书统一录入全国信访信息系统,并确保程序规范、数据完整、信息共享。

信访人可以持行政部门的受理凭证,到当地信访部门或通过网上查询上访的办理情况。这样能防止重复信访,避免一信多投,一事多访,减轻信访人的负担,也有利于上级政府和信访部门掌握情况,随时了解、督办信访事项,推动问题的尽快解决。

5. 双向规范的原则

(1) 对信访受理者的要求。针对一些地方行政机关或其工作人员违法行政,侵害群众合法权益;一些机关对发生的信访事项推诿塞责、敷衍了事、久拖不决的现状,《条例》规定各级人民政府应该建立健全信访工作责任制。为了督促行政机关依法行政、从源头上预防信访问题的发生、减少重复信访,设定了信访事项的引发责任;规定了信访工作机构登记、转送、交办和督办责任;细化了行政机关信访事项受理、办理责任;规定了行政机关工作人员保密责任、重大紧急信访事项和信访信息报送责任;明确了行政机关工作人员作风粗暴激化矛盾造成严重后果、打击报复信访人的法律责任。如有以上情况发生,应严格追究有关责任人员的责任,依法给予行政处分或追究刑事责任,并在一定范围内予以通报,并将信访工作绩效纳入公务员考核体系。

(2) 对信访人的要求。《办法》规定,信访人提出信访事项,一般应当采用书信、电子邮件、网上投诉等书面形式。信访人采用走访形式提出信访事项,应当根据信访事项的性质和管辖层级,到依法有权处理的本级或上一级机关设立或者指定的接待场所提出。要采取多种形式进行法制宣传教育,引导信访人以书面形式提出信访事项、按照《条例》规定的程序逐级走访。为避免少数人在上访时采取过激方式,维护正常的信访秩序,信访人应对其所提供材料内容的真实性负责,不得捏造、歪曲事实,不得诬告、陷害他人。集体走访应当推选代表,代表人数不得超过 5 人。信访人不得非法聚集,冲击国家机关,阻断交通;或侮辱、殴打国家机关工作人员,或以信访为名借机敛财等扰乱公共秩序、妨害国家和公共安全。

严格遵守以上原则，对依法治国，维护信访秩序，促进社会稳定是必不可少的。只有这样，信访渠道才能够真正畅通，社会矛盾才能够及时化解，才能有利于构建和谐社会。

四、信访工作人员的守则

《条例》要求信访工作人员在办理信访事项时严格按照以下规则行事。

1. 恪尽职守、秉公办事

信访工作人员办理信访事项，要按照法律法规的规定履行职责，尽职尽责；办理信访事项要出于公心，不徇私情，做到公平公正。《办法》规定，各级人民政府和县级以上人民政府工作部门要高度重视初信初访，及时就地妥善处理信访事项，防止因受理不及时、办理不到位导致信转访或走访上行。秘书和信访工作人员对于不同职位、不同职业、不同背景的来信、来访者提出的意见、批评、建议、要求，应一视同仁，坚持原则，秉公办理。能办者尽力办到，不能办者也应予以说明、答复，不可置之不理或敷衍了事。不因亲密关系而徇私舞弊或包庇纵容；也不因素不相识而推诿拖延或漠然置之；更不因事情涉及上级领导而通风报信或大事化小，小事化了。

2. 查明事实、分清责任

处理信访事项必须忠实于事实真相，特别是事情发生的时间、地点、当事人、旁证人、原因、结果和某些重要细节，必须确实无误、证据确凿，才能进一步依法处理。在查明信访事项真实情况的基础上，才能明确争议各方的责任。对信访事项有权处理的行政机关在具体办理时，应听取信访人陈述事实和理由；必要时可以要求信访人、有关组织和人员说明情况；需要进一步核实有关情况的，可以向其他组织和人员调查。对于特别重大、复杂、疑难的信访事项，可以举行听证。

3. 宣传法制、教育疏导

信访工作人员应宣传《条例》和有关法律、法规、规章和政策，对信访人做好思想教育、解释说服工作，疏导群众情绪。必须以党的有关方针政策、国家有关法律、法令、法规对事实进行衡量、判别，才能作出正确的结论，找到正确处理的办法。因此，信访人员必须熟悉各项政策和具体的法规、条例，才能准确掌握衡量的准绳。

4. 及时妥善处理,不得推诿、敷衍、拖延

对于人民群众的合理合法要求,要尽可能地给予解决和满足;对于一时难以解决或无法办到的,也应进行耐心的解释,给以负责的答复;对于道听途说、举报失实者应给予教育;对于无理取闹或纠缠不清者,应按照有关法律条令进行处理。对于匿名、化名写信检举者则应视情况而定:如反映情况严重,经立案调查属实,则应对被检举者依法处理,而不必追查写信人的真实姓名和身份;如反映情况严重,经调查纯属捏造,并已对被检举者造成伤害的,则必须查明写信人真实的姓名和身份,依法追究其诬告或诽谤罪;如反映情况轻微,一般不予受理。重大案件必须由信访部门会同检察机关、司法部门、公安部门联合处理。

第二节　信访工作的程序与方法

信访工作具有一定的规律性,信访事项的受理,应遵守信访事项登记制度、告知制度、转送制度、相互通报制度、重大信访事项的报告制度以及应急处理制度等。

一、信访工作的一般程序和方法

1. 受理、登记

(1) 受理。根据信访工作的原则,政府机关与企事业单位只受理本地区、本系统或本单位管辖之内的信访事项,新闻单位则不受此限制。因此,信访工作的第一步就是对信访事项进行区别与分流,该受理的即受理,不该受理的也应负责地转到有关单位与部门去。

对于来访者,信访人员首先应热情、礼貌地招呼、接待,然后问明来意。如果来访者所谈之事不属于受理范围,应向来访者说明,并尽可能地介绍到对口的单位去。如果属于受理范围,应请来访者先填写登记表,然后进行详细接谈。

对于来信,应小心拆封(沿信封边线剪开,不破坏内装信纸和邮票邮戳,如有附件应全部取出),仔细阅读,必要时摘出要点,并将信封、信笺、附件等

以左上角为准对齐装订。来信不论是否属于受理范围,都应予以登记。不属于受理范围者,也不可将信退回,而应在登记后将信附以简明函件转到对口单位,并回信给写信人告知已转至什么单位处理。对属于受理范围的来信,应妥加保存,及时进入下一步处理程序。

根据《条例》和《办法》的规定,对于以下情形的信访事项,各级人民政府信访工作机构及其他行政机关不予受理:

① 属于人大、法院、检察院职权范围内的来访事项,行政机关无权受理,受理者应告知信访人向有权处理的上述机关提出。

② 对跨越本级和上一级机关提出的来访事项,上级机关不予受理。受理者要引导信访人向依法有权处理的机关提出,同时将情况通报下级有关机关。

③ 来访事项已经受理或正在办理的,且未超出法定处理期限的,不予受理;信访事项已经复核终结的,不再受理。

④ 对处理(复查)意见不服,未提出复查(复核)请求而到上级机关走访的,不予受理。受理者要引导来访人走复查(复核)程序。

⑤ 对信访事项处理(复查)意见不服,但无正当理由超过规定期限未请求复查(复核)的,不再受理。

⑥ 已经审核认定办结或已经复查复核终结备案的,行政机关不再受理。

(2) 登记。信访登记是对信访人负责,也便于统计信访数量,了解信访事项发生的领域和有关行政机关依法行政的状况,同时为监督处理信访事项的活动提供了依据。

登记内容大体分四部分:一是来信来访者的姓名、性别、年龄、民族、工作单位、职业、通讯地址、电话号码、同信或同访人、信访次数等基本情况;二是信访的内容摘要:即事情的时间、地点、当事人、起因、过程、结果、性质、人证、物证,信访人的要求或建议,有关部门的意见等等;三是领导批示、处理意见;四是处理结果、答复情况、接待人、接待时间等。登记工作可以在电脑中进行,其处理过程也应该在全国信访信息系统中显示出来。

登记后在规定期限内要决定是否受理,并告知信访人。有权处理的机关必须向信访人出具是否受理告知书。不属于本机关受理范围的,要指明受理机关。

接谈中,信访人员首先应做到耐心、虚心和细心。所谓耐心,是一定要耐心倾听,让来访者把话讲完,不要轻易打断或任意中止。所谓虚心,是要冷静、客观,不要自以为是,轻率下结论,不要过早表态,也不能感情用事,先入为主,偏听偏信。细心,是指要从来访者可能冗长、啰嗦或词不达意的叙述中仔细听明要点,理出头绪,抓住关键细节;对遗漏或含混不清者,等对方叙述完再发问。信访人员在谈话过程中还要善于了解对方的心理,作些引导和启发,要善于稳定对方的情绪,尽可能掌握事实真相。每个信访人员都应具有"捧场不飘,送礼不收,吵骂不跳"的素质,始终保持国家工作人员和企事业形象代表者的良好风貌。

2. 立案、呈批

有些信访事项内容比较简单,性质程度较微,如亲属、邻里之间的非原则性纠纷、一般的建议或批评,询问有关政策、法规等。秘书和信访工作人员可按照有关规定自行处理,如进行劝说、调解、解释、答复等等,不必另行具文上报。当然,处理结果也应填写在登记表内,以立卷备查。

凡是重要的信访件,信访工作人员都要加以初步核实,将原件内容加上初步核实情况,提出拟办意见,写成报告,正式立案,并将立案报告呈上级主管批示后再作办理。

呈批的重要信访件主要是指:

(1) 涉及到对党和国家方针、政策的意见;

(2) 上级机关和领导人有批示意见或上级机关重点发函交办的以及报刊摘编;

(3) 对本机关工作的重要批评和建议;

(4) 反映下级领导机关严重违法乱纪的;

(5) 反映人民群众生产、工作、生活中重大问题的;

(6) 在生产和建设中、工作中有重大发明创造的,提出重要改革意见和建议的;

(7) 反映经济体制和政治体制以及社会主义精神文明建设的重要情况和动态的;

(8) 反映群众正当要求,而基层顶着或拖着不办,或长期得不到解决的;

(9) 有关社会秩序和治安秩序等重大问题;

(10) 民主党派、少数民族和各界有影响的上层知名人士及港台同胞、海外侨胞和外国人士的来信来访。

3. 承办、交办、转办

经批示后的信访事项，由信访工作人员按具体经办原则进行分流，即区别为承办、交办、转办三种情况。

(1) 承办。即有些信访事项原来就属于本地区、本级信访部门办理的层级、范围，自然应由原信访部门(即第一受理部门)直接办理。承办部门自己组织人力进行调查取证，提出处理意见，经领导批准后将处理结果直接答复信访人。如属重大、紧急的事项，应及时提出建议，报请本级人民政府决定。

(2) 交办。即有些信访事项属于第一受理部门的下级或基层单位职责范围之内。应将这些信访事项交给下属单位或部门处理。政府部门的信访事项按照“属地管理、分级负责，谁主管、谁负责”的原则，直接转送有权处理的行政机关，并抄送下一级人民政府信访工作机构。

交办信访应有交办函，函内应简要地写明该信访事项的主要内容、性质及办理要求，但原件(原信及登记表)不可一并交出。交办还要求下级将办理结果“回告”给原受理单位，由原受理单位(即交办单位)审查后，再将处理结果答复信访人。决不是一交了事、再不负责，而应该是负责到底。

(3) 转办。即某些信访事项不属于第一受理单位的职责范围，则应负责将这些信访事项转至对口的单位或部门去办理。转办也必须具函，并要把原信一起转去，这是与交办的不同点之一。重要的、突出的信访事项单独转，同类的信访事项可分批转。

转办的信访事项可以要求“回告”，如同交办件的处理方式；也可不要求“回告”，而由被转办单位直接答复信访人；也可能只提供参考。这些要视信访内容的性质和重要程度以及原受理单位的职权而定。如报社、电视台等新闻媒介单位基本上没有直接处理信访事项的权力，大多采用转办的方法，但可利用舆论的强大力量促使信访问题早日合理解决。

4. 调查、处理

调查、处理是信访工作的中间阶段，也是最关键的阶段。一切承办信访事项的秘书和工作人员必须认真负责地对待，严格遵循原则，严格遵照法律和制度办事。

(1) 调查。查清事实是信访处理的前提，信访工作人员应按照原件提供的线索和上级批示的意见，采用适当的方法进行调查。如用实地观察，访问当事人和知情人，听取陈述，并记录在案。必要时可要求信访人、有关组织和人员说明情况,还可查阅文献资料等查明事实真相,如事件的时间、地点、当事人、发生的原因、结果、主要过程和关键细节,或是所反映问题的概貌、概率、重点或典型情况,群众的倾向性或代表性意见等等。在通过多种措施仍不能准确、全面掌握事实的情况下,有权处理的行政机关还可进行调查,自行取证。调查人员必须客观、公正、耐心,要排除一切干扰。调查重要的事实必须做笔录,要有证据。有些调查,信访工作人员还必须会同有关部门、取得多方面的支持才能完成。

对调查得来的事实,信访工作人员应加以分析研究,这样才能正确判断事情的性质,才能抓住主要矛盾和矛盾的主要方面,才能找到解决问题的办法和处理案件的依据。

(2) 处理。查清事实,得出结论以后,信访承办者才能以党的方针政策和国家的法律、法规或其他有关规定去衡量,提出具体的处理意见。如果信访人请求的事实清楚,符合法律、法规、规章或者其他有关规定的,予以支持,否则应做好解释工作或不予支持。但又不能机械地照搬照套,既要考虑到合法性、合理性,也要考虑到合情性、可能性。

对重大、复杂、疑难的信访事项,可以举行听证形式加以处理。“重大”通常指可能引发群体性事件等不良后果等;“复杂”指多种因素相互联系、纵横交织、错综复杂等;“疑难”是指对事实认定有不同看法,证据不足或者相互矛盾等情形。听证应该公开举行,通过质询、辩论、评议、合议等方式,查明事实,分清责任。对听证范围、主持人、参加人、程序等内容应作出具体规定。听证是吸纳民意、矫正决策失误和彰显程序正义的重要程序制度,在信访领域引入公开听证制度,有利于妥善解决信访涉及的疑难纠纷,化解社会矛盾。

承办者要在规定期限内办理信访事项,向信访人出具处理意见书,并告知请求复查(复核)的期限和机关。如需延期办理,要出具延期告知书。信访人请求复查(复核)的,也要书面告知是否受理,并在规定期限内出具复查(复核)意见书。

处理意见书、延期告知书、复查(复核)意见书都要及时送达信访人,并严格履行签收手续。

5. 催办、回告

(1) 催办。处理信访事项有严格的时间限制。信访工作人员收到信访事项后,能当场答复是否受理的,应当场书面答复;不能当场答复的,应在收到信访事项之日起15日内书面告知信访人。信访事项应当自受理之日起60日内办结;情况复杂的,经批准可适当延长期限,但延长期限不得超过30日,并告知信访人延期理由。

原信访受理单位对所有受理的信访事项,不论是本单位、本部门承办的,或是交给下属单位部门办理的,或是转给有关单位部门办理的,都要负责到底。这种负责的表现之一,就是催办。

催办,已作为信访工作的一项制度而得到保证。催办的形式可以是通过电话、电子邮件,可以发文,也可以直接派人去。间隔的时间也可长可短,或三五天一次,或拾天半月一次。形式和时间均以信访事项的重要和缓急程度而定。

(2) 回告。凡是接到上级交办信访事项的单位、部门,应在限期之内将信访事项调查结果和处理意见回告给上级,而不能推诿或拖延。凡是收到转办信访事项的单位、部门,则应按转来单位的意见或要求,或回告原受理单位,或直接答复信访人,或留作参考。

6. 审查、结案

(1) 审查。承办单位将信访材料及处理意见回告原受理单位,原受理单位应进行认真审查。审查的要点包括:

① 事实是否清楚;

② 证据是否确凿;

③ 定性是否正确,结论是否恰当;

④ 处理意见是否符合政策、法律、法规;

⑤ 手续是否完备,即有关材料、记录、文件是否齐全;

⑥ 对处理意见,信访当事人是否接受,意见怎样。

《条例》规定,假如信访人对作出的处理意见不服,可以在收到书面答复之日起30日内请求原办理机关的上一级行政机关复查;行政机关应当在30日内提出复查意见,并予以书面答复。信访人对复查意见不服的,可以自收到书面答复之日起30日内向复查机关的上一级行政机关请求复核;行政机关应在30日内提出复核意见。复核机关可按有关规定举行听证,经过听证的复核意见可依法向社会公示。假如信访人对复核意见不服,仍以同一事实和理由提出投诉请求的,信访工作机构不再受理。

(2) 结案。经过以上的工作程序,重要信访事项便可终结。终结的方式是由经办人写出结案报告。结案报告应呈报主管部门并抄送有关单位、部门,以通报情况。

7. 复信、督查和督办

(1) 复信。《条例》规定,无论行政机关作出的信访处理意见是支持还是不支持信访人提出的投诉请求,都要给予书面答复。

复信的内容可以是告知性、答复性的,也可以是解释性、交代性的,还可以是感谢性、鼓励性或批评性的。复信应严格依照有关的政策、法律要求,应注意内外有别,应注重文明礼貌。复信还应署明时间,加盖公章,并留存底稿。

(2) 督查和督办。为了保证信访"事事有结果,件件有着落",督查是其过程中必不可少的一个环节。督查,是指对信访工作办理过程和处理结果的督促和检查。

督查的着手点,一是时间督查,即督促检查信访事项是否得到及时的处理;二是质量督查,就是督促检查信访处理是否保证了质量;三是落实督查,即督促检查信访处理结果是否真正落实。

督查的方法:一是加强催办;二是定期回访。加强催办是为了保证信访问题及案件解决的时间性;定期回访则是检查信访事项解决的彻底性和落实的程度。既防止某些机关单位对信访工作的不负责任,拖延不办;也防止只做表面文章,敷衍塞责的不良作风。

《条例》赋予了信访部门一定的督办权,强化了有关部门的信访责任机制,督促地方对民众的信访给出明确的答复。对有关行政机关有以下六种情形之一的,县级以上人民政府信访工作机构应当进行督办:

① 未能在规定期限内办结信访事项的;

② 未反馈信访事项办理结果,提交办结报告的;

③ 办理信访事项应当回避而没有回避的,未听取信访人陈述事实和理由的,对信访事项有权处理的行政机关经调查核实,未依法处理或者书面答复信访人的;

④ 办理信访事项推诿、敷衍的;

⑤ 不执行信访处理意见的;

⑥ 其他需要督办的情形。

8. 总结、综合研究

信访工作与其他工作一样,也要及时总结经验教训,以求不断改进和提高。重大信访事项应进行个案总结,一般信访事项可定期进行综合性总结。总结应写成书面报告，向上级机关汇报，也可编入信访简报，进行横向交流。

在总结的基础上，更重要的是进行综合研究。尤其是政府机关的信访工作，不能停留在仅仅是帮助人民群众解决一些实际问题的基础上。总结、研究也不能只是就事论事，而是要发现带普遍性、倾向性的问题，看出政治、经济和社会发展的趋势。这就需要进行概括性的、本质性的、规律性的研究。信访综合研究包括两个方面：一方面是对信访内容的综合研究，以了解不同时期、不同地区的信访动态。这是一种重要的信息反馈，可以起到让上层领导真正体察民情、掌握社会脉搏的作用，有利于制订新政策或修订决策；另一方面是对信访工作本身的综合研究。这又有利于不断完善信访工作制度，不断提高信访工作的水平与效率。

9. 立卷

信访工作中产生的多种文字材料，既有原始材料，如信件、来访登记表与记录、电话记录、电报稿、各种单据、照片、图纸等；又有办理过程中形成的文字材料，如立案报告、转办与交办单、调查记录、结案报告；还有综合性材料，如总结报告、信访简报、分析研究报告、大事记、统计表等。这些材料总称为信访文书。

信访文书是一种特殊的文书，其中既有私人文书，但更重要的是公务文书。和其他公文一样，也应选择其中重要的、有查考价值的文书，进行系统的分类、整理，立卷归档。全国信访信息系统为信访文书的电子化运作提供了技术条件。

二、网上信访的办理方法及要求

2013 年 7 月 1 日，我国国家信访局规定其门户网站网上投诉全面放开受理信访内容。网上信访是推进信访信息化建设的重要方面，公众可以通过网络平台反映诉求，即时查看办理进程和结果，不断降低信访成本。同时，网上信访可通过信息化手段进一步规范信访工作流程，建立健全网上信访事项办理机制和网上回访、网上督查制度，切实提高信访事项办理效率，降低行政成本。并可依托网络平台打造阳光信访，逐步解决网上信访过程和结果可查询、可跟踪、可督办、可评价等问题，使信访工作的全过程接受群众监督，提升信访部门的公信力。

受理和办理网上诉求与信访事项,遵循“谁主管、谁负责”的原则,按照“分头受理、集中管理,限时回复、规范公示,统一考评、定期通报”的工作机制运行。

1. 网上公开信箱受理的范围

(1) 对国民经济和社会发展各方面提出的建议或意见;

(2) 对政府及其组成部门具体行政行为提出的申诉及请求;

(3) 需要公共企事业单位按职责处理的有关事宜;

(4) 对有关政策、法规和业务的咨询;

(5) 对各级政府及其组成部门和相关工作人员的办事效率、工作作风、廉政行为等方面的投诉举报。

2. 网上公开信箱不受理的范围

(1) 向行政机关提出行政许可、登记、备案等事宜的;

(2) 依法应当通过诉讼、仲裁、行政复议等法定途径解决的;

(3) 需要向来信人求证而又无法与来信人取得联系的;

(4) 无实际内容的;

(5) 以盈利为目的的商业推销广告;

(6) 各种恶意攻击性信息;

(7) 内容涉密暂不能公开的;

(8) 其他不属于受理范围的信息。

3. 受理要求

(1) 收件单位应及时收取并逐件阅读和处理网上公开信箱中的信件,做到日收日清。

(2) 收件单位对所受理的信件必须按分类标准进行归类,经确认再办理。

(3) 属于收件单位受理的信件,应在3日内告知来信人受理情况;不属于收件单位受理的信件,应在1日内告知来信人信件转送单位及联系方式。

4. 网上诉求与信访事项办理方式

(1) 自办。来信事项属本单位管辖,由收件单位直接办理。

(2) 协办。来信事项涉及多个部门管辖,由共同上级部门指定主办单位和协办单位,协同办理。

(3) 交办。来信事项属下级管辖,上级部门根据管理权限交下级办理。

(4) 转办。来信事项不属于本单位管辖,由收件单位退回系统管理员重新分发或直接转交有权处理的单位办理,同时说明退回或转办的原由。

（5）呈办。来信涉及重要事项的，呈报领导或上级单位审批处理。

（6）对交办、转办有误的信件，接件单位应在 1 日内将信件退回，并说明退回原因。

5. 网上信访的办理要求

（1）网上诉求事项应当自受理之日起 7 日内办结，并将办理结果回复告知来信人；无法按时办结的，经承办单位负责人同意可以申请延时一次，延长期限不超过 7 日，同时做好解释说明和备案工作。

（2）网上信访事项应当自受理之日起 60 日内办结，并将办理结果回复告知来信人；情况复杂无法按时办结的，经承办单位负责人同意可以申请延时一次，延长期限不得超过 30 天，同时做好解释说明和备案工作。

（3）网上诉求与信访事项办结后，承办单位应将办理结果及时在诉求系统中进行办结处理。

（4）网上诉求与信访事项办结后，来信人愿意公开且承办单位核定可以公开的，来信内容及办理结果予以公开。

（5）网上诉求与信访事项办结后，需要纸质档案的，应对有关资料进行整理，按照分类清楚、资料齐全的要求，立卷归档。

（6）诉求系统自动跟踪信件的全部处理过程，并对办理进度适时提醒、警示。对未办结的诉求事项，在规定期限到期前 2 天开始显示黄灯信号提醒；对未办结的信访事项，在规定期限到期前 15 天开始显示黄灯信号提醒；对超过办结期限的，显示超时红灯信号警示。

（7）超时未办结的诉求与信访事项，应进行督促限时办结。

（8）定期通报、考核网上诉求与信访事项办理工作情况。通报、考核以诉求系统自动统计结果为依据，指标包括：收件告知率、收件办结率、平均办理时间、来信人对回复意见的满意度等。

网上诉求与信访事项的办理情况可以纳入部门年度工作目标管理范畴进行考核。

第三节　企业信访工作

企业信访工作，相对政府机关的信访工作而言还很不成熟。即使是大中型企业,也很少设有相对独立的信访部门,也缺乏统一的信访工作制度和严格的工作程序,通常由企业办公室秘书或公关人员根据企业领导人的旨意或惯例兼做这项工作,其工作效果往往取决于企业领导人对信访工作的认识程度。就目前情况,大多数企业家着眼于抓生产、抓销售、抓盈利,而对信访——顾客和消费者的反馈往往重视不够。

企业信访工作的内容要比政府信访工作单纯得多,主要表现为消费者及客户对产品质量、经营作风、服务态度等等的投诉,或对企业各项工作的批评、意见和建议,这些都是重要的反馈信息。明智的企业家应该认识到这些都是关系到企业的声誉和形象,关系到企业是否能占领市场,也就是企业是否具有强壮生命力和综合竞争力的重要因素。下面几个案例或许能给企业秘书与经营者就怎样做好企业信访工作以某些启发。

一、充分信任,及时处理

美国某花店经理接到一位顾客的电话,说她订购的 20 支玫瑰送到她家的时间迟了一个半小时,而且花已经不那么鲜艳了。第二天,那位夫人接到了这样一封信:

亲爱的凯慈夫人:

感谢您告知我们那些玫瑰在很差的情况下已经到达您家的消息。在此信的附件里,请查找一张偿还您购买这些玫瑰所用的全部金额的支票。

由于我们送货车中途修理的意外耽搁,加之昨天不正常的高温,所以您的玫瑰我们未能按时、保质交货,为此,请接受我们的歉意和保证。我们保证将采取有效措施以防止这类事情的再次发生。

在过去的两年里,我们总是把您看作一个尊敬的顾客,并一直为此感到荣幸。顾客的满意乃是我们努力争取的目标。

请让我们了解怎样更好地为您服务。

您真诚的霍华德·佩雷斯

(经理签名)

这个案例中,打电话的是一位老顾客,所提出的又是 20 支玫瑰花的质量——数额并不大的问题。经理或经理秘书处理这件事应考虑以下几点:

1. 大多数的顾客是不会弄虚作假的,更何况是与商店已有了两年交易的一位老顾客。她所反映的情况是不容置疑、无需调查的，所考虑的是怎样补救的问题。

2. 补救的办法：一是可以接到电话立即派人马上再送 20 支玫瑰去，二是赔偿货款。考虑到花只是一两个小时的耽搁，不至于枯萎，还是采取赔款能使顾客更加满意。

3. 道歉。赔偿只是物质上的表示，道歉更能从心理上表达对顾客的尊重。方式可以是只打个电话，但是写信则显得更加郑重其事。

4. 信的写法，先是表示感谢和全额赔偿，其次才解释原因，又不只是就事论事，还提出了防止以后发生类似事情的保证。最后再联络一下感情，表示了商店对顾客的基本原则和态度。

5. 商店应以此为鉴，采取改进措施。比如给送货员配置手机，一旦发生意外，马上打电话到商店；店里应有备用的送货车，赶到原车故障地点，及时把货物送到顾客家里。

6. 此信即使是秘书写的，也应由经理亲笔签名，以示对顾客的尊重。

二、奖励投诉，提高效益

上海某公司专营男式服装和羊毛衫，是市十佳企业之一。一位顾客在商场花了 150 元买了该公司生产的羊毛衫，回家发现腋下有个小洞。他去商场找那位营业员要求调换，营业员不同意，说那件羊毛衫是名牌产品，出厂时都经过检验，质量不会有问题。还说，谁知道是不是你自己拿回去钩破的！那位顾客只好怏怏而归。听了邻居的提议，他抱着试一试的心情把情况写了封信给该公司的总经理。三天后，他收到该公司总经理亲笔签名的回信，感谢他对公司产品质量的监督与举报，请他去原商场找经理调换一件新羊毛衫并赔偿原购买金额 150 元。商场经理热情接待了这位顾客，声称受公司委托，当着营业员和其他顾客的面向这位顾客道了歉，换了羊毛衫，支付了赔偿金。商场经理还向这位顾客说明：原来那件羊毛衫的小洞并不是公司的问题，公司的每一件产品在出厂前都要经过严格的检验。可是这批羊毛衫进商场已经两年了，可能是商场保管不善，出了蛀洞；也可能是放进货柜时不小心钩了一下，希望这位顾客不要误解。

事后，这位顾客把全部经过写信投寄《消费报》，刊登出来了，一时成为佳话。

这是一家很重视企业信誉的大公司,该公司处理这类问题已有定规,秘书无需请示,只要办就行——凡是顾客投诉的产品质量问题一律调换并按原金额全额赔偿。公司还将这条规定通知了所有出售该公司产品的商场、商店。值得注意的是,自从实行这一规定后的一年中,收到的有关质量的投诉不到销售量的千分之一,而销售额却增加了 15%,企业在社会上也进一步提高了知名度和美誉度,比花钱登广告的效果要好得多。

三、跟踪调查,负责到底

韩国某大企业,与上海合资办了一家制药厂。一位怀孕 5 个月的妇女口服了该厂生产的感冒药片,三天后,感冒好了,可是听同事说,那种药对胎儿健康可能不利,于是那位妇女写信给药厂表示了自己的担心。两天后,药厂派了秘书和一位医生上门,为那位妇女做了认真的检查,并做了记录,说是没问题,请放心。

五个月以后,孩子出生了,药厂秘书和医生又上门来,为母子做了全身体检,还带来了礼物。

又过了一年,孩子周岁了。药厂秘书和医生再一次上门为母子检查身体。

那位妇女感动之余,投书《新民晚报》,刊登之后,成为效果最佳的活广告。

原来,该药厂秘书接到那位妇女的第一封信,即按厂方的要求将信件内容输入电脑,并安排了以上一系列的跟踪调查活动。

四、做通工作,挽回信誉

上海某冰箱厂的冰箱畅销全国各地,一天,江苏某城市报上刊登了这家厂的家用冰箱发生爆炸的消息。几天之内,这种冰箱在当地即无人问津。奇怪的是厂方却未收到该用户的投诉信或电话,而是记者纷纷上门。

厂方决定派一位副厂长带一名技术员、一名秘书主动上门访问、调查。在经过周密的检查之后,技术员始终找不出冰箱爆炸的原因。细心的秘书发现户主的神色不太正常,又发现冰箱内有细小的红色纸片,便向副厂长汇报。副厂长和户主进行了一整天的耐心、诚恳的交谈,并主动提出了赔偿冰箱和为之保密的条件。户主终于说出了是在冰箱里藏放了准备过年的鞭炮,其他人不知道,取食品时碰撞所致,幸未伤人。又说是因为邻居听到爆炸后向居委会报告,引起了媒介的注意才上了报的。查清了原因,副厂长当即与上海厂方联系,在当地召开了记者招待会,向新闻界说明了真相,隐去了户主的姓名,并承认了厂方的责任:"未在冰箱使用说明书上写明:冰箱内不可冷藏易燃易爆物品。"此话引发出记者们的哄堂大笑。这件事就此喜剧性结束。几天后,这种品牌的冰箱销售量迅速回升,一台崭新的冰箱也送至那位用户的家中。

这件事告诉我们:信访工作也不完全是被动地等人们写信、打电话或告上门来,秘书也应该注意到社会上的反馈。有些事涉及本单位的利益或信誉,应及时向领导汇报,采取主动出击的方法。秘书虽不是专业人员,不能解决技术性的问题,但是秘书应具有细心、敏感的工作方式和作风,能从其他角度帮助领导解决问题。

思考题

1. 信访工作有哪些作用?
2. 信访工作应遵循怎样的原则?
3. 信访处理的程序和方法是怎样的?
4. 看了企业信访工作的四个案例,你有什么体会?

第十三章　沟通与协调

任何组织都不可能孤立地存在，而是存在于一定的社会环境，即国家、社会和组织系统之中。必然与上下左右以及周围组织发生各种各样的联系、沟通、交流、合作，也必然会发生各种失衡、分歧、矛盾乃至冲突。这就既需要各级领导的指挥、控制，也需要秘书人员的配合、协助，辅助领导进行协调，才能达到统一与和谐。协调，是管理的一大职能，是实现组织目标的重要方法，而沟通，则是协调的前提和手段。

第一节　沟　　通

一、沟通的含义、作用与特点

1. 沟通的含义

沟通的原意是指两处水域中间阻隔，互不相通，在其间挖掘一渠，使之流通。最大的自然沟通，如我国隋朝时开凿的大运河，连通了北京至江苏扬州(后又延伸到浙江杭州)的水运。从世界范围而言，一是连通欧洲地中海和西亚红海的苏伊士运河；另一是中美洲太平洋和大西洋之间的巴拿马运河。此两河都缩短了太平洋至印度洋、太平洋和大西洋之间上万公里的航线，其作用之巨大是不言而喻的。现代意义上的沟通，又泛指政治、外交、文化和一切思想意识领域内的情况互通、意见交流。从行政管理学和秘书学角度来看，沟通主要是指政务和业务信息的传递和交流，乃是行政管理工作和秘书工作必不可少的手段之一。

2. 沟通的层次和作用

沟通是协调的前提，是协商、调节、调整、调解，以求达到协调的结果——和谐一致的基础。分而言之，沟通有三个不同层次的作用。

(1) 信息沟通。这是初步的沟通。“鸡犬之声相闻，民老死不相往来”乃是古老的、原始的社会现象，现代社会已不允许存在这种自我孤立、封闭的状态。任何组织为求生存与发展，都必须与外界沟通。第一步就是信息沟通，既把自己的情况告诉外界，又把外界的情况吸收进来。信息沟通的作用就是达到消除隔阂、彼此了解，进而互相理解的境地，才能寻求合作的可能。另一方面，组织内部的上下之间也需要信息沟通，彼此了解情况，了解意愿，才能达到上下团结一致。

(2) 认识沟通。比信息沟通更进一步的是认识沟通。信息沟通是初步的、也是客观的，往往不涉及彼此的利害关系，容易被接受。认识沟通则是主观的，它表达各自的意愿、看法或是要求，涉及各自的利益。认识沟通不能强迫对方接受，而只能以适当的内容，尤其以适当的方式使对方自愿接受。认识沟通所能达到的效果，一个是“求同存异”，也就是双方都能找到意愿的某些共同点，而保留其他的不同点。以共同点为基础，达成共识，这就是合作的开始。另一个是“深化认识”，这就是双方交换意见，进行讨论、论证，甚而争辩。俗话说：真理越辩越明，最终或是一方认识并放弃自己的错误意见，接受对方的正确意见；或是双方都放弃自己的错误，而找到共同认识的正确意见，那就是在新的基础上达成共识，这往往是彼此团结合作的更高的起点、更好的基础。

(3) 感情沟通。在信息沟通、认识沟通的基础上，更高层次的沟通是感情沟通。沟通有人与人的沟通，组织与组织的沟通。但组织之间的沟通，从根本上说，仍是人际的沟通。人是有情有义的、真诚的，有效的信息沟通和认识沟通，必然导致最高的感情沟通。感情沟通是在彼此了解、理解的层面上，进而建立信任和友谊。感情沟通必须经常进行，不能“有事有人、无事无人”，而且需要增加一些文化及适当的物质内容，在公事公办上增加几分情意。这样，组织内部会增强凝聚力，组织之间会增强信任感，会促使更多的谅解、尊重，更真诚的团结和合作。

3. 沟通的特点

(1) 社会性。秘书工作的沟通往往以代表组织的个人为对象，而不是秘书个人的亲友间的沟通，也不仅是组织直接关系的上下左右的沟通，而是有着社会性、普遍性、广泛性。既有与合作伙伴或潜在合作伙伴的沟通，又有为寻求理解和支持的沟通；既有为收集信息的沟通，又有为听取反馈意见乃至批评的沟通;既有与新闻媒介的沟通,又有与广大群众的沟通;既有官方的正式沟通,又有民间的非正式沟通;既有国内的沟通,又有国际的沟通等等。认识到这一点,秘书必须开阔眼界,帮助领导打开、拓宽渠道,也就是要更进一步地改革开放。

(2) 选择性。与社会性相矛盾的是沟通又有选择性,或说目的性。无限制的社会沟通,主观上条件不许可,客观上也无此必要。秘书的沟通对象只能选择与本组织生存、发展有密切关联的组织或个人,选择领导授意或批准的;沟通的内容和方式也必须选择自己的职责范围内的,不违反方针、政策、法律、法规和组织纪律的。

(3) 互助性。沟通的对象和内容必须以互助性为目的,以有助于双方的经济效益和社会效益为目的,而不能只是一厢情愿,有去无还的,应该是互通有无、礼尚往来、互助互利。这一点与选择性有联系,也即选择性以互助性为必要条件。否则,即会陷入盲目性,就可能造成对组织的损害。

(4) 创造性。沟通的对象应不断地扩大,既有老相识,又要有新相识,其中必有一部分新陈代谢。沟通的内容和形式,既有传统的规定和法则,又要有所创造,不必拘泥一格、墨守成规。秘书可以自己创造,也可以向对方学习,向社会学习,学习一切有益的做法。

二、沟通的类型和方法

沟通,由不同的标准可分为不同的类型和方法。例如,从组织关系来讲,可分为内部沟通和外部沟通;又可分为上行沟通、下行沟通、平行沟通。这里,仅从沟通者的一般关系来划分、介绍。

1. 沟通的主要类型

(1) 单向沟通,即一方向另一个特定的对象作单线的定向沟通,只要求对方接受、了解,而不要求对方回复的沟通。这种沟通只是单方面的传递某种信息或表达某种意向。比如向上级呈送无须批复的书面报告,礼仪性地发送贺电、贺信、感谢信等。

(2) 双向沟通,即要求对方反应、回复,以求互相了解,进一步磋商的沟通。这种沟通除了表达己方的意图之外,还要求对方能认可、合作,包含有共同的目标。如发文中的请示和批复,工作上、外交上的互访、通电话和收发电子邮件等。

(3) 多向沟通，即一方同时向两个以上的对象所作的呈辐射型的沟通。既包括多渠道的单向沟通，也包括多渠道的双向沟通。这种沟通乃是为了达到多方面的理解、支持、合作的目的。各级领导机关、企事业单位和社会团体组织多采用这种类型，譬如下行的普发性文件，如指示、通知、通报，公开发布的公告、通告，以各种形式召开的会议，报刊发表的文章，各种书籍、宣传品、广播、电视、广告等等。

2. 沟通的主要方法

(1) 直接沟通，即通过声、光、电、语言、文字、图像等载体直接发送或交换的沟通。这种沟通比较快速、明晰，适用于已经打开渠道又不存在任何障碍的对象之间。

(2) 间接沟通，即通过第三方中介或媒介所转达的沟通。这种沟通相对来讲比较缓慢，不够明晰，甚至可能造成曲解，但它适用于初次沟通，或无法寻找到沟通对象，或存在着其他种种障碍的对象之间的沟通。

(3) 明示沟通，即以尽可能明白、清楚、准确的语言、文字、图像表达来沟通信息、沟通意图，这是常用的、基本的方法。明示沟通要求沟通者具有相应的语言、文字、图像表达能力，具有熟练、正确使用常用沟通工具，如电话、电传、电脑输出，文书拟写的能力等等。

(4) 暗示沟通。当沟通存在某种障碍时，秘书只能采用暗示沟通，它包括暗示法、提醒法、委婉法、喻意法等等。比如秘书发现某位德高望重的领导作出的决定明显不符合上级政策或法规时，不宜直截了当地当面对领导说，您错了，这不符合某一条规定。秘书可以把有关文件找出来，甚至把最重要的部分用笔划出，悄悄地放在领导的办公桌上，让领导自己去看，自己改变决定。暗示法，概而言之，是既充分尊重对方，又能达到沟通意图的种种方法的总和。

三、沟通的障碍和克服方法

1. 沟通的障碍

(1) 技术性障碍，因沟通者技术能力或技术条件不足而造成的沟通障碍。如通话时语音不准、口齿不清、说话啰唆；拟写文稿时句子不通，词不达意；文件复印不清晰；电脑、电话机发生故障、电脑软件中存在病毒等等。这些障碍如不注意，会经常发生，有些可能对组织的信息系统造成极大的损害,如电子邮件在传输中一旦携带病毒就会使文件数据丢失,甚至造成整个系统的瘫痪。

(2) 知识性障碍,因沟通者对沟通对象的专业、现状、政治、历史、地理、社会背景等缺乏认识或知识而造成的沟通障碍。沟通者无法做到知己知彼、心中有数,就会缺乏信心,甚至觉得不知说些什么或是话无从说起。这种沟通障碍常发生在对外沟通中。

(3) 体制性障碍,组织、系统内因纵向层次划分过多、横向部门划分过细;或机构重叠;或职能不清;或政出多门、号令不一;会使沟通者感到无所适从、不知所措。这些障碍多年来普遍存在,并已成为积习。

(4) 信息障碍,由于沟通者所获取的信息渠道不一,内容不同,常常互相矛盾或真假难辨,给沟通者造成沟通困难。在这种情况下,沟通者会难以作出正确、及时的反应,难以明确沟通目标,也难以清晰沟通意图,难以把握发放或反馈信息的质与量。

(5) 心理障碍,由于沟通者与沟通对象之间存在着职位、地位等差距,或年龄、学历、性别等差异,沟通者又缺乏正确认识,或囿于传统观念、世俗偏见而造成沟通者的心理障碍。这会使沟通者产生畏怯、自卑或相反的盲目自大心理,从而在沟通时不能掌握应有的礼貌、尊重和恰如其分的态度、语气。

2. 克服沟通障碍、提高沟通效率的方法

(1) 提高技术能力,改善技术条件。沟通者必须注重提高技术能力,如语言、文字表达能力,熟练和正确使用各种沟通工具的能力,增强人际关系处理能力。沟通方必须尽可能配置各种先进、高效的文字处理、数据处理、语言处理、图像处理和电子及网络通信设备,注重检查与维修,保证其正常运作。

(2) 加强学习,扩充并更新知识。沟通者必须不断地学习,不仅是专业知识、业务知识,而且要扩大知识面,包括政治、经济、法律、文化、社会、本国和世界历史、地理等等,至少得了解这些知识的大概和来源以及相关检索的方法,一旦需要就能及时找到。

(3) 加快体制改革。政治和经济体制改革是关系到全局性的问题,非某单个组织所能解决。但自改革开放以来,尤其是 1997 年以来,国家行政机关已大大加快了机构精简、体制改革的步伐。各级各类组织应积极配合,尽快形成精简、高效的网络,畅通上下左右的沟通渠道,大幅度提高沟通效率。

(4) 大力提高信息工作的质量。各级各类组织，尤其是基层组织和企事业单位，应大力开发、加快办公自动化的进程，加快政府网络办公和企业电子商务的建设。大力培养和提高秘书人员掌握电脑技术、网络通信技术和综合处理信息的能力。每一个秘书工作者都应加倍努力，赶上现代信息技术发展的步伐。

(5) 提高心理素质。秘书人员都应具有一定的普通心理学知识，进而学习社会心理学和管理心理学。现代社会的每一个成员都应具备生理成熟和心理成熟两个条件。无数事实已充分证明了这一点：任何一个称职的从业人员都必须具有正常的心理状态。只有懂得一点心理学，才能克服心理障碍，进行心理调适，提高心理素质。这不仅为秘书人员做好沟通协调工作所必须，也是做好一切其他工作所不可缺少的成功因素。

第二节　协调概述

一、协调的涵义

协调，虽然只是简单的两个字，含义却很丰富，既可作动词解释，又可作形容词解释，它是个并列结构的合义词。协是指协商、协同、协力、协作；调则指调节、调和、调停、调解等。协调是指一种动态，一种工作过程。它作形容词理解，则是指一种配合默契、和谐统一的状态。两种解释合起来即是："通过协商、调解，达到和谐统一。"协调，就是通过协商、沟通、调和、调解、调节，使产生隔阂、失调、差异及至矛盾的各方消除隔阂、彼此理解、互谅互让、求同存异，使矛盾得到解决，达到政令统一、目标一致、步调一致、团结一致，从而产生改造社会、创造精神文明和物质财富的巨大力量。秘书人员通过协调，使一个组织内的成员具有极强的凝聚力，以不凡的形象出现在广大公众面前。

西方多位管理学家，如法国的法约尔和美国的西蒙早就把协调和"计划、组织、指挥、控制"并列为管理的五大职能。法约尔在1916年所著的《工业管理与一般管理》中写道："协调意味着联合、统一和调节所有的活动和努力。协调就是让事情和行动都有合适的比例,就是方法适合于目的。”

协调,可以是矛盾双方或多方各自作出努力的协调,也可以是第三方或中间者介入的协调。这里讲的主要是秘书协助领导、上司对各项工作和人际关系的协调,属于后者。这种协调以秘书在双方或多方之间沟通、疏导、说服、磋商为主要方法。

二、协调的作用

协调具有多种作用,甚至能起到其他方法手段所不能替代的作用。长期以来,对“妥协”一词,人们总认为它带有消极意义,其实这个词应该倒过来理解,“妥协”就是“协妥”,协商妥当了,又有什么不好呢?小至地摊上买东西,讨价还价;大至香港回归祖国,不都是妥协的结果吗?怎么达到妥协呢?靠谈判,靠协调。

协调的主要作用是:

1. 缓解矛盾

世界上充满各种矛盾,事物就是由矛盾的不断解决和新矛盾的不断出现而得到发展的。组织内部、外部存在着各种各样的关系,这些方方面面的关系错综复杂,有时协调、友好、统一、融洽、团结;有时难免失调、冷漠、隔阂、矛盾甚至敌对。处理好这些关系,缓解或解决矛盾的手段也有各式各样:如行政手段,使用权力、权威影响或行政命令去指挥、贯彻、控制或阻止,通过一方命令,另一方服从;法律手段,如控告、诉讼、审理、判决、法院调解,由法律来制裁一方或双方;经济手段,如收买、交易、奖励或惩罚,往往是一方收买或补偿另一方;甚至武力手段,一方战胜另一方等等。归结起来,其共同特点总是一方主动,另一方被动;或一方趾高气扬,另一方委曲求全;都是硬性的、强制的。而协调则是以沟通信息、疏导关系、说理讲情、反复磋商等方式方法促使一方或双方自觉地作出让步,从而达到缓解矛盾的目的,是软性的、自愿的。作为组织的领导者,手中掌握着行政权力、经济权力和法人代表身份进行诉讼的法律权力(这些权力当然不是时时事事都可动用的),大多数事情、大多数场合也还是靠协调的方法去缓解矛盾。尤其是有些矛盾很难明确判断谁是谁非,更不能以行政方法加以解决。而秘书不是领导,既没有行政权,又没有经济权,更没有法人权,只能靠协调做工作。所以,有人说秘书的工作方式是:跑穿鞋底,磨破嘴皮,就是指秘书在矛盾的双方中间多次往返联络、沟通、反复协商、调和、调解。

2. 消除误会

由于缺乏信息交流或误会、误解所造成的彼此隔绝,因主观、固执、武断而造成的成见,或者矛盾、冲突,通过秘书居中传递信息,沟通意见,善意劝解,能使误会消除,态度改变,达到彼此理解或谅解,重新团结一致。

3. 积极平衡

因计划、指挥或人力、财力、物力分配不当而造成的工作、生产上的失调,因只顾局部利益或小团体利益而各自为政。通过协调,可以调整计划,调配人力、物力、财力,调节节奏,或完成任务的步骤和时间表,达到目标一致、行动一致、步调一致,达到新的积极的平衡。

4. 融洽关系

对于人际关系中因冷漠、猜疑、妒忌、分歧等所造成的隔阂、不和,甚至敌对,通过协调、沟通,可使隔阂消除、分歧一致、建立友谊、相互信任、促进团结、关系融洽、增加内部凝聚力。

指挥,是一种权威,领导人以此命令或支配下级去行动,下级往往只是服从,是一种消极被动的统一;而协调却是上级以平等的态度、协商的方式去征求下级意见,通过协商达到统一,下级则是一种积极的配合,因而协调更能融洽关系。

三、协调的特点

秘书必须明确协调具有哪些特点,才能有效、合理地进行协调,搞好工作。

1. 广泛性

从哲学角度讲,矛盾是普遍存在的,用以缓和或解决矛盾的协调也是普遍的。可以说,凡是有矛盾的地方就有协调。从现实来看,各级各类组织都有自己特定的目标、机构、人员、利益,乃至工作方法、工作习惯。而这些组织由于生存和发展的需要,又必须和其他组织交往、合作,或是交涉、竞争,其中重要的手段之一就是协调。组织内部之间为达到相互配合、保持平衡、统一行动,也离不开协调。因此,协调作为一种工作方法,作为一种管理职能,明显地具有广泛性。

2. 目的性

协调既是一种手段,也是一种目的。这有两层意义:一是协调作为一种手段、一种方法、一种行为过程,必须有目的地进行。也就是说,在工作、生产、社交等活动中发生了问题、困难、障碍,需用协调去解决、去克服,而不是盲目地去协调,为协调而协调。盲目的、无谓的协调不但劳而无功,甚至可能弄巧成拙,反而节外生枝,制造、增加矛盾。如在人际关系中双方之间过多地、不必要的传话,会有搬弄是非之嫌,或给人没事找事之感。第二层意思是,协调本身就包含着目的性,是指达到一种和谐、统一的状态。

3. 层次性

秘书所进行的工作协调、管理协调或是政策协调都是在领导授意或授权下的有计划协调,明显地有着层次性。也就是说,秘书日常所进行的协调,绝大多数是内部协调,是对本级机关、本单位属下的部门、科室、班组之间的协调。这些职能部门有的与办公室平级,有的则比办公室低一层次。不管是平级或是下级,秘书都是代表领导去进行协调的。但这种层次性,只说明秘书协调有一定的范围,有限定的职权,并不说明秘书可以越权行事。如果是对外协调,秘书具有领导授予的代表本组织的身份,但毕竟不是领导本身,因此秘书只能起沟通、传递、劝解、建议等作用,至于协调的结果,如结论、方案、裁决等,必须由领导拿主意、作决策。

4. 灵活性

秘书协调,既要以方针、政策为指导,不能违反国家的法律法规,但也不是死扣条文、一成不变。一成不变的原则和规定往往使协调不可能产生积极的结果,甚至越搞越僵。前文说过,大多数的协调是以一方让步或双方让步,即妥协为结果的,这就要求协调者——秘书能灵活地掌握原则。以灵活的方式、灵活的态度、灵活的语言打动或说服对方,甚而包括自己的领导、上司,使领导也能理解并接受自己的意见或方案。当然,这种打动或说服往往不是一两次就能轻易奏效的,需要秘书的智慧、机灵、韧性和耐心。

5. 相对性

协调的相对性也有两层意思:一是就联系的广泛性而言,无论什么隔阂、矛盾、争执,都可以协调,但并非什么事都能依靠协调来解决。协调毕竟不是万能的,协调以外,还存在着行政手段、组织手段、经济手段,乃至法律手段。但是,协调常常是其他手段的前奏,通过协调至少可以摸清对象的状况、对象之间的矛盾焦点所在、对象的要求、对象所提的条件等等，从而为用其他手段解决矛盾作好准备。所以说，协调即使不成功也并非没有意义，没有作用。第二层意思是：协调即使成功了，也可能只是局部的、暂时的。从理论上讲，矛盾的对立是绝对的，矛盾的统一是相对的。事实也往往如此，原有的矛盾解决了，又出现新矛盾；大矛盾解决了，还存在小矛盾，此起彼伏，永无休止。总而言之，秘书做协调工作，思想上要有多次协调、反复协调的准备，要有协调失败再用其他方法解决问题的准备。

四、协调的原则

1. 政策指导原则

秘书进行协调，必须以党的方针、政策为指导，以国家的法律、法规为准绳。也就是说，协调的过程不管怎样，但最终结果都要符合党的方针、政策，都不能违反国家的法律和法规。有一家化工厂排出的污水危害了附近农村的蔬菜，经厂方上级部门秘书协调，采用“私了”方式，给农家赔款了事。却未想到，因三废乃是公害，于是仍受到政府环卫部门的起诉。结果，该化工厂被勒令迁至远郊，还必须安装排污设备，使排出的水质达到国家规定的标准。如果该秘书了解并重视此项政策，及早向厂方提出采取污水净化措施，也不至于如此兴师动众，劳民伤财。

2. 公正无私原则

秘书协调，应当公正无私，思想上、行为上不可有意偏袒任何一方。在调查了解的过程中，秘书不能“先入为主”，偏听偏信；也不可仅从表面印象在感情上倾向于任何一方。只有公正无私，才能取得当事人双方的信任，才能了解到事实的真相，才能发现矛盾、争执的焦点和症结，从而公平合理地解决问题。秘书尤其不能在协调过程中捞取个人私利。

3. 平等、尊重原则

秘书协调，无论是政策协调，还是工作协调，最终的协调对象仍是制订或执行该政策的人，是负责或从事该工作的人。归根到底，都是对人的协调。所以必须以平等、友好、诚挚的态度对待当事人，即使他们是下级，也必须充分地尊重。应耐心听取对方的陈述，虚心听取对方的意见，然后引导、组织双方在互相平等、互相尊重的基础上交换意见，磋商解决的办法或方案。秘书切不可以上级自居，企图以权压人、以势欺人，这样的结果只能是适得其反。

4. 统筹兼顾原则

秘书进行协调,思想上必须有两个出发点:一个是以大局为重,就是统一筹划;另一个是必须兼顾到双方的利益,既不能以“统一”迫使双方服从,也不可让一方完全得利、另一方完全吃亏。商业交易中免不了有“讨价还价”,最后就是找到一个双方都能接受的“中间价”。商战中完全的胜方是不存在的,其他如政治、外交等争执也无不如此。秘书作为协调者,应说服双方以服从大局利益为重,为了全局利益牺牲一些局部利益;又要以双方利益兼顾为原则,说服双方为了共同的长远利益,而牺牲一些各自的眼前利益。古人云:鱼和熊掌不可兼得。凡事总有利有弊,应该弃弊趋利;凡事又有小利和大利之矛盾,应弃小利取大利。秘书自己首先应深明这个道理,才能启发、说服别人懂得并遵循这个道理。

5. 随机应变原则

前文已述,协调的一个特点就是“灵活性”。广义地说,世界上没有一成不变的东西,一切以时间、地点、条件为转移,这个原理尤其适用于秘书的协调工作。协调开始前,秘书头脑中绝对不能带有任何框框和成见。一切看法、结论只能产生于调查研究之后,而不能产生于此前。协调的结果是由当事人双方彼时彼地在特定条件下的想法、追求的目标和利害关系等复杂因素所决定的,协调者,被协调者往往都无法事先预定,最多只能是一种愿望和预测。因此,秘书进行协调应从最好的愿望出发,而作最坏结果的准备,一切只能尽最大努力去争取。在过程中,一定要灵活、机敏、随机应变。当然,有重要情况或转折的契机时,应随时向领导、上司汇报、请示,及时取得指示,这样才能获得协调的更多的成功。

第三节　协调的内容、步骤与方式

一、协调的内容

协调的内容相当广泛,可以说,凡是有矛盾的地方都可以协调,都需要协调,但对秘书来说,适用协调的主要有:

1. 政策协调

对一个政府机关来说，最重要的莫过于制订正确的政策并认真地加以宣传和贯彻执行。但在现实中可能政出多门，互相矛盾，使执行部门无所适从。在机关办公室中，秘书接触文件较多，时常有可能发现文件中政策的矛盾，有上下之间的矛盾，有前后之间的矛盾，也有不同文件对同一政策阐述的矛盾等等。秘书应及时向领导或上级机关、部门提出，争取及早得到协调、纠正。联合发文时，如各部门意见不一，秘书应广泛征求、听取各种意见，汇总后向领导部门报告，然后根据领导部门的意见再去和各部门磋商、协调，以求得统一。新政策出台前，秘书征得领导同意后可先将精神给下面"透透风"，听取反馈意见，比较以往政策与新政策有哪些矛盾，然后说服下级机关、部门及时修订，给新政策让道。

众所周知，搞活经济、搞活农副产业、扩大流通，该政策的精神始自国务院 1983 年第一号文件。其实，这个文件在 1982 年上半年就准备好了，当时的国务院领导同志考虑到这个文件在政策上放宽幅度较大，不急于出台，而是让办公厅先向各省市、各部委"吹吹风"，以听取反映，比较一下和原有的政策有否矛盾。结果发现：商业部曾经下达过文件，农副产品都要通过供销部门收购，统一进入国营商业渠道。交通部也有文件规定：手扶拖拉机只能在田地耕作，不能上公路搞运输；大拖拉机只准在郊县公路上行驶，不准进入城市。以上几个政策不改变，搞活农村经济只是一句空话，因为农民即使有了农副产品也无法运到城市去卖，或只能以很低的价格卖给国营供销部门，不可能提高农民的生产积极性。经过国务院办公厅和这两个部协调之后，大家从宏观着眼，明白了小局服从大局的道理。商业部在 1982 年下半年下达了关于开放城市集市贸易的若干规定，放宽了政策。交通部也下达了文件，允许手扶拖拉机上公路，允许大拖拉机在规定时间内进入城市。提前给了农民运输、销售农副产品的解决办法，为国务院 1983 年一号文件的出台让了路，使文件真正起到了鼓励农民发展副业生产，搞活农村经济的作用。由此可见，高层次的秘书部门在沟通信息、协调政策方面所起的重要作用。

上级和下级政府机关之间、政府机关和主管部门之间都有可能出现"政策撞车"现象。虽然上级政府机关可以用"令"来撤销下级政府机关或部门违背上级精神的文件，但可能已经在社会上形成了不良影响，除非不得已而为之。最好的办法是事先协调，把矛盾消灭在萌芽状态，消灭在政策还未正式实施之时。在当今经济体制改革和社会转型时期,各种关系错综复杂、冲突激烈,为顺应社会生产力发展,适应旧体制的僵化的规章制度终将退出社会经济舞台,适应新体制的新的政策规范体系将逐渐确立。秘书部门和秘书人员应有敏锐的意识,以自己的实际行动来为理顺条块之间的关系、各级部门之间的关系、各层次之间的关系,建立社会主义商品经济的新秩序而努力。

2. 地区关系协调

地区之间由于利益不同、计划不同、认识不一、意见分歧,对新情况估计不足,甚至小团体主义、地方保护主义等原因所造成的工作、生产或其他方面的矛盾、脱节、不平衡,如处理不当,矛盾会激化、升级,上级机关一时又很难判定谁是谁非。这时最好的办法是抓住根本矛盾,求同存异,通过协调解决矛盾或转化矛盾。

安徽南部有两个县,一江之隔,以江为界,江中淤积大量黄沙。过去多年,两县相安无事。20 世纪 90 年代初,忽然发现大批船只前来挖沙,据说运到上海可卖大价钱。于是,江南的这个县沿江的农民在江边设立卡子收"买路钱",江北那个县的农民也在下游 100 米处设了卡子,而且涨了价。双方由竞争收费而争吵,进而发展到数百人的殴斗。告到县里,县里派来的人又都为各自的农民讲话。于是矛盾升级,告到了市政府信访办公室。

市信访办主任带了两名助手去处理此事。第一天,听双方申诉,两方都说自己的道理,相互争得面红耳赤,主任听得头昏脑胀,也很难判定谁是谁非。他心想,要解决争端必须抓住根本矛盾,即搞清这条江的归属问题。第二天,他派人把两个县的地方志借来查阅。谁知越查越糊涂:咸丰年间,说江是这家的;同治年间,又说江是那家的;光绪年间,两县又都说江是自家的,又没划过中心航道线,无法解决江的归属问题。此时,一位秘书出了个主意:江是两县共有,主要矛盾不在两县之间而在江苏和安徽两省之间,事情是由江苏的船来挖沙引起的,应该从这个根本矛盾上去解决。这个建议使信访办主任豁然开朗。

第三天,主任把两县代表找来,先问甲县收费多少?答:小船 2 元,大船 5 元。再问乙县,答:小船 5 元,大船 10 元。又问每船能装多少黄沙?运到上海又能卖多少钱一吨?双方同时回答:小船 20 吨,大船 50 吨,每吨能卖 28 元。主任指出:既然江是两家的,江里的黄沙也属于两县所有,都是安徽的,与其为 5 元、10 元争吵,还不如两家联合起来共同挖沙,运到上海获得更大的利益。两县代表听了都笑了起来，当天下午就一起商量成立“联合开发黄沙公司”。近年来，由于考虑到长江流域的生态平衡，制止滥挖乱采黄沙，安徽省根据国家政策进一步加强了对采集黄沙的管理工作。

这个实例说明，面临现代社会复杂问题、冲突甚至困境时，常常不能就事论事。上级政府也不能老是当裁判，断个谁是谁非，而要运用科学的思维方式、工作方式和行为方法，善于抓住主要矛盾，抓住根本矛盾，促使矛盾的解决或转化。

3. 部门关系协调

秘书部门是组织内外信息集散的重要枢纽，是组织系统运转的“神经系统”。秘书在组织系统的管理实践中，针对各子系统之间、各负责人之间、各工作人员之间的误解、隔阂和矛盾等失调现象，加强信息沟通，使各相关方面了解事情的真相，促进相互的理解和信任，并在利益方面顾全大局，作出必要的让步，就可以消除误解和隔阂、化解矛盾，不少失调问题就可以得到解决，从而促进各方面的相互配合与合作，维系组织的和谐运转，进一步得到社会群众的支持与合作。

南方某大城市，某年郊县西瓜大丰收。每天大批西瓜上市，价廉物美，居民消费剧增，结果弄口、路边的瓜皮和垃圾成倍增加，环卫局依旧按照原工作惯例装运垃圾，运不完每天剩一些。一个星期后许多地方垃圾堆积如山，苍蝇成群、臭气熏人。居民纷纷上诉，居委会把意见反映到上级街道委员会，街委会又上告到区政府，卫生局也作出了有力的反应。这两家无权直接向环卫局施加压力，于是联合告到市政府。

市政府的一位副秘书长出面协调解决此事，先到环卫局了解情况。环卫局代表吐露了真情，说环卫局是全市最不重视的一个局，环卫工人人数少，待遇低。原来平均每天每人要清除 2 吨垃圾，可这几天由于瓜皮猛增，垃圾也成倍地增加，而环卫工人、垃圾车辆却没有增加。靠工人加班加点，疲劳不堪，而垃圾车多装快跑，又提高了运输成本。环卫局经费少，不胜负担。

问题揭开了，副秘书长提议召集卫生局、区政府、环卫局三方开个协调会，环卫局代表提出，这次垃圾积压主要是由西瓜皮大量增加引起的，而西瓜大量销售，得利部门是商业局（国营瓜果店上缴利润）和税务局（私营个体户水果摊交税），他们两家坐享其成，为什么要环卫局一家承担产生的后果。于是，副秘书长请来卫生局、区政府、环卫局、商业局、税务局的代表共同开会。会上,卫生局、区政府先告状,环卫局作了“答辩”,商业、税务两局开始不理解,经副秘书长反复解释,承认根本责任在市政府,但目前只能协商解决。结果,由商业局提取西瓜利润的2%,税务局提取西瓜税收的2%,市政府再临时补贴一些,这样,每个环卫工人可增加几十元奖金。三天之后,积压的垃圾全部扫清,城市恢复了整洁的面貌。以后几年,市政府增加经费给环卫局,增购新车,提高待遇,于是也不再出现此类问题了。

一个城市如一个系统,尽管分成许多条块,可是你中有我,我中有你,相互之间有着不可分割的联系,往往一个目标的实现需要很多方面的共同努力;重大问题的解决,要牵动好几个方面。作为上级主管,或作为信息中枢的秘书部门,看问题要全面,解决问题要照顾到各方面的利益;作为下级部门,要能顾全大局,要破除本位主义,应作出必要的让步,做到互惠互利。由此可见,秘书运用协调方法比用行政、法律等等手段更能适应现代社会的发展要求,也更具有其独特的效果。

4. 工作关系协调

秘书部门是领导机关各职能部门的综合部门,秘书部门不仅上通领导决策下连执行基层,而且在组织系统各部门中横向贯通,起着职能综合和决策与执行的中介作用,这其中,协调是个极其重要的因素。

大城市的“行路难”一直是个大问题,交通问题的解决非要靠综合治理不可。过去长期得不到解决,就是因为各主管地区和部门各自为政,未能协调起来,而领导部门又是只见树木不见森林,缺少通盘考虑的眼光和打算。

以上海市为例,1949年以前大小马路有1000多条。其后到20世纪80年代末的10年间,新辟和扩建的马路只增加了30%,又大部分在郊区。而行人增加了几倍,车辆增加了几十倍。因此,市区几条马路经常出现交通堵塞,出现了汽车不如自行车快、自行车不如走路快的怪现象。

问题怎样解决?长期以来,一种观念认为交通是交通部门的事,于是,主要街道上设置栏杆,快车、慢车分流,人车分流;设置单行道、双行道;公交车分高峰大站快车、低峰小站慢车等等。可是马路就是那么宽,那么多,越分越挤,而且市民上班本来就时间不一,加上外地来人多,也几乎分不出高峰、低峰,从早挤到晚。要增修马路,又涉及各区的城市建设、城建规划。

近几年,上海市逐步找到了解决交通这个老大难问题的办法——综合治理。第一步是在市区各主要路口修建人行立交桥,初步解决了闹市口人车争路的问题;第二步,修建地铁和内、外环线,建造通向邻省市的高速公路，以解决市区路面不足和通向郊区的车速问题；第三步，是开发浦东，包括修建几座跨黄浦江的大桥，根本解决浦西人口拥挤、两岸交通不便的问题，以后又修建了地面轨道交通和对城市陈旧道路的重新规划改造。要实现这些计划，必须首先全盘策划城建规划问题，资金、材料、人力、运输问题，居民拆迁问题，商业网点调整布局问题，现行交通路线改变问题等等，必然需要市政府的统筹规划和大量的协调工作。经常派人与各区和城建部门、交通部门、公安部门沟通、协调，包括通报工作计划，统一工作步骤，解决彼此矛盾，调剂设备、资金、材料、人力等等。只有通过这样经常的、深入的、大量的协调、沟通工作，才能使各区、县、局、各有关部门的工作进程统一起来，提高综合效益，科学、有效、合理地解决交通问题。

秘书部门既能全面地领会领导决策层对工作的总体计划和各个阶段的工作重点，又能比较充分地了解执行基层的具体情况以及实际存在的困难和要求，如上例中的市政府办公厅。因此，当上下左右出现矛盾时，秘书有着从中沟通协调的便利条件，促使上情下达，下情上达和左右沟通。领导决策层尽可能地解决下级实际存在的困难，尽可能地满足下级的合理要求；下级各部门认真贯彻领导层的决策意图，围绕各个阶段的工作重点，实施总体计划，以保持上下级之间的协调状态。作为市政府的秘书部门，既要能了解每个部门的业务要求和运转状态，又要能掌握各部门间的相互配合关系和组织整体目标。当部门间出现事权交叉、事权冲突的失调状况时，秘书部门要能够及时发现问题，及时向领导层报告有关情况，协助领导层进行协调和仲裁。

5. 会议协调

大至省、市，小至基层单位，每年、每月，甚至每周都要召开大大小小的会议。既有工作会、传达会、碰头会、座谈会、交流会、研讨会、表彰会；又有交易会、展销会、促销会、订货会；还有许多负有重大使命的各级党代会、人代会、职代会等等。每年开会要花费成千上百亿的钱，另一方面，会议的质量之低更让人触目惊心。经常可见存在着如下现象：许多人随意开会，想怎么开就怎么开；盲目开会，指导和控制会议进行不是按照会议活动所应遵循的特定的规则和方法，而完全是会议主持人个人的习惯，甚至同样一个会议，仅仅由于前后两个主持人的脾气、性格不一样而使会议结果大相径庭。

对减少无效会议和提高会议质量，秘书部门有着义不容辞的职责。会议是一个具有特定内涵的群体行为过程，任何一种形式的会议都有其特定的要素、职能,都有其特定的程序和规则,会议方式的选择、会议议题和与会人员的确定及会议节奏的掌握和控制,都具有一整套科学的、严格的规定性。这就需要政府机关和企事业单位的秘书部门,除了做好会议的组织和服务工作之外,有必要、也有权利对会议进行协调。具体可以采用以下办法:

(1) 建立会议报批和协调制度。凡是要求开会的,必须提前一周申报,将与会人员、会议主题、会议时间报告办公厅(室)。机关和单位一级的会议要经主管领导批准,部门和基层班组的会议则经办公厅(室)主任批准,然后由秘书部门统一协调,决定哪些会议必须要开,哪些会议不必要开,或哪些会议可以合并开,并且根据工作情况决定领导干部参加哪些会议,不参加哪些会议。由秘书部门排出一周的会议安排表,在上一周的周末发到各部门、科室、班组,既照顾到全面工作安排,又使大家做到心中有数,提前做好思想、物质准备,提高会议效率。

(2) 计算会议成本。除了重大会议经费要作预算之外,所有大小会议还得计算一下人工成本,即:

$$与会人员数 \times 与会时间(小时) \times 每一与会人员的每小时工资的三倍 \times 2$$

然后公布于众,人们知道花费这些时间开会,究竟取得了多少效益和价值。

(3) 提倡开短会,开小会,并借鉴国外开会的办法。如限制发言时间和发言次数。一般碰头会放在下班前半小时至一小时开,而不是一上班就开会;工作会议提倡站着开,而不是一杯茶、一盒烟,沙发椅子靠半天。

要使会议真正起到协调矛盾、双向沟通、作出决策、传达指示、宣传教育等作用,秘书必须善于利用这一形式,保质保量地开好会。既能及时收集反馈信息,又能取得良好的社会整体效益。

6. 领导关系协调

秘书人员在领导身边工作,有时处于几位领导之间。领导干部之间由于分管工作不同,性格、认识、作风、态度不同,或缺乏宽厚、容忍的修养,也会时有隔阂,闹意见、不合作,更严重的拉帮结派等等,秘书一般应采取不介入的态度。如果严重到影响工作,秘书应出自公心,诚恳地尽个人之力予以随机性协调。有时难免受些委屈,但一旦雨过天晴,好心的秘书会得到周围人们更多的尊重。

秘书必须善于协调领导间的关系,当领导干部之间出现某些矛盾、分歧等失调现象时,秘书虽然没有执掌管理系统中支配的权力,但凭借其为各个领导提供公务服务、保持密切联系的信赖效应，进行沟通协调，能够取得良好的沟通协调的效果。

20 世纪 80 年代中期，某县领导班子调整，刚上任的县委书记是某综合大学生物系毕业生，做过十年中学教师，未免有些书生气。新官上任三把火，县委书记上任的第一件大事是制定农业发展规划。一天上午，县委书记主持会议，讨论农业发展规划。分管农业的副县长和县委书记看法不一，争执起来。副县长是工农干部出身，直筒子脾气，一言不和火气就大，说县委书记是书生意气、纸上谈兵。县委书记反过来说他是不懂科学、瞎指挥。副县长下不了台，站起身来拍了下桌子说："这个会我不开了"，拿起公文包就走出会议室。

这一走，县委书记更难堪了，说："像什么样子！"叫秘书把副县长给追回来。秘书快步下楼，副县长已坐上了自己的车，秘书上去一把拉住，说："副县长，你不能走，书记请你上去开会。"副县长正在火头上，不但不停，反而放大嗓门："我就不上去，看他把我怎么办！"秘书一看，暂时是劝不住了，便低声问："那你上哪儿去呢？"副县长和这位秘书已一起工作了四五年，平时关系也较好，便恢复了常态说："我上某乡去检查工作，又不是去玩的。"说罢一拍司机肩膀："开车！"

秘书一路从楼梯上去，一路在想：如果如实汇报，势必火上加油，加深书记和副县长之间的矛盾。考虑结果决定还是设法"圆"过去，必要时自己承担点责任。走进会议室，会场气氛紧张，书记一言不发，等着回话。秘书悄悄走到书记身边，低声说："我没赶上，不过我知道他去了哪儿，下午能把他找回来。"书记听了没赶上，也不能怪秘书，上午的会就不欢而散，书记宣布下午两点继续开会。

中午，秘书顾不上吃饭，给乡里打电话，找到副县长说："书记是新干部，你是老干部，老干部要帮助新干部，扶上马还得送一程。"还说："刚才书记已经说了，他刚才对副县长不够尊重，要我代表他向你道歉，请你下午两点来开会"等等。副县长原就有些后悔，一听秘书这么说，气也就消了，答应下午准时过来。秘书打完电话，这才买了饭菜，端到正在吃饭的书记身边，对书记说："刚才副县长打电话来，上午是乡里有重要的事，所以他急于去处理一下，下午仍赶回来开会。"书记不响，秘书又说："副县长是工农干部出身，土生土长的，当年支过前，搞过土改，当过民兵连长，后来从乡长提拔上来，多年分管农业，对工作忠心耿耿，但脾气暴些，书记要多谅解他"云云。书记听了,气也消了。

下午两点,继续开会,气氛明显好转,讨论也顺利进行。

这位秘书可谓善于协调领导间的关系。先是自己承担责任:“没赶上”,又给书记一个暗示:“下午把他找回来”。中午又饿着肚子两面做工作,代表双方各自做检查,向对方道歉。虽是说了谎,可是都是有利于团结的话。这些“谎话”即使以后被戳穿了,两位领导也都能体会到秘书的良苦用心,不仅不会怪罪他,反而会更加尊重他。

秘书应充分利用“明”协调、“暗”协调原理促使领导关系和其他关系正常化。一般来说,“明”协调,即利用各种会议形式和其他公开场合进行协商对话,把问题摆到桌面上来,当面协商解决,达到协调的目的。前文所说的地区协调、部门协调、工作关系协调等即属于“明”协调。要解决多方面的矛盾、失调,可采用召开联席会议,建立协商对话制度,把与矛盾相关的各方面请来,当面进行信息沟通,以消除误会、密切联系,更有利于集思广益,求谋问策,齐心协力。

“暗”协调是利用非正式场合进行协调。对矛盾比较尖锐复杂,不宜公开协调的问题,秘书人员应采取“暗”协调的方式,暗中周旋,待条件成熟时再转入“明”协调。“暗”协调的特点是被协调各方背靠背,互不见面,靠秘书在中间穿针引线,传递信息,疏通关系,化解矛盾,最终促使矛盾各方“弃暗投明”,握手言欢,和衷共济。这是“暗”协调特有的作用。秘书的技巧在于做好牵线搭桥工作,具有沟通上下、融通左右的本领,掌握传话的艺术,只传有利于团结的话,多做“说合”工作,不传不利于团结的话,更不能添油加醋,挑拨离间,加剧不协调。只有这样,才能使领导集团、组织内部更加团结一致、同心协力。

7. 人际关系协调

秘书部门处于机关、单位的中枢位置,秘书人员可以说是处于各种人际关系的焦点,既要处理领导间的关系,又要处理同事间的关系,还要处理群众关系。要处理好这多方面、多层次的关系,秘书就要善解人意,善于和各种各样的人打交道,要尊重人、理解人,善于和各种性格、各种职业的人合作。要有耐心,能够克制、乐观、自信,并富有幽默感,尤其是要善于从矛盾、争执的双方发掘积极因素,因势利导,化解矛盾。

在这方面,周恩来可称是秘书人员的楷模。中央领导人中许多著名人物都有过秘书的经历,如毛泽东在1923年第三次中央全会后任中央秘书,邓小平在1927年“八七”会议后，当过中央的秘书处长，杨尚昆担任过中共中央办公厅主任。唯独周恩来没有做过秘书，可是他善于协调人际关系，善于化解矛盾，却是值得每一位秘书人员学习的榜样。

1947年，胡宗南率大军进攻延安。中央暂时撤离，分为两路，一路是彭大将军，率两万人吸引敌人主力，“牵牛鼻子”，另一部分是中央机关，不足五千人。在上有飞机侦察、后有追兵、连无线电联络都不能用的情况下，转战陕北。

有一次，中央领导人商量对策，刘少奇和朱德提出，中央应该过黄河、到山西，以指挥整个华北、东北战争。当时，毛泽东有些火了，提高了嗓门说：“你们要去你们去，我是不去的！”他这一嚷，刘少奇和朱德都不吱声了。任中央秘书长的任弼时顶了一句：“你不去就不去，吵什么！”会议陷入僵局。这时周恩来发话了：“主席说得对么，中央可以一分为二。我建议，少奇同志和朱老总过黄河、到山西，指挥华北、东北战事，我和弼时同志继续留在陕北，跟随主席打游击。”这一建议，其他四人都没意见，就此通过了。结果，中央果真一分为二，刘少奇和朱德过黄河、到山西，又从东北调来彭真，三人组成临时中央，指挥东北、华北和南方战事；毛泽东、周恩来、任弼时三人留陕北，直到把胡宗南逐出延安。

在这场争执和僵局中，周恩来成功地充当了协调者的角色。他排除了毛泽东发火的因素，而挖掘出其积极因素：自己不去，但同意刘少奇、朱德过黄河。周恩来明里肯定了毛泽东的意见正确，实际上是达到了刘少奇和朱德的愿望，把双方的矛盾顺利地化解了。

我们每一个秘书人员都可从中得到启发：平时听人说话，首先得注意其话中有哪些积极因素，而不是首先计较别人说话的态度如何。当双方发生争执时，进行协调要善于找出共同点，在共同点上做工作，使矛盾的双方重新团结一致。从以上实例中我们可以归纳出秘书适应于自己职业特点的人际关系的原则和方法是：尊重、合作、耐心、知人、知言和慎独，以此来协调组织内部的关系。

8. 股东关系协调

所谓股东，就是购买企业股票的个人或组织。随着我国改革开放政策的深入，现代企业制度的不断完善，股份制企业不断涌现，股东的类型和数量均在不断增加，内部职工和外部其他人员日益成为一种重要的社会力量和影响，维系企业发展的力量，秘书处理和协调好股东关系是极有意义的。

股东与企业的关系是一种特殊的、微妙的关系。一方面,股东由于投资入股于某个企业,出于切身利益的考虑,因而自然对有关企业的发展关注起来,内部职工股东更是与企业有着同生死共存亡的关系;另一方面,有些股东又不是哪个有自己股份的企业中人,所以对许多问题并不能直接插手,即使是内部职工股东也只有提建议、当参谋的权利,而没有直接决策的权力。企业的一个重要的问题就是引发内外部股东的主人翁意识,使他们发挥各自的主观能动性,为企业的发展作出最大的贡献。

值得指出的是,股东虽然是股东关系的重要内容,但还不是全部内容。股东关系的延伸还应包括足以影响股东投资方向的那些金融舆论的领导人,包括证券分析家、股票经纪人、投资银行家、金融新闻工作者、投资顾问、保险公司的分析专家和信托投资部门的主管和领导等等。他们本人可能并不拥有某公司的股票,但他们却有影响、有能力,去说服别人购买或抛出有关企业的股票。协调股东关系,这部分人的力量是无论如何也不能忽视的。

谋求良好的股东关系,关键在于和股东们培养起特殊的合作感情。企业办公室或秘书部门可采用召开股东大会、精心准备详实的股东报告等方法。有效协调股东关系应该是全方位的,秘书人员还可采取以下方法:

(1) 写信。可参照国外某些企业对待大股东的方法,自股东购入股票之日起,直至售出股票,一直与股东保持通信联系。股东购入股票,企业发出由总经理签名的“欢迎信”;股东抛出最后一张股票时,企业会发出遗憾信。信中的称呼是“老板”,如“尊敬的老板,我们向您报告……”。这种通信给人以归属感、自豪感和特权意识。

(2) 打电话。无论是开年会,还是报告新产品的成果,企业办公室或秘书部门都可以通过电话与本地或外地的股东联系。如一位刚买了某公司股票的股东推开家门时,听到电话铃响,拿起听筒,是该公司秘书的声音:“您是某某先生吗,我谨代表总经理对您表示致意,对本企业今后的发展,您有何吩咐,请直接给总经理打电话,号码是……”。这种电话给人温暖,使人感到自信。

(3) 开会。公司遇到重大决策性问题、准备开发一个新产品、搬迁一座工厂到郊区,或者举办周年纪念时,可以邀请股东前来参加庆贺会议或座谈会,听取他们的合理化建议和意见。周末召开舞会,请股东参加;年终召开先进职工表彰大会,请股东发奖,都会加深股东对公司的良好印象。

(4) 邮寄产品样品。如美国通用食品公司每逢圣诞节就给股东送去一套罐头样品,这使股东们感到自豪,他们到处夸耀,甚至请公司代将这些罐头直接寄给他们的朋友们，以作为圣诞节的礼物。公司多获了订单，股东也增强了认同感。有些公司的产品不可能直接供股东们使用，或价值太高，不可能寄给每位股东一份，可印制一些问卷，寄给股东，使其协助征询产品意见并发展销售关系。

(5) 拜访。有关企业经营的某些问题，有时只牵涉到几位主要股东，此时，公司经理或秘书应登门拜访，专门收集反映、意见和建议。

(6) 印刷宣传品，这主要指印刷精美、图文并茂的年度报告。每位股东都要在适当的时候收到这样一份报告。在每年的其他时间内，也可邮寄一些年度补充报告，宣传公司的意图、产品，以提高股份公司的影响力。

9. 职工关系协调

职工是机构或企业组织的内部成员，这类成员关系处理、协调的好坏，将直接关系到企业工作的正常运转，也将直接影响到企业目标的实现及实现的质量。

秘书部门位于企业信息中枢，连接着企业内部上下左右的各类人员，协调职工关系是其基本职责。从领导层发出的企业发展过程的一切方针、政策、计划、措施，都必须通过秘书部门以语言、文字形式灌输给职工，以求得职工的理解和支持，使他们身体力行、付诸实现。职工的意见、建议，也必须通过秘书部门上传给领导。只有融洽协调好职工关系，才能使全体职工团结一致、共同发展。具体做法可以是：

(1) 承认和尊重职工的个人价值，即正确处理好企业价值和职工个人价值之间的关系，设法使两者统一起来。每个人的人性中都具有两种矛盾的欲望：既希望自己成为优秀团体或杰出组织中的一分子，使自己融化在杰出组织中，又希望能鹤立鸡群，有自我表现的机会。秘书人员在协调职工关系时要考虑到人性中的这两种欲望，并善于处理这种矛盾。应激发职工的主人翁精神，使职工的“个人价值”与企业的“团体价值”融合起来。只有职工的个人价值受到肯定和尊重，才可能自觉地将自己的利益与企业的利益融为一体，并在与外界交流时自觉维护企业的良好形象。

尊重职工的个人价值，秘书部门具体要做的是经常了解职工们有什么要求、愿望、意见和建议，重视职工的物质利益和精神需求，关心和满足职工不同层次、不同类型的需求，包括职工本人和家属的一些要求和心理需要。秘书人员应该成为受人信任和欢迎的职工顾问。除了耐心接待职工的来信来访和咨询外，还可定期发放职工调查表进行民意测验，并把调查结果分类汇总上报,供企业领导决策时参考。经常注意职工的情绪变化,把工作做到情感深处,如建议改善生产、生活条件,为职工提供各种不同的娱乐、休息场所,赠送礼物,组织游览活动。在干部职工加班加点时,秘书部门用书信把感激、歉意传递给独自承担家务、照料孩子的家属们,以争取理解和支持。职工取得成绩时,秘书部门把喜讯通报给家属的工作单位,让家属们在公众中享受丈夫(妻子)事业成功的喜悦,得到精神上的补偿。

(2) 善于与企业中的非正式团体打交道。非正式团体是因同乡、同学、同经历、同一居住区域或仅仅是情投意合而结成的圈子。协调与非正式团体的关系,秘书应注意三个问题:

第一,要学会与非正式团体的"头头"交朋友。这些头头往往是自发产生的,他们在某些方面有其特点和比较强的组织能力,在职工中威信较高。秘书人员要努力与他们交朋友,使他们能为企业的发展贡献自己的才智。

第二,要慎重对待某些非正式团体的消极作用。有些非正式团体,事实上与正式组织有着某种公开或不公开的对抗关系,对此,应慎重对待。要着重去了解产生这种对抗情绪的原因,找出关键问题去解决,以消除他们的不满和怨气,变不利因素、消极因素为有利因素和积极因素。

第三,注意分析在非正式团体中传播的谣言和小道消息。这些谣言和小道消息既可能是反映了一定的民情民意,又可能引起企业内部的思想混乱,干扰正常工作。因此,秘书部门应对症下药地予以解释和说明,有时还应及时地澄清事实,提高透明度。

(3) 培养职工的忠诚心,鼓励参与企业的生产经营活动。秘书部门还要根据领导意图,培养职工的忠诚心,这是良好职工关系的一个重要标志,即职工具有比较自觉的奉献意识,愿意和企业同心同德,不断进取。忠诚心需要不断地进行教育和培养,向职工灌输忠诚组织的观念,激发其对组织的自豪感和归属感等等。具体来说,是给职工分享信息和参与决策的权利及机会。秘书部门帮助设立提合理化建议的制度,鼓励职工充分利用条件和机会来表现自己的聪明才智,扩大职工的权力,提高职工的地位,强化企业的凝聚力和竞争力。

二、协调的步骤

秘书的协调工作有两种情况:一种是"计划性协调",就是由领导指派或授意的协调，前文所讲的政策、工作、地区、部门等协调均属此类；另一种是由秘书自己决定应予协调的，即“随机性协调”，人际关系协调大多属于此类。人际关系协调只能由秘书凭经验和诚意进行，计划性协调则有一定的步骤。

1. 摸清情况

秘书接受协调任务后应做的第一件事就是摸清情况。可以找协调对象谈话，应诚恳、耐心，并做好必要的记录，但不可先入为主，偏听偏信。可以查阅有关资料，也可找知情人了解，以作印证。总之，一定要摸清全面的、真实的情况。

2. 找出症结

第二步是对情况进行分析，找出问题的关键在哪里，矛盾的焦点在哪里。也就是通常所说的，在众多矛盾中间必有一对是主要矛盾；在一对矛盾中间必有一个是矛盾的主要方面。

3. 提拟方案

找出症结之后，秘书便应提出针对性的解决方案。解决矛盾无非是三种方法：第一是某一方让步，比如错误让步于正确，局部让步于全局，陈旧让步于新生事物等等；第二是双方让步，达成妥协；第三是双方都得到满足，如把矛盾转移，或者双方都作努力并有突破，在新的基础上达到新的平衡、新的合作。秘书的方案可以不限定一个，尽量提出二三个，即所谓“上策、中策、下策”。方案应先报领导审议、批准，然后再向协调对象摊开。

4. 反复磋商

秘书提出的方案常常不是一下子就能被接受的，需要反复磋商，在双方未取得谅解之前，由秘书进行“穿梭外交”，分别向双方进行解释、征求意见，并予以沟通，就如前文所说的“跑穿鞋底、磨破嘴皮”。在双方取得初步谅解之后，秘书可安排双方面对面地坐在一起协商。也许还要经过一番讨价还价、唇枪舌剑，此时也正需要秘书发挥调解的艺术与才能。

5. 督促落实

在双方达成协议之后，秘书还应要求双方订出落实的计划。计划应有目标、步骤和方法，应排出时间表。秘书对每一步骤都要加以督促，并随时向双方通报情况，务求最终落实。

6. 检查反馈

落实之后并非一劳永逸，可能还要变卦、反复，秘书仍应听取双方的反馈意见，经常关心、检查结果，予以巩固。如果发生新的矛盾，秘书则应进行下一轮的协调。

三、协调的方式、方法和策略

协调的主要方式有:

1. 个别协调

一般人际关系的矛盾不宜加以公开,通常应采用个别谈话的方式进行。其他协调的初步阶段,也以个别分头听取意见、征求意见为好。

2. 信息协调

因隔阂、误解而引起的矛盾,秘书应以分别向双方通报情况、沟通信息为主要协调方式。当然应注意有利于团结的话多讲,不利于团结的话少讲或不讲。为了安定团结,秘书暂时隐瞒一些不利于团结的细节也是必要的,日后自会取得对方的谅解。

3. 会议协调

在摸清情况、沟通双方并有了解决矛盾的初步方案之后,秘书可以建议召开协调性会议,让双方坐在一起,把问题和矛盾摆到桌面上来。会议应由中间方主持,双方各抒己见,由中间方协调达成协议。

4. 计划协调

同一系统、同一单位的内部协调,其结果可以修订计划作为保证形式。修订后的计划应充分考虑各方的意见,照顾各方的困难,尽量满足总体目标和各方的利益要求,并应留有充分的余地,以便在执行过程中能再有适当的调整。

5. 文件协调

较重大、长远的协调,其结果可用正式文件形式(如会议纪要、情况通报、协议书等)下达,要求各方遵照执行。

秘书进行协调的方法和策略主要有:

1. 信息沟通法

秘书对协调对象应作尽可能多的全面了解,掌握充足的信息资料。当双方之间隔阂较深、不愿面对面接触时,秘书应充当中间人,分别向各方介绍对方的情况,努力促进双方之间的了解,消除隔阂、消除敌意,由了解、理解进而产生直接接触、交流、会谈的愿望。

2. 宣传教育法

秘书应掌握与协调对象、协调问题有关的政策、方针、法律、法规,以平等的态度、诚挚的语气、委婉、谦和的方式分别或同时向协调对象作讲解、宣传，以期提高双方的认识并改变态度，达到在大方向、大原则下的逐步接近，能统一到大目标中来。

3. 中介法

如果对象双方矛盾较深，秘书对双方都不熟悉，对方又对秘书采取拒之门外或敷衍的态度，秘书应寻找与双方都能沟通的第三方的帮助，请第三方出面、介绍、引见，打开进一步协调的大门。

4. 求同存异法

秘书在听取、了解双方的意见、要求时，应尽可能发现或寻找双方的共同点或接近点，这一点常常可能是打开僵局的关键。有了共同点或接近点，就有了共同的语言，有了讨论的基础。秘书应引导、劝说双方以共同点作为突破口，重视并珍惜即使是小小的共同点，尤其是可能达成的初步协议。其他不同意见可以各自保留，不必企求一下子都解决，留待以后时机、条件成熟时再进一步协商。

5. 冷处理法

当对象双方矛盾较深，当事人又感情用事、闹意气时，秘书不要急于求成，可让双方中止会谈，各自冷静下来进行反思，让时间去考验彼此的诚意，去催化彼此的成熟。秘书则可从其他方面多做些积极、促进的工作，以求瓜熟蒂落，水到渠成。

6. 避虚就实法

当双方为了一些名义、提法或礼节等并非实质性的问题而争执不下时，秘书应引导或劝说双方避虚就实、增强理性、注意务实，以彼此的实际利益、根本利益、长远利益为重，多讨论和解决实际问题。

7. 先易后难法

当对象之间矛盾多而复杂时，秘书不应企求马上解决或完全解决问题，而应分析矛盾的主次、轻重、缓急，分析各种有利及不利的条件，尽可能采取先易后难的解决办法。先解决了一两个容易解决的问题，双方心理上就开始产生信心。俗话说，万事开头难，良好的开始是成功的一半，第一步迈开了，走对了，以后的路也就会容易得多。

8. 步步为营法

秘书协调、解决繁难复杂的问题，应采取“稳扎稳打、步步为营”的策略，既不要企求全线出击、大获全胜，也不要幻想长驱直入、直捣黄龙。在先易后难的基础上,应步步为营,即解决一个问题,就落实一个,巩固一个。前一个巩固下来,再谋求解决下一个。这样耐心地、扎实地去一个一个解决,一步一步前进,直到最后的完全胜利。

9. 场景变换法

在组织对象各方接触、交谈、讨论、会商的过程中,秘书还应注意场景的变换。要知道,场景常常对人的心理、态度产生影响,比如会商,开始时可在秘书所在单位召开,以表示秘书的公正和中间人的立场。以后可轮流在对象单位召开,每一方做东道主时,自然会表现出待客的礼仪和尊重。讨论可以在会议室,显得正式、隆重,但也会令人感到拘束。如果换一个场景,在会客室,在餐厅或文娱场所,就会有亲切、轻松之感。当然,场景的变换应与会谈的内容、气氛相适应。

10. 交谈法

在协调的开始、进行或完成的各阶段中,秘书还可提议或组织一些交谊活动,如到双方单位参观、聚餐、一起郊游、共同观看文艺演出、领导人之间家庭互访等等。这些活动有利于彼此多接触,多了解,有利于促进友谊,培养感情、建立信任,最终达到化敌为友、冰释前嫌、团结一致、和谐合作的理想境界。

思考题

1. 沟通有哪些类型和方法?
2. 协调有哪些作用?应遵循哪些原则?
3. 秘书协调有哪些主要内容?
4. 秘书协调的主要步骤和方法是怎样的?

主要参考书目

1. 袁维国主编:《秘书学》,高等教育出版社,1990 年版。
2. 董继超主编:《秘书学教程》,中央广播电视大学出版社,1993 年版。
3. 张岫莹主编:《当代秘书学》,河南人民出版社,1993 年版。
4. 王金夫等编著:《商务秘书》,百家出版社,1994 年版。
5. 陈合宜编著:《秘书学》,暨南大学出版社,1994 年版。
6. 黄桐华等主编:《新编秘书学》,广西民族出版社,1994 年版。
7. 向国敏编著:《现代秘书学与现代秘书实务》,华东师范大学出版社,1996 年版。
8. 季水河编著:《秘书心理学》,中南工业大学出版社,1997 年版。
9. 梁凤仪著:《秘书必读》,(香港)勤+缘出版社,1997 年版。
10. 广田博一郎编著,张康乐译:《秘书实务与练习》,(台湾)五南图书出版公司,1999 年版。
11. [美]玛丽·A. 德弗里斯编著,胡敏、陈彩霞译:《涉外秘书全书》,中信出版社,1999 年版。
12. 冯惠玲主编:《电子文件管理教程》,中国人民大学出版社,2001 年版。
13. 廖金泽著:《怎样做高级秘书》,广东旅游出版社,2001 年版。
14. 陆予圻等编著:《秘书礼仪》,复旦大学出版社,2002 年版。
15. 劳动和社会保障部中国就业培训技术指导中心编:《秘书国家职业资格培训教程》,海潮出版社,2003 年版。
16. 郭建庆主编:《高校学生秘书类职业资格鉴定基础教程》,上海交通大学出版社,2003 年版。
17. 世界 500 强企业管理标准研究中心编著:《职业秘书任职资格与工作规范》,东方出版社,2004 年版。
18. 杨蓓蕾编著:《现代秘书工作导引》,同济大学出版社,2004 年版。
19. 劳动和社会保障部教材办公室上海市职业培训指导中心编:《秘书》(初

级),中国劳动社会保障出版社,2004 年版。
20. 劳动和社会保障部教材办公室上海市职业培训指导中心编:《秘书》(中级),中国劳动社会保障出版社,2004 年版。
21. 劳动和社会保障部教材办公室上海市职业培训指导中心编:《秘书》(高级),中国劳动社会保障出版社,2005 年版。
22. 劳动和社会保障部教材办公室编:《商务秘书礼仪》,中国劳动社会保障出版社,2005 年版。
23. 陆予圻等编著:《秘书文档管理》,复旦大学出版社,2005 年版。
24. 孙荣等编著:《秘书工作案例》,复旦大学出版社,2005 年版。
25. 戴维・迈尔斯著,张智勇译:《社会心理学》(第 8 版),人民邮电出版社,2006 年版。
26. 陈次白编著:《政府电子文档管理》,北京大学出版社,2007 年版。
27. 彭贤主编:《人际关系心理学》,清华大学、北京交通大学出版社,2008 年版。
28. 陆卫明主编:《人际关系心理学》,西安交通大学出版社,2009 年版。
29. 黄信景著:《职场人际关系与心理健康指南》,中国工人出版社,2010 年版。
30. 陆瑜芳主编:《办公室实务》(第三版),复旦大学出版社,2013 年版。
31. 陆瑜芳编著:《职场人际关系处理》,上海大学出版社,2013 年版。
32. 陆瑜芳、傅传凤编著:《公关与社交礼仪》,上海高教电子音像出版社,2013 年版。

图书在版编目(CIP)数据

秘书学概论/陆瑜芳编著. —3版. —上海：复旦大学出版社，2015. 12(2023. 11 重印)
(新编秘书学教材系列)
ISBN 978-7-309-11924-4

Ⅰ. 秘…　Ⅱ. 陆…　Ⅲ. 秘书学-高等学校-教材　Ⅳ. C931. 46

中国版本图书馆 CIP 数据核字(2015)第 269605 号

秘书学概论(第三版)
陆瑜芳　编著
责任编辑/陈麦青

复旦大学出版社有限公司出版发行
上海市国权路 579 号　邮编：200433
网址：fupnet@fudanpress. com　http://www. fudanpress. com
门市零售：86-21-65102580　团体订购：86-21-65104505
出版部电话：86-21-65642845
上海新艺印刷有限公司

开本 787 毫米×960 毫米　1/16　印张 21　字数 327 千字
2023 年 11 月第 3 版第 11 次印刷
印数 63 101—67 200

ISBN 978-7-309-11924-4/C · 317
定价：52. 00 元